수도회

길을
묻다

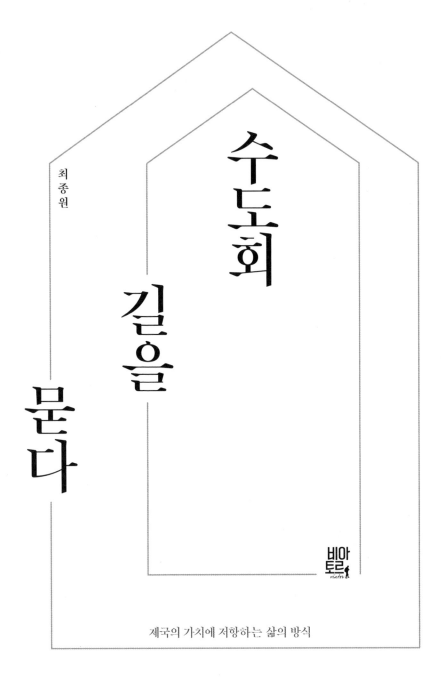

최종원

수도회 길을 묻다

제국의 가치에 저항하는 삶의 방식

비아토르
viator

3부 ○ 유산

∧

수도원, 수도회, 수도사….

무엇이 가장 먼저 떠오르는가? 아마 '영성'이나 '금욕'이라는 단어일 테다. 21세기 자본주의 한가운데를 살아가고 있는 현대인들에게 수도회 역사를 소개할 필요나 정당성을 찾는 일은 그리 간단하지 않다. 한껏 생각해 내자면, 번잡하고 시끄러운 도시의 삶을 뒤로하고 영혼의 정화를 위해 스스로 잠시 침묵 속으로 물러나는 공간 정도가 떠오른다. 가톨릭 수도원의 피정이나, 그리스도교 전통은 아니지만 불교의 템플스테이temple stay도 현대인의 정신적 필요와 종교 전통이 만난 사례라 하겠다. 하지만 그리스도교 역사에서 수도회는 '운동'이라는 단어와 의외의 친밀성이 있다. 기성 교회가 여러 이유로 주춤할 때, 그 교회를 새롭게 견인해 간 흐름을 '수도회 운동'이라고 부르기 때문이다.

이 책은 '수도회'를 주제어로 삼아 2천 년 그리스도교 역사를 관통하여 읽어 나간다. 수도회를 통해 한 종교가 역사 속에서 자신들이 속한 사회 집단과 어떻게 상호작용을 해 왔는지 들여다보려는 시도다. 그러기 위해서는 수도원과 그 구성원인 수도사들이 사회와 격리되어 고립된 채 살아가는 공동체가 아님이 전제되어야 한다. '수도사들이 기도로 세계를 섬긴다'는 레토릭으로 넘기기에는, 수도회는 생각 이상으로 현실 세계의 삶과 깊숙이 연결되어 왔다. 이 책에서 수도회를 다루지만 그 핵심어가 영성이 아닌 이유다.

그 접근 방식이 무엇이 되었든 간에, 수도회 역사를 다룬다는 건 여러 면에서 낯설 만하다. 가톨릭 교인의 눈에는 오랜 전통과 영성을 지나치게 세속적인 관점으로 다루었다고 보일 수 있겠고, 개신교인에게는 수도원과 수도사를 다룬다는 것 자체로 불편할 수 있겠다. 이런저런 것을 다 떠나, 최첨단의 21세기를 살아가는 우리에게 뜬금없이 과거의 가치를 소환해서 의미를 부여하는 것은 시대착오적인 일일지도 모른다. 에두르지 않고 말하자면, 이런 지적은 모두 정확하고 일리가 있다.

하지만 나름의 변명을 해 보자면, 책의 구성과 내용에서 알 수 있듯 수도회의 역사를 일반적으로 기술하기보다는 일관되게 개인적인 관심을 반영하였다. 지금껏 마음을 두고 수도회를 들여다보면서 오늘의 종교 현실과 연결하려는 오랜 천착의 결과로, 작가의 오기로 보일지도 모르는 글이 탄생했다. 세계가 하나의 자본과 문화로 엮여 팍스 로마나*Pax Romana*처럼 거대한 제국이 된 21세기에, 그 제국의 가치에 대항하며, 오로지 그 너머의 삶이 있는가를 고민해 온 한 소심한 구도자의 주관적 역사 읽기다. 역사 속의 수도회가 오늘날 우리가 안고 있는 고민에 어떤 길을 제시해 줄 수 있을지 가늠하려는 시도다.

이 책은 '탄생' '역사' '유산', 이렇게 3부로 구성되어 있다. '1부 탄생'에서는 동방 그리스도교 전통에서 시작한 초기 수도회의 배경과 수도사의 일상을 살폈다. 수도회의 탄생을 개인적 완전성에 대한 추구에서 찾기보다는 제국과의 관계 속에서 읽어 내고자 했다.

'2부 역사'에서는 주로 라틴 그리스도교 전통 속에서 등장한 수도회를 중세 초기부터 근현대까지 연대기적으로 살폈다. 아무래도 한국 그리스도교와 연결성을 찾다 보니 서방 수도회를 중심으로 논의를 전개하게 되었다. 수도회가 세속과 무관하지 않고, 세상의 가장 전위에 서 있었음을 반복해서 보여 주었다.

'3부 유산'은 수도회를 과거의 것으로 내맡기지 않고 오늘 우리 현실 한가운데로 불러오려는 의도를 담고 있다. 수도회주의를 역사의 유물로 남겨 두지 않고, 그 가치가 오늘 이 시점에 어떤 시사점을 줄 수 있을지 더듬어 보았다. 수도회 가르침의 현재적 적용, 제국의 심장 한가운데서 수도회의 정신이 궁극적

으로 무엇인지 통찰해 낸 20세기의 수도사들, 그리고 여전히 제
국의 경계를 넘어 주변으로 향하는 새로운 수도회주의 운동을
살펴보았다.

글을 마무리하고 보니, 우리네 역사 속에도 수도사와 같
은 삶을 살다 간 인물들이 존재한다는 것을 새삼스럽게 깨닫게
되었다. 한국 역사에서 유영모, 김교신, 함석헌, 장기려 선생의 삶
은 당대뿐 아니라 지금도 여전히 유의미하게 공명된다. 제도 교
회의 한계를 목도하고 참된 그리스도의 정신이 무엇인지 삶과
가르침을 통해 전달한 그들은 시대를 앞서 산 선구자요 참 구도
자들이다. 또한, 오늘 환경 문제와 생태계 보전을 위해 시도하는
다양한 공동체 실험 등도 수도회와 연결할 유의미한 주제들인데,
공부가 미치지 못해 다루지 못한 아쉬움이 있다. 언젠가 이 주제
들도 더 살필 기회가 있기를 바란다.

용어 선정에 대해서도 짧게 언급하는 게 필요할 듯하다.
수도원이라는 익숙한 표현 대신 '수도회'라는 좀 더 낯선 단어를
제목에 내세운 이유는, 수도원이 개별적이고 정적인 이미지를
함축하는 반면, 수도회는 역동성과 운동성을 포괄한다고 보았기
때문이다. 비슷한 이유로 수도원주의, 수도주의 대신에 '수도회
주의'라고 썼다. 수도사라는 단어는 수사(수녀), 수도자, 수도승
으로도 쓸 수 있는데, 고심 끝에 '수도사'를 선택했다. 교황 이름
을 포함하여 중세 그리스도교의 인명이나 지명은 표준 라틴어
표기법과 일반적으로 사용되는 명칭이 다른 경우가 많은데, 이

책에서는 현재 많이 사용되는 명칭으로 표기하는 것을 원칙으로
삼았다.

이 책은 '그리스도교의 낯선 전통'이라는 3부작 중 두 번
째 책이다. 공의회 전통을 살핀 첫 책이 나오고 나서 2년 반이 흘
렀다. 구상 단계부터 출간되기까지의 몇 해 동안 불가항력과 같
은, 일상성을 넘는 여러 변화가 있었다. 그 기간에 인류 전체를
멈춰 세운 코로나 팬데믹이 있었다. 이 느닷없는 멈춤의 순간이
만들어 낸 새로운 일상에서, 수도회는 조금 더 무게 있게 다가왔
다. 멈춤, 절제, 돌아봄은 다름 아닌 수도사들의 삶의 핵심이다.

우리는 그 정지된 기간만큼 서성이며 지나온 날들을 돌아
볼 수 있었다. 삶은 무던히 앞만 보고 걷는 게 아니라, 곁눈질로
옆을 보기도 하고 뒤를 돌아보기도 하고, 호흡을 가다듬기 위해
잠시 멈추기도 하는 길임을 새삼 깨달았다. 자본이 무한으로 확
장되고, 필요 이상의 소비를 끝없이 권하는 욕망이 지배하는 사
회에서 인간이 지구 공동체에서 마땅히 가져야 할 책임을 외면
해 온 것은 부인 못 할 현실이다. 코로나19는 우리에게 삶의 방
식을 근원적으로 되돌아보는 성찰을 요구하는 사건이었다.

끊임없이 앞만 보고 달려가던 세계는 가늠하기 힘든 정신
적·물리적 고통을 겪었다. 제도 교회도 그 고통을 비껴 가지 못
했다. 먼저는 관성, 습관처럼 행해 오던 종교적 실천이 중단되면
서 혼란을 겪었다. 개인이 누릴 종교의 자유와 종교가 마땅히 해

야 할 사회적 책임 사이에서 갈팡질팡하는 모습을 보였다. 그것이 끝은 아니었다. 팬데믹은 끝났지만, 다시 예전의 종교 관행으로 돌아가지 않는 사람들이 모른 척할 수 없을 만큼 늘었다. 그리고 이 추세는 쉽게 꺾이지 않을 듯싶다. 기존의 틀은 느슨해졌으나, 기성의 종교성을 대체할 어떤 대안이 쉽게 떠오르지 않는다. 아마 교회 같은 기성의 제도 종교만 이런 고민을 하는 건 아닐 테다. 다시 이전의 종교 활동으로 돌아가는 일에 몸이 거부 반응을 보이는 개인들에게도 동일하게 적용되는 과제다.

이런 곤혹스러운 현실을 마주하면서 수도회에 대한 나의 생각도 그만큼 깊어졌다. 수도회가 추구하던 가치가 오늘날에도 구체적으로 적용될 수 있겠다는 자그마한 기대가 조금씩 생겼다. 수도회에 대한 글을 쓰는 동안 수도회에 관해 이론적으로만 정리한 것은 아니다. 이 거친 글 모음은 내가 오늘 추구할 삶의 가치를 묻는 실존적인 물음에 답을 찾아가는 실마리 구실을 했다. 그래서인지 글을 쓰는 내내 '과연 의미 있는 통찰을 끄집어낼 수 있을까, 설득력이 있기는 할까' 하는 불안과 주저함, 끊임없는 자기 검열이 있었다. 주변부에서 편협한 세계관을 갖고 살아가면서 누군가에게 속생각을 끄집어내 보이는 것은 적지 않은 용기가 필요하다. '의도가 제대로 전달되고 이해되어 공감을 얻을 수 있을까? 허공에서 의미 없이 사라지는 소리로 끝나지는 않을까' 하는 두려움이 있다. 그러나 한 가지 분명한 것은, 지금껏 쓴 그 어떤 책보다 오래 묵혀 온 생각을 마침내 풀어 냈다는 사실이다. 그저 책상머리에서의 고민에 그치지 않고 현실 상황까지 염두에 두고 일관된 언어로 풀어 냈다는 점에 의미를 두고 싶다.

몇 해 전 강의실에서, 지나가는 말처럼 언젠가 도심 속에서 수도원 같은 공동체를 실천해 보았으면 좋겠다고 했다. 툭 던져진 말이었지만, 사라지지 않고 마음에 남았다. 수도회의 역사를 곰곰이 들여다보고 글을 쓸 기회를 만나면서, 나름 오랜 숙성의 시간을 거쳤다. 팬데믹이라는 상황이 없었다면, 수도회에 대한 머릿속 생각이 구체적인 실천으로 이어지기는 어려웠을 듯싶다. 그 결과, 지금은 도심 속에서 소중한 벗들과 함께 공동체의 작은 걸음을 걷고 있다. 그리고 이제 다듬어지지 않은 머릿속 생각이 물성을 지닌 한 권의 책이 되었다. 우연한 점처럼 흩어진 고민과 기억의 흔적들이 그 나름의 질서와 조화를 만들었기에 가능한 일이었다. 우연으로 돌리기에는 참 오묘하고 신비롭다. 그 생각을 처음 나누었던 이들과 지금 함께하는 벗들에게 진심으로 감사의 마음을 전한다.

이 책의 초고를 연재했던 〈복음과상황〉의 김다혜 기자님은 매번 1호 독자가 되어 글을 다듬고 비평해 주었다. 사려 깊은 논평은 모호함 속에서 글을 이어 가는 힘이 되었다. 비아토르의 김도완 대표님의 격려와 기다림이 있었기에 책으로 나올 수 있었다. 글을 깔끔하고 명료하게 다듬어 편집해 준 이화정, 이현주 님과, 글에 어울리는 선과 색과 느낌으로 책을 만들어 준 디자이너

정지현 님에게도 감사드린다. 또한 원고를 꼼꼼하게 읽고 교정 및 여러 유익한 제안을 해 준 VIEW 원우들께도 감사드린다. 매번 새 책이 나올 때마다 가족의 소중함에 새삼 고마움을 느낀다. 아내 장은정, 아들 수민, 딸 조안의 응원과 배려 덕분에 마음 편히 작업에 집중할 수 있었다.

욕망이 아우성치는 세상에서, 세미한 침묵의 소리에 귀 기울이고자 하는 땅의 순례자들에게 이 책이 작은 격려가 되길 진심으로 바란다.

2023년 오월
겹벚꽃이 흐드러지게 핀 교정의 연구실에서
최종원

1부

탄생

1

오늘 왜
수도회인가?

수도회 탐구 여정의 시작점에서

수도회는 세속과 떨어져 높은 벽으로 외부와 차단된 채 고립 속에 살아가는 모습을 연상시킨다. 수도사의 모습 역시 감히 흉내낼 수 없는, 전혀 다른 차원의 삶으로 보인다. 종교가 없는 이들조차 삶과 죽음의 본질을 찾아가려는 수도사들의 숭고하고도 고된 수행의 길에 경외를 보낸다.

'고요' '침묵' '은둔' '금욕' '멈춤' '절제' '성찰'은 수도회와 연관되는 대표적인 단어들이다. 물론 이런 단어로 수도회를 수식하는 것이 전혀 어긋난 일은 아니다. 다만 이런 이미지가 굳어지다 보니, 수도원 기행은 지금도 고색이 짙은 수도원 건물을 찾아다니며 옛 시절을 더듬어 보는 답사나 박물관 기행에 가깝다. 역사 가운데 생겨났다가 사라진 수많은 수도회를 단순히 탈

세속적 경향으로만 묶어 버리는 일은 그 가치를 축소시킨다. 따라서 수도회의 삶을 살펴보며 길을 물어야 할 좀 더 적극적인 이유가 필요하다.

그리스도교 역사에서 수도회는 결코 한때의 유행이나 흐름이 아니다. 제도 교회와 함께 그리스도교를 형성하는 데 중심 역할을 해 왔다. 수도회의 쇠퇴는 그 자체로 그리스도교 한 축의 쇠퇴로 이어진다. 수도회를 살피는 여정을 시작하는 시점에서 중요한 것은, 수도회 하면 떠오르는 정형화된 인식을 내려놓는 일이다. 먼저 수도회나 수도사의 삶이 현대 사회와 종교 그리고 우리 개인의 삶과 무관한 '옛것'이 아님을 따져 보려고 한다. 그리고 수도회와 관련한 몇 가지 질문을 던지고 그에 답하는 것으로 여정을 시작해 보겠다.

그리스도교는 금욕의 종교인가?

수도사란 세속 사회 기준이 아니라 수도 공동체 규칙을 따라 사는 사람들이다. 삶의 지침과 방향이 분명하며, 대중들의 일상적인 삶보다 종교적·윤리적으로 더 높은 수준이 요구된다. 흔히 가난, 순결, 순종으로 대표되는 덕목이 포함된다. 그리스도교 공동체에서 수도회는 존재 자체로 이원론적 세계관을 반영한다. 덜 까다로운 윤리적 의무가 부과되는 일상의 삶과, 조직적이고 체계화되어 더 높은 수준의 의무가 부과되는 수도회의 삶으로 나뉘기 때문이다. 세속에 살면서 수도회가 요구하는 높은 수준의 도덕·윤리적 삶을 충족하기란 불가능하기에, 수도회의 존재는 세상과 조화를 이룰 수 없다. 당연히 수도회의 삶이 더 나은 삶으로 간주되었다.

수도회 공동체는 그리스도교 탄생 이전에 존재했던, 불교를 포함한 대부분의 고대 종교와 철학 전통에서도 발견된다. 금욕을 강조하는 고대 종교와 사상의 전통은 그리스도교 공동체 내에서도 독자적으로 수용·발전되어 왔다. 여기에서 가장 먼저 던질 수 있는, 혹은 던져야 하는 질문은 '그리스도교는 금욕의 종교인가?'이다.

적어도 복음서에 기록된 그리스도의 행적은 금욕적인 수도 공동체의 삶과는 다소 거리가 있어 보인다. 요한복음에 기록된 상징적인 일곱 가지 기적 중 가장 먼저 언급된 것은 가나의 혼인 잔치에서 물을 포도주로 변화시킨 기적이다(요 2장). 이는 그리스도가 의도한 공동체가 전형적인 금욕 공동체와는 달랐음을 보여 준다. 그도 그럴 것이, 예수는 바리새파나 사두개파 등 당시 유대교 지도자들에게서 먹고 마시기를 탐한다는 비판을 받지 않았던가.

그러나 이러한 태도가 곧 그리스도교 공동체를 규정하는 것은 아니다. 예수의 첫 기적이 혼인 잔치에서 포도주를 마시는 데서 시작되었다면, 이 땅에서 행한 예수의 마지막 만찬은 더 이상 포도주를 마시지 않겠다는 선언으로 마무리된다.

"진실로 너희에게 이르노니 내가 포도나무에서 난 것을 하나님 나라에서 새것으로 마시는 날까지 다시 마시지 아니하리라 하시니라"(막 14:25).

이 구절이 그리스도교 공동체에 수도회가 존재하는 근거가 된다. 세속의 일상을 즐겨야 할 근거와 금욕해야 할 이유 모두를 찾을 수 있다. 포도주를 더 이상 마시지 않겠다는 금욕 선언은 '하나님 나라' 도래와 연결된다. 초기 그리스도인들은 승천하신 예수가 올라간 그대로 다시 오시리라(행 1:11)는 예수 재림의 긴박성을 믿었다. 그리스도가 다시 오심으로 하나님 나라가 성취되기를 염원한 이들이 스스로 세상에서 빠져나와 사막에 수도원 공동체를 만들었다. 이 땅에서 일상 교회와 수도 공동체의 긴장이 필연적으로 생성된 것이다. 그러니 수도회 공동체를 '금욕이나 탈세속화'라는 단어로 규정하는 것은 충분하지 않다. 그리스도교는 금욕적인 삶을 통한 자기 완성을 추구하지 않는다. 수도회 존재의 핵심은 일상과 하나님 나라를 긴장 속에 이어 주는 데 있다.

수도회는 고립을 추구하는가?

그리스도교가 금욕주의 종교가 아니라고 규정한다면, 수도회 성격을 '세상으로부터의 고립'이라고 보는 시선 역시 다시 살펴보아야 한다.

수도회를 의미하는 그리스어 '모나스테리온μοναστήριον'은 '혼자'라는 뜻의 '모노스monos'와 '장소'라는 뜻의 '테리온terion'이 결합된 용어다. 수도사를 나타내는 단어인 '몽크monk'는 '홀로 살아가는 사람'을 뜻한다. 풀어 쓰자면, 수도회는 세상과 떨어져 홀로 살아가는 이들이 함께 모인 공동체다. 자연히 수도회는 '세상'에서 벗어난다는 의미가 강하게 묻어 있다. 그래서 수도회주의의 이상을 세상에서 도피하여 수동적인 삶을 선택하는 것으로 연결하곤 한다.[1] 《로마제국 쇠망사》를 쓴 에드워드 기번Edward Gibbon 은, 수도회주의가 유럽 중세 그리스도교가 남긴 부정적인 유산의 일부이며 수동적이고 도피적인 삶이라고 평가절하했다. 기번은 그리스도교 공인과 수도회주의 부상이 로마제국 쇠퇴의 요인들 중 하나라고 믿었다. 특히 수도사들이 사회를 등지고 은둔하는 것을 국가의 복지에 기여해야 할 시민적 의무를 거부한 행위로 보았다. 수도자들은 사회에 도움이 되지 않는 쓸모없는 금욕적인 행위를 하면서 게으름과 방종 속에서 그 삶을 낭비하고 있으며, 수도원 제도 자체가 부패하고 비효율적이라고 판단한 것이다.[2]

이 지점에서도 몇 가지 새로운 고민이 필요하다. 세속에서 벗어난 삶을 추구하는 목적이 무엇인지에 따라 평가가 달라질 수 있기 때문이다. 그리스도교 역사에서 수도회 공동체가 형성되고 크게 확장된 첫 번째 성장기는 흥미롭게도 그리스도교 공인 시기(313년)와 겹친다. 300년 가까이 박해의 대상이던 그

회랑 안의 수도사. 그들뿐 아니라 우리 모두는 불확실한 현실 속에서 일상의 순
례길을 걷는 수도사들이다.

리스도교가 비로소 박해를 벗고 로마제국으로부터 인정받게 된 것이다.

하지만 이 시기 그리스도인들의 고민은 좀 더 근원적인 데 있었다. 그리스도교 공인이 곧 이 땅에 하나님 나라를 가져왔다고 할 만한 것인지는 불확실했다. 그리스도인이 되는 일은 더 이상 차별과 박해, 불이익을 받지 않을 뿐 아니라, 오히려 유리한 사회적 지위를 차지할 기회가 되었다. 박해를 감수해야 하는 종교와 혜택을 기대할 수 있는 종교는 엄청난 차이가 있다. 그리스도교 공인이 가져올 세속화의 위험을 자각한 이들이 제국의 중심을 떠나 사막으로 들어갔다.

수도회의 성장은 이런 배경 속에서 이루어졌다. 그러므로 세상으로부터의 도피라는 기준으로 수도회를 바라보기보다는, 그 누구보다 현실 세계에서 종교의 역할이 무엇인가를 고민한 결과라고 이해하는 것이 더 적절하다.

제국과 천국 사이에 선 나그네

종교마다 수도사들처럼 금욕을 실천하는 무리가 존재한다. 그리스도교 역사에서 수도회의 등장과 확산은 그리스도교가 등장한 시대 배경인 현실의 로마제국과 하늘나라 사이의 긴장에서 그 이유를 찾을 수 있다.

사도 바울은 그리스도인의 시민권은 이 땅이 아닌 하늘에 있다고 선포한다(빌 3:20). 그리스도교 탄생의 모체라고 할 수 있는 유대교는 주변 강대국의 압박 속에서 민족과 종교의 정체성을 지키고자 출현했다. 제국의 침략으로 삶의 터전을 잃어버리고 각지로 흩어진 유대인의 정체성이 '디아스포라', 곧 '흩어진 나그네'라는 단어에 집약되어 있다.

유대교 디아스포라의 개념은 그리스도교 공동체가 시작하면서 그리스도인의 정체성을 나타내는 유비로 전환된다. 유대교와 제국이 겪었던 민족과 종교의 긴장은 그리스도교 안에서 또 다른 형태로 나타난다. 그리스도교의 가르침은 헬레니즘으로 집약되는 로마제국의 가치를 넘어서는 가치를 추구했다. 바로 제국과 대비되는 '하나님 나라'의 가르침이다. 예수 그리스도는 이 땅에서 3년 동안 하나님 나라의 도래를 가르쳤다. 그리스도교는 로마에 의한 평화, '팍스 로마나'의 정점에서 탄생했다. 엄연히 존재하는 현실의 제국에서 또 다른 꿈, 곧 '그리스도에 의한 평화'를 꿈꾸는 것은 제국의 가치를 부정하는 일이었다. 그리스도인은 제국의 가치가 아니라 하나님 나라의 가치를 고민하며 살아가는 삶을 선택했다는 의미다. 보이는 제국과 보이지 않는 하늘나라의 가치 충돌은 로마제국이 그리스도교를 박해한 핵심 이유였다.

로마는 본래 실용적인 종교 정책을 추구했다.[3] 정복 전쟁으로 제국이 확대되는 과정에서 피정복지의 언어와 문화, 종교를

25

인정했다. 그렇게 로마는 다신교를 받아들였다. 하지만 거기에는 분명한 전제가 있었다. 로마에서 종교란 단순히 신념 체계를 넘어서서 제국의 일체성을 고양하고 사회 통합을 이끄는 수단이었다. 로마인에게 종교는 종교적 경건이라는 의미 외에 '제국에 대한 충성'이라는 가치까지 내포하는 것이었다. 이 관점에서 보면, 제국의 가치와 대립되는 그리스도교의 가치는 결코 로마의 종교가 될 수 없었다. 그리스도인들이 황제 숭배를 거부한 것은 '제국을 향한 충성'의 결여였다. 제국이나 국가의 경계를 초월하는 가치를 말하는 그리스도교는 애국심이 없고 제국의 근간을 갉아먹는 미신으로 치부되었다. 또한 로마제국은 헬레니즘의 가치를 견고하게 유지하고 있었다. 그들은 헬라인이 아니면 야만하다 여기며 차별했다. 제국은 헬레니즘과 동일시되었다. 그런데 그리스도교는 헬라인이나 야만인이나 차별이 없다고 선언했다. 제국의 가치를 넘어선 것이다.

　　제국 안에 살면서 제국의 가치를 거부하는 이들은 탄압 대상이었다. 이런 긴장은 역사 속에서 낯설지 않다. 종교개혁 이후를 보자. 하나의 가톨릭으로 묶여 있던 유럽이 와해되면서 그리스도교가 국가에 예속되는 시대로 접어들었다. 국가 종교가 확립되면서 국가의 가치를 거부하는 세력은 탄압을 받았다. 예컨대 잉글랜드에서 헨리 8세가 종교개혁을 하여 국교회를 확립하였을 때, 국교회에 반대하는 교파는 비국교도라 불리며 사회적 차별과 불이익의 대상이 되었다. 잉글랜드 국왕을 종교적 수장으로 여기지 않고 여전히 교황을 따르던 가톨릭교도에 대한 탄압은 1829년에 가톨릭 해방령이 통과될 때까지 이어졌다. 잉글랜드의 사례만이 아니다. 국가주의의 가치를 수용하지 않았던 재세례파는 개신교를 받아들인 국가에서든 가톨릭을 유지한 국가에서든 심하게 박해받고 차별당했다.

초기 그리스도교의 정체성은 헬레니즘으로 대표되는 제국의 가치를 거부하는 움직임에서 형성되었다. 팍스 로마나는 제국에 의한 평화*pax imperium*다. 제국은 체제 안에 있을 때 누릴 수 있는 안녕과 번영을 약속한다. 그 체제하에서 문명인과 야만인, 자유민과 노예, 남자와 여자는 동등하지 않은 종속 관계로 연결되어 있다. 그런데 그리스도의 평화는 민족과 인종, 성별의 경계를 넘어서는 가치를 가르쳤다. 나그네와 병자들을 위해 숙소를 제공하고 나눔을 실천하는 삶은 그리스도가 가르친 인간관을 수용한 결과다. 그리스도교가 제기하는 인권과 평등의 가치는, 노예를 인격체가 아닌 재산으로 간주하던 로마인들에게 큰 충격을 주었다. 1세기 그리스도인들이 로마 세계에서 보여 주었던, 가난한 자와 나그네와 고아와 과부 같은 사회적 약자들을 향한 박애정신은, 헬레니즘 세계에서 찾아볼 수 없는 실천이었다.

이렇게 본다면, 그리스도교의 확산은 제국 내에서 특정 종교의 확산이라는 단순한 의미를 넘어서서 그간 제국이 추구해 온 가치가 훼손되는 결과를 낳는다. 제국을 흔드는 위험 요소인 데다, 그들은 제국 안에서 독자적인 터전을 확대해 가는 세력이

기도 했다. 로마로서는 박해할 명분이 충분했다.

　이 박해 속에서 그리스도인은 흩어진 나그네의 정체성을 가지고 살았다. 스탠리 하우어워스와 윌리엄 윌리몬은, 제국 안에서 이루어지는 그리스도인의 삶을 '거주 외국인resident alien'으로, 그리고 그들이 이 땅에서 살면서 하는 일을 하늘나라의 '식민지colony 건설'로 표현했다.[4] 바울의 식민지 유비를 빌리자면, 거주 외국인들은 시온의 신을 알지 못하는 땅에서 시온의 노래를 부르며 생계를 유지하는 방법을 배워야 했다. 이 식민지는 제국의 한가운데에 있는 일종의 문화의 섬이었으며, 거주 이방인들의 낯선 언어와 삶의 방식이 그 제국을 살아가는 사람들에게 전달되었다.

　식민지나 식민지 건설이라는 말은 그리 긍정적인 어감은 아니다. 기존의 문화를 무너뜨리고 정복하는 제국의 확장과 연결되기 때문에 더욱 그러하다. 그러나 정복conquest과 식민지 건설colonization은 구별되는 말이다. 식민지를 뜻하는 '콜로니'는 '경작하다'라는 의미의 '콜레레colere'가 어원이다. 새로운 장소에 정착하여 함께 땅을 일구고 살아간다는 의미다. 특정한 지역에서 떼를 지어 자라는 식물 군락도 '콜로니'라고 부르는데, 기본적인 의미는 동일하다. 강대국이 약소국을 침략해서 정복하는 것이 제국의 확장 방식이라면, 그리스도교는 자신들만의 독자적인 가치를 올곧게 붙잡고 그 나라를 형성해 간다. 제국의 정복이 위로부터 아래로의 확산이라면, 그리스도교의 식민지 건설은 철저하게 주변과 경계, 아래에서 형성되어 퍼지는 가치다. 그리스도교의 가치를 추종하는 사람들의 공동체를 만드는 것이다.

교회는 제국 안에서 살아가지만 그리스도교 가치에 근거한 군락을 형성하였다. 제국은 그 안에 편입하여 안정과 번영을 누리라고 요구한다. 그러나 제국에 편입된다면 이 군락은 고유의 가치를 상실하고 제국의 가치에 함몰되고 만다. 이에 교회는 기성의 주류 집단인 제국의 가치에 정복당하지 않고 그리스도교의 가치를 지켜 나가야 하는 고된 싸움을 했다. 이 땅과 분리되지 않고 땅에서 살아 내면서 다른 가치를 보여 주어 스스로 확장성을 확보해야 했다.

이 식민지는 로마라는 제국을 부정하고 분리되자고 주장하지 않는다. 오히려 주변 문화와 조화롭게 교류해야 한다고 인식한다. 그리스도교가 만들어 가는 식민지는 제국의 영토 안에서 도망치는 것이 아니라 제국 안에서 새로운 삶의 방식, 곧 더 높은 윤리와 도덕의 가치를 보여 줄 책임을 지닌다. 초기 그리스도인들은 그 땅에 거주하되 외국인으로 살아가는 주변성의 긴장을 늘 안고 있었다. 그 윤리적 책임은 제국의 박해 앞에서 타협하기보다 순교를 선택하게 했다. 순교는 제국의 가치에 대한 최후의 저항이었다. 제국 안에서 유지하는 식민지는 그 자체로 경계성이 된다.

이 식민지에는 두 가지 극단의 위험이 존재한다. 하나는 제국에 동화되어 식민지의 고유성을 상실하는 위험이다. 외국인으로서의 정체성이 사라지고 제국 안에 완전히 안착하며 살아가는 것을 말한다. 다른 하나는 제국 안에서 거주하기를 포기하고 분리하여 고립되는 위험이다. 천국과 제국의 긴장 속에서 살아가는 것이 이상적이지만 현실에서 구현하기는 어렵다. 혼자서 이 무게를 감당하는 일은 거의 불가능하다. 작은 풀뿌리처럼 엮여 서로를 지지하고 격려할 때 식민지가 유지될 수 있다.

그리스도교의 식민지 건설에 참여하는 삶은 천국에 대한 의무와 제국에 대한 의무 모두를 일깨운다. 또한 영원성에 대한 책임과 소외된 이웃에 대한 책임을 일깨운다. 교회는 이 두 가지를 공통의 가치로 수용하고 실천하려고 애쓰는 공동체다. 이런 특성이, 그리스도교 공인이 승리의 순간처럼 보이나 실제로는 하늘나라의 식민지에는 커다란 위협이 되는 이유다.

그리스도교 공인이라는 사건 후에 그리스도교는, 제국 안에서 제국의 가치와 다른 가치를 제기하면서 제국 너머의 삶을 살아갈지, 아니면 독자성을 상실하더라도 제국이 약속하는 평화와 번영과 동행할지의 기로에 서 있었다. 제국의 가치에 저항하느라 순교하는 삶은 그 명분이 뚜렷하지만, 제국이 그리스도교를 공인한 상황에서는 더 이상 순교가 존재할 수 없었다. 그리스도교에 제국의 시민권이 부여되면서 거주 외국인으로서의 성격이 위태로워졌다. 이방인으로 살아가는 긴장이 사라진 상황에서 그리스도교의 윤리·도덕 수준을 유지하기란 쉽지 않았다.

수도회주의는 이 세속화의 압력에 대한 그리스도교의 또 다른 저항이었다. 그들은 그리스도교의 세례를 받은 로마 황제의

치세 아래에 있는 제국과 하나님 나라가 동의어가 아니라고 믿고
거주 외국인으로 살아가려고 애썼다. 그것이 지나치게 확장되어
세상과의 접촉을 완전히 단절하는 은둔으로 이어지기도 했지만,
수도회주의가 추구하는 가치는 여전히 의미 있다.

하늘나라와 제국의 긴장을 생각하면, 그 긴장이 사라진
자리에서 수도회가 탄생한 것은 자연스러운 일이다. 제국이 그리
스도교를 공인한 이후에 수도회가 전면적으로 등장한 것과 수도
사의 삶에 '백색 순교'라는 이름이 붙은 것은, 수도회야말로 제국
이 추구하는 가치와 그리스도교가 추구하는 가치가 양립하는 현
장에서 가장 급진적이고 거센 저항이기 때문이다.[5]

수도회를 관통하는 단 하나의 키워드를 '제국'이라고 해
도 지나치지 않다. 이 단어는 수도원을 세속과 담을 쌓은 회랑 안
에 가두는 것이 몰이해임을 단적으로 보여 준다. 수도회는 세상
을 그리스도교의 가치로 살아가는 급진적인 저항 가운데 하나다.
그 역동이야말로 수도원에서 포착해야 할 가치다. 그러니 수도원
을, 개인의 영성으로 축소하는 방향으로 읽는 것은 바람직하지
않다. 수도사들이 마주한 질문은 자본과 제국 안에 살아가는 우
리가 마주한 질문과 동일하다. 세상 부정과 내세 지향만이 아니
라, 이 세상에서 어떻게 식민지의 가치를 유지하고 긴장하며 살
아갈지에 관한 질문이기 때문이다.

2천 년 이상 이어진 그리스도교 역사에서 두드러진 역할
을 한 수도회를 살펴보면, 과도하게 세속화된 현실 사회와 타락

한 제도 교회에 반발하여 '대조 공동체'로서 등장했다는 공통점이 있다. 거대한 제국 로마를 무너뜨린 후 유럽 세계를 장악한 게르만 이민족들이 빼어난 그리스도교 문명을 만들었다는 점은, 아일랜드의 수도회를 비롯하여 유럽 전역에서 등장한 수도회의 기여를 빼고는 설명할 수 없다.

그뿐 아니다. 중세 그리스도교 문명이 형성되는 과정에서도 제도 교회가 타락할 때 새로운 수도회가 등장하여 교회 개혁을 이끌었다. 중세기 교회 개혁의 역사는 새로운 수도회 탄생의 역사라고 해도 지나치지 않다. 십자군 원정이 한창이던 시기에 등장한 군사 수도회나 구호 수도회는 수도회가 세속과 밀접하다는 점을 보여 준다.

대조 공동체의 정점은 기존 수도회와 전혀 다른 성격을 지니고 등장한 '탁발 수도회'에서 찾을 수 있다. 탁발 수도회는 홀로 살아가는 은둔 형태가 아니라, 세속 한가운데 들어와 탁발(구걸)을 통해 생존을 이어 가는 것을 선택했다. 탁발 수도회가 생겨난 12세기 말엽은, 교회 측면에서는 가톨릭교회의 권위가 정점을 찍던 시기며, 현실 사회에서는 도시와 화폐경제 성장이 두드러져 원시적 자본주의가 생겨나던 시기다. 이러한 현실에서 세속의 권력과 부를 버리는 무소유를 선택했다는 것은 단순히 도피적 삶을 넘어서는, 가장 급진적인 형태의 사회 참여로 읽을 수 있다.

이와 반대로 수도회가 사회와 건전하게 상호작용 하지 못하여 존재 의미를 상실한 사례는 종교개혁기와 프랑스혁명 당시 수도회의 해산과 수도원 건물 파괴에서 엿볼 수 있다. 그만큼 수도회는 엄청난 부와 종교적 권력을 가진, 타락한 구체제의 상징이었다. 그러니 수도회를 세상으로부터의 도피 공동체라고 규정하는 것은 간편하지만 적절하지 않다. 오히려 수도회가 긍정적으로 작용할 때는 세속의 종교적 지향점을 제시하는 역할을 했다.

오늘의 나와 무관한가?

'제국과 천국', 이런 거창한 가치를 말했지만, 좀 더 내밀하게 축소해 볼 수도 있다. 수도회는 존재 자체가 사회적·종교적 반향을 불러왔다. 수도회는 운영 지침과 방향이 분명하게 제시된 수도 규약과 더불어 이를 지키며 살아가는 수도사들이 있기에 유지된다. 세속 사람들과 비교해 더 높은 수준의 윤리·도덕적 요구를 충족하기 위해 애쓰는 수도사들은 분명 우리와는 다른 차원의 삶을 사는 것처럼 보이지만, 그들은 교회의 권위와 명령을 따르고 순응하는 대가로 더 나은 내세와 구원을 보장받았다. 금욕적인 삶이 그리스도교 수도회의 본래 목적인 하나님 나라 성취의 차원으로 나아가지 못하고 개인의 완성에 머물러 버린 셈이다.

개신교 종교개혁은 당대 가톨릭 수도회의 자기완성을 위

한 금욕과 신비주의의 한계를 비판하였다. 이 비판은 수도회 폐지로 이어졌다. 그렇다고 수도회 폐지가 수도회에 주어졌던 역할을 모두 외면했다는 의미는 아니다. 수도회 폐지 후 수도사들의 금욕은 일상의 그리스도인들이 합리적으로 실천해야 하는 덕목이 되었다. 하늘나라의 성취가 수도사들이 전위에 서서 일구어 가는 가치가 아니라, 현실 세계에 몸담은 대중 모두가 자기에게 주어진 삶의 자리 즉 소명 안에서 구현해야 할 덕목으로 받아들이게 된 것이다.

우리는 누구나 절대자 앞에서 단독자로서 삶과 죽음에 대한 책임을 지고 걸어가는 수도사다. 한 해에 수십만 명이 찾는다는 스페인 산티아고 순례길은, 비록 수도사의 길을 걷지 않지만 정신없는 일상을 잠시 뒤로한 채 삶을 성찰하고 길을 찾아보려는 현대인의 고뇌와 갈망을 대변한다. 매일 수십 킬로미터를 걸어도 한 달 이상이 걸리는, 800킬로미터가 넘는 기나긴 길이다. 그 길을 걷는 사람들은 이구동성으로 말한다. 길은 고되지만 동시에 가장 쉬운 길이라고. 그 이유는 매일 걸어가야 할 이정표가 명확하기 때문이다. 힘든 길이지만 포기하지 않는 한 반드시 순례길의 종착지가 나온다. 이 사실 하나만으로도 이 길은 쉽다.

최종 목적지가 다가올수록, 더 이상 걸을 필요가 없는 순간이 가까워질수록 다른 깨달음이 온다. 산티아고 길이 순례가 아니라 현실의 삶이 순례이고 우리 일상이 순례자의 삶이라는 깨달음. 이제야말로 편한 길을 떠나 진정한 순례의 길을 걸어야 한다는 자각. 이 길은 지도나 표지판이 분명하지 않기에 훨씬 더 고단하고 불확실하다. 두려움과 떨림 속에서 겨우 한 걸음씩 발을 떼며, 신뢰 없이는 걸어갈 수 없는 길이다.

이 관점으로 수도사의 삶을 다시 생각해 보면, 수도회 안의 수도사들의 길은 일상의 수도사들과는 비교할 수 없을 만큼 평탄하다. 그 길은 따라야 할 규칙이 명확하고 그에 따른 보상도 정립되어 있다. 역설적이게도, 불확실한 현실 가운데 수도사의 삶을 요구받는 우리가 더 큰 고난의 길을 가고 있는 셈이다. 그러니 수도사의 삶이 우리와 무관하다는 오해는 하지 말자. 우리는 모두 일상을 순례하는 수도사들이다. 지금껏 우리가 보고 인식해 왔던 수도회와 수도사의 삶은 과거의 영화榮華를 더듬어 쉽게 찾고 볼 수 있도록 보존해 놓은 박물관의 전시물 같은 것이었다. 그들의 삶은 숭고할지언정 현실의 우리에게는 말을 걸어오지 않는 다른 세계였다.

수도회 역사가 제도 교회 역사에서 보조적 역할을 한다고 오해하기 쉽지만, 수도회는 그 자체로 2천 년 교회사에 독자적 흐름을 형성해 왔다. 그리스도교 역사에서 수도회는 종교의 가치와 본질을 고민하는 가장 전위에 있었다. 313년 그리스도교가 공인되어 세속화 물결이 불어닥치자 현실을 자각한 이들이 자발적으로 사막으로 들어갔다. 그들은 세속화를 막아선 사막의 영웅들이었다. 1215년 제4차 라테라노 공의회를 통해 중세 교회의 권력이 유럽 세계 정점에 섰을 때, 교회가 있어야 할 자리가 그곳이 아님을 자각한 탁발 수도사들이 등장하여 사도적 청빈을 강조했다. 근대 세계에서는 또 어떠했는가? 1, 2차 대전으로 온 세계가 정신적 공황에 빠졌을 때, 그리스도교의 가치는 무엇이며 세계인의 질문에 종교가 어떤 답을 해야 할지를 고민하는 떼제나 라브리 같은 새로운 수도 공동체가 등장했다.

이런 흐름이야말로 수도회의 삶이 과거의 유산이 아니라 오늘 여기 우리의 현실 속에서 다시 재생되어야 하는 이유다. 수도사의 삶이란 과거, 거기, 그들의 것이 아니라 바로 오늘, 여기, 나와 우리의 삶이다. 고독solitude 속에서 연대solidarity했던 수도사들의 가치와 지향을 우리 삶 속에 연결해야 한다. 그것만으로도 우리가 수도회에 길을 묻는 긴 여정을 떠날 이유는 충분하다.

2

수도회의 탄생

그리스도교 공인과 사막 교부들

수도회의 탄생, 왜 4세기인가?

그리스도교가 공인되기 전, 제국의 박해를 피해 사막으로 내몰린
그리스도인들이 있었다. 그들은 굴이나 땅을 깊이 파고 그 안에
거주했다. 지금도 이집트, 시리아, 팔레스타인, 튀르키예 인근에
그 흔적들이 다수 남아 있다. 그 공동체가 수도원의 원형이다. 그
리고 핍박 속에서 흩어진 그리스도인들이 형성한 공동체가 교회
역사에서 수도회라는 집단 정체성을 형성하기 시작한 때를 대체
로 4세기 전후로 보는데, 이 시기는 콘스탄티누스 황제의 회심과
그리스도교 공인 시기와 맞닿아 있다.

　　종교개혁 중에 개신교 국가 대부분에서 수도회가 해산되
었다. 수도회에 집중된 부와 그로 인한 부패가 중세 말 교회 타락
의 전형임이 드러났기 때문이다. 개신교는 수도회주의를 비판하

고 수도원을 거부하였다. 개신교 지역에서 수도원들을 강제 해산한 16세기는 하나의 교회였던 가톨릭교회가 무너지고 국가 중심의 교회가 형성되던 시기다. 수도회의 탄생과 해산 모두 제국이나 국가 같은 세속 권력과 교회가 새로운 관계를 맺던 시기에 이루어졌다. 그러나 탄생 시의 수도회와 16세기 수도회의 모습은 분명히 달랐다. 따라서 수도회 운동은 종교개혁에 대한 지지 여부를 떠나 교회의 유산 중 일부로 다루어야 한다.

4세기 수도회 운동은, 로마제국이라는 세속 권력이 그리스도교 역사를 주도하기 시작하면서 급변하는 현실에 저항했다는 특징이 있다. 16세기 수도회 해산은, 세속 권력이 교회를 주도하는 흐름을 형성하는 가운데 더 이상 이에 대항할 수 있는 세력이 존재하지 않았음을 상징적으로 드러낸다. 표면적으로 세속사 흐름과 큰 상관관계가 없어 보이는 수도회가 실제로는 세속과 종교 사이의 역학에 매우 중요한 지점을 차지하고 있다. 수도회가 초기 교회부터 존재하지는 않았지만, 초기 교회가 취했던 금욕 관념이 3-4세기 그리스도교 세계의 변화에 적응하면서 탄생하였다. 그러니 수도회 탄생을 가져온 역동에 주목하는 일이 필요하다.

그리스도교 공인의 명과 암

로마 황제 콘스탄티누스의 회심과 313년 그리스도교 공인으로 인해 그리스도교는 로마 세계에서 극적인 전환점을 맞이하였다. 그리스도교는 로마제국에서 박해를 받기도 하고 용인되기도 하는 등 불안정한 상태에서 300년 가까운 시간을 보냈다. 마지막이자 가장 큰 박해는 콘스탄티누스가 권좌에 오르기 직전인 디오클레티아누스 황제 때 일어났다. 많은 교회가 파괴되고, 성직자들이 체포되어 투옥당하고, 그리스도인들은 성서를 빼앗겼으며, 로마 시민의 특권을 박탈당했다. 그렇지만 황제의 권력으로 교회를 무너뜨릴 수 없다는 사실을 확인하는 결과에 그쳤다.[1]

이런 박해를 견딘 교회는 다음 통치자인 콘스탄티누스 황제 시대에 전혀 다른 세상을 만났다. 이전에 미신으로 치부되던 그리스도교가 형식상으로 로마가 용인한 다른 종교와 마찬가지로 '종교'의 자리에 올랐을 뿐 아니라, 타 종교에 비해 더욱 우호적인 대우를 받았다. 황제는 디오클레티아누스의 박해 때 몰수한 재산을 교회에 돌려주었다. 교회 성직자들의 병역 의무는 물론 납세 의무도 면해 주었다. 교회 건축 자금을 지원하고, 일요일이 공휴일로 지정되었다. 더 나아가 교회의 고위 성직자들을 제국 정부의 요직에 앉혔다. 콘스탄티누스 재위기에 그리스도교는 그저 박해를 면하고 자유를 얻는 정도를 넘어서 급진적으로 재구성되었다.

이로써 그리스도인이 되는 일에 순교를 각오할 필요는 없었다. 오히려 많은 사람이 신앙에 대한 진정한 관심과 결단 없이도 자기 편의와 향후의 기회를 위해 그리스도교를 선택할 수 있게 되었다. 이러다 보니 그리스도인이 되는 것은 하나의 유행이 되었고, 삶의 변화 없이 이교도의 가치관을 유지하니 교회의 질적 순도가 점점 떨어졌다. 그리스도교가 공인되기 직전 그리스도인의 수를 전체 인구의 10퍼센트 정도로 잡는다. 콘스탄티누스가 죽을 무렵에는 제국 인구의 절반 이상이 그리스도교를 택했고, 그리스도교가 국교로 공인된 테오도시우스 황제 때는 적어도 90퍼센트 이상이 명목상 그리스도인이 되었다고 본다.

핍박받던 소수가 이제 주류 중의 주류라는 흐름에 섰다. 콘스탄티누스가 주도한 종교적 변화에 교회는 매우 빠르게 적응하였다. 사정이 이렇다 보니 항상 제국과 대립 관계에 있던 교회는 어느 순간 제국이 지향하던 가치 및 문화와 같은 방향에 서게 되었다. 그리스도교의 신앙과 관습에 로마의 전통적인 이교도 의식이 혼합된 것은 어쩌면 자연스러운 결과다.

그들은 로마제국이 그리스도교를 받아들인 사건을 '하나님 나라'가 이 땅에서 성취되는 강력한 증거로 보았다. 이 땅에 하나님의 나라가 이루어지면서 교회는 영적 통치자일 뿐 아니라 세속사에서도 중심축을 차지하게 되었다. 점차 로마제국과 하나님 나라가 동일시되었다. 그러나 이는 어디까지나 교회의 해석일 뿐이다. 제국과 교회 사이의 긴장이 사라진 것을 교회의 승리라고 하기에는 모호한 부분이 많다.

콘스탄티누스 이전의 교회는 박해를 받았지만 제국의 권력으로부터 독립되어 있었다. 하지만 교회가 콘스탄티누스의 호의를 수용했을 때 세속의 정신이 교회로 들어왔고, 눈먼 교회는 제국과 권력을 나누는 달콤한 유혹을 물리치지 못했다. 오히려 박해를 이겨 낸 신실함에 대한 당연한 보상이라고 여겼을지도 모른다. 그 결과, 제국이 교회 문제에 주도적으로 개입하기 시작하였다. 그리스도교는 박해받는 종파에서 제국의 지배 종교가 되었고, 그 과정에서 제국과 매우 밀접한 관계가 되었다.

콘스탄티누스는 자신의 통치 기간에 황제가 그리스도교 신앙의 문제에 관여하는 전례를 만들었다. 교회의 고위 직책인 주교를 황제가 지명하는가 하면, 고위 성직자에게 세속의 직책을 부여하는 일도 흔했다. 그뿐 아니라 교회 내 문제를 해결하기 위해 주교회의를 소집하는 이도 황제였다. 콘스탄티누스 황제가 교회 내 갈등을 해결하기 위하여 325년 니케아 공의회를 소집하고 직접 의사봉을 잡은 사건은, 교회 박해와는 또 다른 형태의, 그보다 훨씬 치명적인 제국의 간섭을 상징적으로 보여 준다. 이제 황제는 주교들과 함께 교회의 수호자이자 지도자가 되었다.

콘스탄티누스 황제의 호의로 지어진 웅장한 바실리카는 무엇을 말해 주는가? 더 이상 신앙 때문에 순교당하지 않아도 되고 자유롭게 성서를 소유하게 되었으니 무한한 감사를 해야 할까? 콘스탄티누스로 인해 교회와 제국 정부 사이의 관계가 다시 설정되어 오히려 교회의 독립성이 위협받은 것은 아닐까? 그리스도교 공인으로 제국과 종교의 긴장선이 무너지자 그리스도교는 제국의 이익을 앞세우는 제국 종교로 발 빠르게 이행되었다.

이 변화에 대한 교회의 반응은 두 가지로 나타났다.

교회의 두 가지 반응

첫째, 제도 교회는 공인에 따른 변화를 환영하고 급속히 적응했다. 제국과 교회의 관계를 우호적으로 그려 간 이는 4세기 유명한 교회사가인 카이사랴의 유세비우스였다. 그는 콘스탄티누스의 그리스도교 공인과, 잇따른 일련의 교회 관련 조치들을 우호적으로 그린다. 제국은 박해자에서 그리스도교의 수호자가 되었고, 교회의 영향력은 제국 내에서 급증했다.[2]

그런 점에서, 니케아 공의회에 참석하여 현장을 묘사한 그의 증언은 흥미롭다. 그는 교회의 공의회가 황제의 궁전에서 열린다는 사실에 감격했다. 제국의 황제가 각지에서 참석한 교회 주교들을 환영하였으며, 주교들은 로마 군사들의 사열을 받으며 궁전에 입장했다. 유세비우스는 박해로 인해 다리를 절거나 지팡이와 목발을 짚고 걷는 이들을 묘사했다. 그들의 얼굴에는 모진 박해를 이겨 내고 결국은 승리했다는 환희와 감격이 묻어났다. 불과 몇 년 전만 해도 그리스도인이라는 이유로 모진 대우를 받던 이들, 이제는 황제로부터 최고의 대우를 받으면서 제국 내 교회의 문제를 논의하기 위해 모였으니 말이다. 유세비우스는 이 장면을, 복음서에서 예수 그리스도가 예언한 하나님의 나라가 드

디어 실현된 것으로 보았다.

둘째, 일부는 그리스도교 공인과 그 이후의 교회 정책을 거부했다. 이 지점이 수도회주의가 탄생한 배경이다. 수도회주의는 그리스도교의 세속화와 값싼 은총을 거부하는 시위였다. 대개 그리스도교 수도회는 4세기 이집트의 사막에서 제도로서 자리 잡았다고 알려져 있다. 이 시기 수도회주의의 발흥은 콘스탄티누스가 개종하고 그리스도교가 로마 주류 종교가 된 거대한 변화에 대한 대응책이었다.[3] 오랜 기간 그리스도교에는 박해의 신학, 순교의 신학이라는 관념이 있었다. 제국의 그리스도교 박해는 교회 내에 순교자라는 특별한 계급을 만들었다. 복음을 지키기 위하여 목숨을 아끼지 않는 이들은 수 세기에 걸쳐 존경받는 위치에 올랐다. 그들처럼 박해를 극복하며 순교하는 일을 그리스도인의 가장 큰 가치로 여겨졌다.

박해가 끝났다는 말은, 더 이상 순교를 통해 자신의 신앙을 증명할 수 없다는 의미였다. 4세기의 변화된 상황에서 그리스도인들은 도시를 떠나 이집트, 시리아, 팔레스타인의 사막으로 들어갔다. 순교라는 선택지가 사라진 후, 급진적으로 금욕적·순교적 가치를 추구하는 이들에게 사막은 그 자체로 상징성을 지녔다. 그들은 사막의 수도회에서 스스로 엄격한 규율을 부과함으로써 종교적 완전성을 추구했다.

하지만 4세기 수도회주의 운동을 개인의 종교적 완성을 위한 순교와 금욕으로만 한정하는 일은 사회 속에서 수도회의 역할을 제한하는 결과를 낳는다. 순교란 개인의 신앙 정절을 지키는 행위인 동시에, 제국이 추구하는 이념이나 가치에 동화되지 않고 그 너머의 가치를 추구한다는 의미도 있다. 순교의 시대가 끝난 후 사막으로 들어가는 이들이 등장한 것은, 제국의 가치가 교회를 지배하고 교회가 세속의 문화에 동화되는 현실의 위기를 자각하고 그에 따른 경각심이 있었음을 알려 준다. 그런 점에서 수도회주의와 순교주의는 제국과 교회의 관계에 대한 고민에서 나온 가장 급진적인 파생물인 셈이다.

사막은 음식을 찾기 어렵고 기후가 혹독하며 고독한 장소다. 그래서 상징성을 띤다. 사막은 끝없는 유혹의 자리인 동시에, 그 때문에 더욱 하나님을 찾고 의지해야 하는 곳이기도 하다. 하나님의 음성을 듣기 위해 애쓰는 예언자들이 사막으로 들어간 사례를 구약성서에서 볼 수 있다. 수도회주의가 전형으로 삼는 이는 엘리야다. 열왕기상 19장에서 엘리야는 사악한 세속 통치자인 아합 및 이세벨과의 갈등 가운데 광야로 들어가 피신하다가 호렙 산에 이른다. 호렙 산에서 40일이라는 상징적인 기간을 머물며, 선지자의 피를 찾는 불의한 시대 가운데 하나님의 음성을 듣고자 한다. 결국 크고 강한 바람이나 지진 가운데서가 아니라 미세한 소리로 임하는 하나님을 만난다. 신약성서에 엘리야와 동일시되는 인물은 광야에서 '외치는 자의 소리'인 세례 요한이다. 그는 통치자 헤롯의 부도덕성을 비판했다는 이유로 옥에 갇혀 부당하게 죽임을 당했다. 엘리야나 세례 요한에게 사막이란 도피의 장소가 아니라 가장 치열한 도전의 자리였다.

명백하게 예상되는 교회의 수준 저하와 세속화를 막으려는 급진적 저항이, 도시가 아닌 사막 한가운데서 생겨났다. 초기 수도회주의 형성에 기여한 수도사들을 '사막 교부'라 부른 이유다.[4]

그렇지만 몇 가지 놓치지 말아야 할 것이 있다. 먼저는, 그리스도교 공인 이후 제도 교회의 행위를 타협으로 보고 수도회를 저항으로 보며 이분법으로 구분하는 것은 매우 간편하지만 적절하지는 않다. 오히려 세속의 흐름에서 벗어나기를 강조하는 흐름과 세속 사회에서 그리스도교가 적극적인 역할을 해야 한다는 흐름 사이에서 상호 긴장을 읽어 내는 게 더 중요하다. 공인 이후 그리스도교가 제도화하지 않았다면 사막의 은둔자들의 삶 역시 지속되지 않았을 것이다.

또한, 수도회의 출생 배경부터 시작하여 발전 단계에서 드러나는 성격은 결코 한 가지로 논할 수 없으며 매우 다양하다. 수도회의 출현이 그리스도교가 제국의 종교가 된 것에 대한 저항이기도 하지만, 그와 무관하게 그리스도교 신학과 철학이 근원적으로 추구하는 물질성과 유한성에 대한 이원론적 태도도 수도회 출현의 중요한 요소다. 전통적으로 그리스도교는 초월, 천상, 내세의 관념을 현재성·물질성보다 앞세웠다. 초기 그리스도교는 신플라톤주의나 영지주의 사상의 영향을 받아서, 영혼은 본질적이며 선하고 비본질적인 물질은 악하다고 생각했다. 수도사의 길은 '끊임없는 자기 정화의 투쟁으로 영혼이 창조주에게 통합되는 것'이었다.[5] 세상을 포기하고 물질적인 욕망을 끊어 내는 절제와 금욕을 통해 영혼의 자유와 해방을 추구하는 가치는, 분명히 그리스도교 초기 수도원 영성의 한 축이었다.

초기 수도사들이, 하늘나라의 시민권자로서 이 땅 곧 제국 내에 살아가면서 하나님 나라의 식민지를 형성한다는 은유의 실제성을 인식했는지, 아니면 그저 악한 세상과 절연하고 오롯이 더 높은 수준의 영적인 삶을 추구한 것이 전부였는지는 명확하게 구분할 수 없다.

제국과의 관계에서도 난점이 존재한다. 수도회가 모두 제국에 저항하는 가치로 수렴되는 것도 아니다. 제국교회와 수도회를 대척점에 놓는 것도 그럴듯해 보이나 현실은 그렇지 않기 때문이다. 라틴 교부 테르툴리아누스는 그리스도인들이 사회의 필수적인 부분이라고 주장하며, 같은 음식을 먹고 같은 복장을 하고 같은 습관을 가지고 제국의 안녕을 위해 기도할 것을 요청했다. 교부 클레멘스는 그리스도인들은 도시에서도 사막에서처럼 살아야 하며, 세속적인 제국의 재구성을 위해 그리스도인의 시민권이 필요하다고 강조했다.[6]

두 가지 형태의 수도회

3세기 후반에서 4세기 초반에 이집트 사막에서 시작한 그리스도교 수도회 운동의 대표적인 인물로 성 안토니우스(251-356)와 성 파코미우스(c.290-346)를 들 수 있다. 이 둘은 '은둔 수도회'와 '공주 수도회'라는 다른 전통을 만들었다. 이 두 전통 역시 그 성격이 완전히 분리되지는 않는다. 은둔 생활을 하는 수도자들은 공동체의 물질적인 지원을 받아야 생활이 가능했기에 세속과 불가분 연결되어 있다. 고립의 삶과 공동체의 삶이라는 차이 속에서도 두 수도회는 복음서에 나타나는 제자들의 삶이라는 가치를 공유했다. 아무것도 소유하지 않고 가난하고 단순한 삶을 살며 그리스도의 복음을 설교했다. 초기 수도사들은 자신들의 삶이 복음서의 사도적 삶*vita apostolica*을 본받아 형성된다는 인식이 있었다. 그 후에 생성된 수도회들은 사도들의 삶의 방식에 대한 저마다의 해석을 바탕으로 한다.

먼저, '은둔 수도회eremitical monasticism'를 살펴보자. 은둔 수도사는 완벽히 고립되어 혼자 사막에 기거했다. 동굴이나 요새 혹은 버려진 건물에서 생활했다. 그들은 혼자 산다는 의미에서 '앵커라이트anchorite' 혹은 '은둔 수사hermit'라고 불린다. 이런 은둔 수도회의 창시자는 안토니우스다. 그는 알렉산드리아 태생으로 세례 요한과 예수 그리스도의 생애를 완벽하게 본받는 삶을 결단했다.

안토니우스에 대한 기록은 아타나시우스가 쓴 《성 안토니우스의 생애》에서 볼 수 있다.[7] 그는 유복한 집안의 아들로 태어나 부모에게서 많은 재산을 물려받았지만, 사도들과 초기 그리스도인들의 삶을 본받고자 하는 욕망이 있었다. 어느 날 "네 소유를 팔아 가난한 자들에게 주라. 그리하면 하늘에서 보화가 네게 있으리라. 그리고 와서 나를 따르라"(마 19:21)라는 말씀을 듣고 그것을 문자 그대로 받아들였다. 그는 모든 재산을 가난한 자들에게 나누어 주고 금욕 생활을 시작했다.

35세 되던 해에 안토니우스는 사람들이 사는 곳에서 멀리 떨어져 있는 오래된 요새에 가서 20년을 은둔하며 살았다. 이곳에서 순례자들과 제자들이 가져다주는 최소한의 음식으로 연명하였다. 이 기간은 시험과 고통의 기간이었다. 《성 안토니우스의 생애》에는 악마가 안토니우스를 유혹하고 괴롭히는 장면들이 생생하게 묘사되어 있다. 이 시련은 안토니우스 내면에 있는 욕망과 갈등을 상징한다. 그는 가정을 이루는 것을 포기했고, 부유한 삶도 스스로 내려놓았다. 매일의 삶은 불안에 노출되어 있었다. 당장 내일의 먹을거리가 어디서 올지 모른다. 이렇듯 불안정한 삶은 늘 긴장을 유발하며, 긴장 속에 노출될 때 내면이 적나라하게 드러난다. 그래서인지 안토니우스가 경험한 시험과 유혹은 수많은 예술가의 작품 주제가 되었다. 미켈란젤로의 유명한 그림인 〈성 안토니우스의 고문〉에는 악령들이 그를 무자비하게 휘감아 공격하는 모습이 실감 나게 묘사되어 있다. 그의 삶을 동경하고 공감하는 많은 제자가 점차 동굴과 산 주위로 모여들어 안토니우스에게 영적인 삶을 배우고자 했다.

안토니우스는 그 후 나일강과 홍해 사이에 놓여 있는 사막으로 거처를 옮겨 45년간 은둔 생활을 이어 갔다. 그러다 고통당하는 신자들을 격려하고, 아리우스파에 대항하는 설교를 하기 위해 알렉산드리아로 갔다고 전해진다. 아타나시우스가 쓴《성 안토니우스의 생애》에서는 그가 105세에 죽었다고 한다.

안토니우스가 추구한 은둔 수도회는 복음을 위하여 경주하는 자(고전 9:23-25)에 비유된다. 그들의 삶은 승리자의 관을 얻기 위하여 스스로 절제하고 훈육하며 경기장에서 경주하는 삶이다. 당시에는 성직자들의 결혼이 허용되었으며, 일반적으로 재산도 소유할 수 있었다. 안토니우스의 은둔 수도회는 결혼이나 사유재산을 선악의 관점에서 바라보지 않고, 더 나은 가치를 위하여 자제하고 포기하는 것으로 보았다. 소유를 버리고 자선하는 삶은 그에게 더 나은 가치를 위하여 차선의 가치를 포기하는 훈련이었다.

이집트의 안토니우스가 은둔 수도회를 발전시키는 동안, 또 다른 형태의 수도회가 탄생하였다. 공동생활을 하는 '공주 수도회cenobitic monasticism'다. 안토니우스 추종자로 알려진 파코미우스는, 수도사들이 각각의 오두막이나 방에서 살지만, 공동 공간에서 함께 일하고 먹고 예배하는 공동체를 만들었다. 수도원에서 공동생활을 하는 수도사를 의미하는 단어인 '케노비움cenobium'은

미켈란젤로의, 〈성 안토니우스의 고문〉. 안토니우스를 둘러싸고 마귀가 무자비
하게 고문하는 장면으로, 수도사의 삶의 어려움을 실감 나게 시각화했다.

'함께'라는 의미를 지닌 그리스어 '코이노스 *koinos*'와 '살다'라는 의미를 가진 '비오스 *bios*'의 합성어다. 코이노스는 초대교회 시기 그리스도인의 친교를 의미하는 코이노니아와 뿌리가 같다. 이 공동체 기반의 수도회가 동·서방 교회 역사에서 가장 일반적인 형태로 자리 잡았다. 그들은 고립된 삶이 아니라 세상으로부터 분리된 수도사 공동체에서 산다.[8]

　이교도 부모 밑에서 태어난 파코미우스는 로마의 군인이었다. 그는 전쟁 중에 한 이집트 도시에 머물면서 그리스도교 공동체의 돌봄을 받았다. 하나님을 사랑하고 이웃을 사랑하라는 명령에 따라 아무런 조건 없이 자신들을 돌보아 준 그리스도인들에게 그는 깊은 감화를 받았다.

　파코미우스는 군대에서 나온 후 세례를 받고 엄격한 금욕 생활을 시작했다. 그는 타베나 Tabenna에서 수도회를 시작하라는 음성을 듣고, 추종자들과 함께 거기에서 작은 수도회를 시작했다. 파코미우스의 수도회 공동체는 자기완성이나 금욕 자체를 위한 것이 아니었다. 자신이 전쟁 중에 경험했던 그리스도교 공동체처럼 주변의 나그네를 섬기는 돌봄 공동체였다.

　파코미우스는 모든 수도사에게 동일한 음식과 의복을 주었고 수도회 생활 규칙도 도입했다. 공동체의 안정적인 유지를 위한 질서와 규칙이 필요했다. 수도사들은 아무 재산도 보유할 수 없었고, 공동의 덕을 위해 순종해야 했다. 이 수도회는 순종을 그 어떤 금식이나 기도보다 높게 평가했다. 금식이나 기도는 자칫 자기 의를 쌓는 결과로 이어질 수 있는데, 자신을 스스로 낮추어 남을 높이는 자세가 없으면 공동체는 유지되지 못한다.

공주 수도회를 관장하는 책임자를 압바abba(여성은 암마amma)로 부르며 영적인 가족을 구성했다. 파코미우스는 수도회의 삶과 질서를 규율하는 규칙서《아스테티카Astetica》를 편찬하여 공주 수도회의 기반을 다져 놓았다. 이 공주 수도회 운동은 훗날 유럽에서 가장 표준적인 수도회를 만든 베네딕토에게 영향을 준다.

수도회는 빠르게 성장했고, 근처에 남성들을 위한 수도원 열 개와 여성들이 모인 수녀원 두 개가 생겼다. 파코미우스가 지도하는 수도사 수는 한때 7,000명에 달하였다. 앞서 말했듯이 파코미우스의 수도회는 세속과 완벽히 고립된 공동체가 아니었으므로, 수도회 주위에 많은 사람이 모여들어 더 큰 공동체를 이루었다. 파코미우스의 수도회는 수도사 개인의 내적 완전성을 추구하기보다 사랑과 환대의 공동체가 되기 위해 애썼다. 그는 아픈 수도사들을 직접 돌보며 낙담한 자들을 위로하고 거룩한 소망을 가지도록 격려하였다. 건강 회복에 도움이 된다면 아픈 사람들을 위해 금식 규칙을 완화하기도 했다. 파코미우스는 346년경에 전염병에 걸려 사망하여 수도회 근처 언덕에 묻혔다.

안토니우스의 은둔 수도회가 신적 음성을 듣기 위해 내면에 집중하며 완전을 갈망하였다면, 파코미우스로 대표되는 공주 수도회는 타자 돌보기로 시선이 확장되었다. 공주 수도회는 은둔 수도회가 종교 엘리트주의에 빠질 수 있다는 점을 경계하며 때로 강하게 비판하였다. 이 두 수도회 전통은, 세속화의 길을 가는 제도 교회와 때로는 긴장하고 때로는 협력하며 대안 공동체 역할을 하였다.

긴장을 줄 공동체

그리스도교가 제국에서 공인되고 중심을 향해 갈 때 스스로 주변으로 물러나는 선택을 한 자들이 수도회를 형성하고 발전시켰다는 점은 여러 생각할 지점을 남긴다. 그리스도교가 형성된 이래 교회의 변화에 가장 중요한 영향을 끼친 단 한 사람을 꼽자면 콘스탄티누스 로마 황제다. 그로 인해 교회가 오늘 같은 모습으로 발전할 수 있었던 반면, 국가와 교회의 결탁이라는 암울한 그림자도 드리웠다. 그리스도교가 공인된 313년은 이처럼 복잡한 마음을 준다.

순교가 신앙을 지키기 위한 희생이자 그 너머의 제국적 가치에 맞선 저항이라면, 수도회는 그 자체로 순교의 연장이라 할 수 있다. 콘스탄티누스가 남긴 역사를 보며 국가와 종교의 결탁을 비판하는 데 그치지 말고, 그 시기에 그 이상의 가치를 향해 나아갔던 집단적 움직임에 주목해야 한다.

313년 이래 제국과 교회의 유착은 안타깝게도 지금까지 이어지고 있다. 그러나 그 흐름이 그리스도교 흐름의 전부라고 단정하는 일 역시 섣부르다. 수도회 운동이 거대한 세속화의 흐름 속에서 종교의 본질, 즉 그리스도교가 어디에 서야 하는가를 탐구하며 시대의 고비마다 등장했기 때문이다. 이 관점에서 종교개혁을 살펴보자면, 수도회 해산은 국가 중심의 교회에 저항해 왔던 긴 공동체 역사의 뿌리가 뽑힌 것이다. 제 역할을 하지 못한 수도회 탓이기도 하지만, 수도회 해산은 장기적으로 개신교에도 유익이 되지 않았다. 여전히 국가주의 가치에 과도하게 경도된 오늘 제도 교회 모습은 낯설지 않다. 그렇다면 지금은 중심을 향하는 제도 교회에 긴장을 줄, 주변을 향한 또 다른 움직임이 과연 형성되고 있는가.

3

수도사의 일상

기도와 노동, 하나님의 일이 되다

일상과 영성

몇 해 전 한국의 공영방송에서 〈세상 끝의 집 - 카르투시오 봉쇄 수도원〉이라는 제목의 다큐멘터리를 방영했다.[1] 아시아에서 유일한, 경북 상주에 있는 카르투시오회 수도원을 카메라 앵글에 담았다. 일상에서는 대화가 금지되어 있고, 식사도 독방에서 하루 한 끼만 먹는다. 일주일에 한 번씩 숲속으로 가는 산책 시간이 그나마 사람답게 웃으며 대화하는 유일한 시간이다. 몇 년의 기다림 끝에 돌아오는 가족 면회 날의 긴장과 설렘은 그들도 예외는 아니었다. 들뜬 모습이 외려 낯설었다. 평생을 수도원 담 밖을 넘지 않고 침묵과 고독 속에서 세상을 위해 기도하며 살고자 하는 열 명 남짓한 수도사들의 모습은 시청자들에게 깊은 여운을 남겼다. 그곳에 들어가기까지 어떤 삶을 살았는지에 대한 궁금함과 그들도 우리와 같은 감정을 지니고 살고 있다는, 어쩌면 당연한 깨달음과 함께 말이다.

11세기 설립된 카르투시오회는 천 년이 지나는 동안 엄격한 전통을 고집스럽게 고수했다. 그렇지만 수도회가 한 종류만 있는 것은 아니다. 매우 다양한 수도회 종류만큼 그들이 추구하는 삶의 방식도 독특한 특징을 지닌다.

이를 살펴보기에 앞서 관련 용어 하나만 짚고 넘어가자. 수도회와 수도원은 다르다. 수도회는 특정한 수도 규칙을 가진 인가된 종교 기관이다. 그리고 그 규칙 아래 수도사들이 공동체로 모여 함께 거주하는 물리적 공간이 수도원이다. 예컨대 베네딕토 수도원이란 건 존재하지 않는다. 베네딕토회 규칙을 따르는 개별 수도원이 특정 지역에 있을 뿐이다. 경북 왜관에 있는 잘 알려진 수도원의 공식 명칭 역시 '성 베네딕도회 왜관 수도원'이다.

수도회는 크게 '관상 수도회'와 '활동 수도회'로 구분한다. '관상 수도회contemplative order'는 수도회 공간 안에서 수도원 밖 세계를 위해 침묵하며 기도하는 데 전념하는 공동체다. 그 특성상 세상과 단절된 삶을 산다. 카르투시오회 봉쇄 수도원이 관상 수도회 중 하나다. 그에 반해 '활동 수도회active order'는 수도원 밖을 향해 사목 활동을 수행하는 수도회다. 교구 사제 활동을 포함해 자선이나 구제 같은 다양한 사회 복지 사업 등을 수행한다. 보통 수도회는 평수도자 중심이지만 활동 수도회는 사목을 필요로 하기에 사제 서품을 받는 사람이 많다. 12세기 출현하여 세상 속에 살며 구걸로 일상을 유지하는 탁발 수도회도 넓게는 활동 수도회에 포함된다.

수도사의 복장을 '해빗habit'이라고 한다. 일상적이고 반복적인 행동 방식을 말하는 '습관habit'이라는 말이 여기에서 나왔다. 수도사들이 입는 옷으로 수도회가 지향하는 수도 방식과 가치를 유추할 수 있다. 대표적인 몇 가지를 살펴보자. 베네딕토회는 그들의 수도복 색깔에 따라 '블랙 몽크'라 불린다. 검은색 수도복을 입고 가죽으로 된 허리띠로 동여맨다. 같은 베네딕토회 규칙을 따르지만 더 엄격하게 준수하는 분파인 시토회는 흰색으로 된 수도복을 입고 어깨 앞뒤로 검정 스카프를 걸친다. 그래서 '화이트 몽크'라 한다. 대표적인 탁발 수도회인 프란치스코회는 짙은 갈색이나 잿빛 해빗을 입는다. 그들은 허리에 흰색 밧줄을 동이고 청빈, 순결, 복종을 의미하는 세 개의 매듭을 지은 줄을 늘어뜨린다. 해빗 색깔을 따라 '그레이프라이어Greyfriars'라 한다. 도미니코회는 시토회처럼 흰색 수도복에 양팔을 다 덮는 '카파'라고 부르는 검정 망토를 걸친다. 그들은 '블랙프라이어Blackfriars'로 불린다.

해빗은 단순함, 일상성, 익명성, 반복성을 나타낸다. 개인의 욕망이 드러날 틈이 없다. '습관이 영성이다'라는 말은 수도복이 그 수도회의 영성의 색깔을 나타낸다는 말과 다르지 않다.[2] 한 걸음 더 나아가, 살아가는 일상이 우리 영성의 수준을 형성한다는 것을 보여 준다고 할 수 있다.

그리스도를 섬기는 학교

중세 유럽의 수도원은 비약적으로 발전하여 그리스도를 따르는 삶에 핵심적인 영향을 주었다. 그때의 수도원은 세속과 단절된 공동체가 아니었다. 큰 수도원을 중심으로 도시가 형성되었고, 수도원 근처에서 사는 것이 더 안전했으며, 여러 도움을 받을 수 있었다. 대중 가운데 머물며 그들에게 지지를 받으면서 수도회주의가 조직적으로 발전했고, 여러 차원에서 중세 사회의 발전과 진보에 핵심적인 역할을 했다.

수도사들은 개인 소유물이 인정되지 않는 단순하고 청빈한 삶을 살았다. 그들은 자신의 육체적·정신적 삶을 희생하고 더 높은 종교적 가치를 추구했다. 수도사들의 이런 삶은 자연스레 개인의 욕구 포기와 세속으로부터의 도피 등을 연상시킨다. 그러나 모든 것이 그러하듯 수도사들의 삶에도 양면이 존재한다. 청빈과 비움을 실천하는 삶 같지만, 그들이 함께하던 공동체는 중세 어느 조직보다 부유하고 안전했다. 식생활 수준을 따져 보아도 대다수 중세 사람들보다 안정되고 나은 수준으로 영양을 공급받았다.

수도원 회랑 안의 삶은 예측이 가능했다. 정해진 일과표에 따라 기도하고, 노동하고, 공부했다. 수도원의 삶은 그들이 받아들인 규칙에 따라 진행되지만, 개별 수도원에 따라 독특하게 운영되기도 했다. 유럽의 가장 표준적인 수도회로 인정되는 베네딕토회는 공동체 수도사들이 지켜야 할 삶의 규칙을 제정했다. 중세기에 일어난 수도원 개혁 운동은 대부분 느슨해진 베네딕토회 규칙을 다시 엄격하게 지켜 가자는 운동이었다.

수도원의 삶을 가장 간명하게 나타내는 문구는 '기도와 일_ora et labora_'이다. 수도사의 일상은 수도회 규칙에 따라 진행되는 기도와 일과 공부로 구성된다. 대체로 기도와 묵상 등 종교적 삶의 실천은 8-9시간, 육체노동은 6시간 내외, 그 외 9-10시간은 먹고 자고 휴식했다. 중세 후기에 생겨난 탁발 수도회를 제외한 대부분의 수도원은 자급자족하는 공동체였고, 이를 실천하기 위해 수도사들은 각자 고유한 역할을 수행했다.

베네딕토 수도회 창시자인 누르시아의 베네딕토는 수도회를 '그리스도를 섬기는 학교'라고 했다. 그는 기도, 노동, 공부 등과 같은 일상의 삶을 영위하기 위한 규칙을 마련하여 수도원장을 중심으로 일정한 수준을 갖춘 공동체를 이루고자 했다. 개성이 뚜렷하며 남성과 여성이 섞이지 않는 단일한 성의 공동체를 이끌어 가기 위해서는 규칙과 그 규칙을 엄수하는 일이 필요했다. 그래서 베네딕토회 규칙 중 상당 부분은 순종에 가치를 부여하고 순종의 방식 등을 설명한다.

포기하는 것과 얻는 것

수도회는 종교 공동체 규칙에 따라 살고자 하는 다양한 계층의 사람들에게 열려 있었다. 독신이 조건으로 붙기는 하지만, 귀족이나 평민, 아이나 젊은이 혹은 노인, 성직자나 평신도 모두 참여할 수 있었다.

귀족들은 종교적 열망과는 별개로, 장자상속제가 정착되면서 재산을 상속받지 못하는 다른 아들과 딸들을 위해 수도원을 짓고 재산을 헌납하는 경우도 많았다. 13세기 초 가톨릭교회에서 공식적으로 금지하기 전까지 어린 자녀들을 수도원에 보내는 자녀 봉헌의 전통이 있었다. 수도원에 보내진 소년들을 '오블라투스oblatus'라고 불렀다. 평민들은 자녀를 키울 형편이 안 되거나 교육, 사회 진출의 기회를 제공하려는 목적에서 수도원에 보내기도 했다. 수도사의 삶이 구원에 가깝다는 인식이 전반적으로 퍼져 있었기 때문에 여생을 기도와 선행으로 마무리하고자 하는 노년층이 수도회에 입회하기도 했다. 젊은이들은 세속의 유혹 가운데 엄격한 경건의 삶을 추구하기 위해 수도회를 찾았고, 더 나은 교육과 사회 참여의 기회를 얻으려고 오는 이들도 있었다. 초기 수도회는 성직자 중심이 아니었지만, 13세기 이후 사목 활동에 참여하는 수도회가 늘어나면서 사제 서품을 받는 수도사들이 늘었다.

청빈, 순결, 순명 서약을 하고 수도사가 되면, 죽을 때까지 이전과는 전혀 다른 형태의 삶을 살아야 한다. 수도원장의 허락 없이는 수도원 회랑 바깥으로 자유롭게 나다닐 수 없고, 오직 허용된 규칙에 종속되어 생활해야 한다. 수도사는 개인의 자유, 사회적 유대, 그리고 성의 쾌락과 결혼 같은 보통의 삶을 포기해야 한다. 개인 재산을 소유할 수도 없다. 옷이나 신발, 모포 등을 비롯해 수도원의 삶에 필요한 모든 물품은 수도원장이 제공한다.

베네딕토는 수도사 지원생들을 쉽게 받아들이지 않았다. 며칠간 수도원 문밖에 내버려 두어 진심과 자발성을 스스로 다시 돌아보도록 했다. 수도회는 외부를 향해 폐쇄된 공동체. 그러므로 공동체의 안정을 위해서는, 구성원들이 자신의 판단이나 욕구에 사로잡혀 살지 않고 공동체의 가치에 따라 살아가야 한다. 베네딕토는 순종의 미덕은 겸손과 밀접하게 관련되며, 최고의 겸손은 지체 없이 순종하는 것이라고 했다. 순종의 궁극적인 대상은 그리스도지만, 공동체를 구현해 가는 과정에서 수도사들은 수도원장에게 복종해야 했다. 폐쇄된 공간 속에서 질서 있는 일상을 살아 내는 데 필요한 순종은 자기 의지를 포기하는 연습을 통해 얻을 수 있다.

수도원에서 수도원장이 지닌 권력이 절대적인 만큼 지도자의 자질과 선택 방식은 중요했다. 베네딕토회 규칙은 삶의 모범을 보이고 지혜로운 자, 말보다 행실로 선함과 거룩함을 드러낼 수 있는 자를 수도원장으로 선출해야 한다고 말한다. 수도원장은 동료 수도사들이 선출한다. 자격만 맞으면 나이는 문제가 되지 않는다. 수도원장으로 선출되면 전제적 권한을 가지나, 선출 방식 자체는 민주적인 셈이다.

그들이 살아가는 폐쇄 공간의 중심에 회랑cloister이 있다. 수도원은 사방으로 건물이 있고, 그 안에 정사각형 모양의, 외부에서는 보이지 않고 오롯이 수도사들에게만 열린 공간이 자리한다. 회랑을 중심으로 교회당, 숙소, 도서실, 부엌 등이 배치된다. 가운데 위치하여 자연 채광이 가장 잘되는 열린 공간은 공부와 독서 및 원고 필사를 위한 장소로 '스콜라'라고 불렸다. 이러한 형태의 구조물은 수도사 개인에게 세상에서 벗어나 보호와 은둔의 삶을 사는 안전한 공간이 되었다. 동시에 수도원장이 공동체를 감독하기 편한 고립과 통제의 공간이기도 했다.

전제적이거나 민주적이라는 오늘의 틀로 수도 공동체를 해석하기란 쉽지 않다. 각 수도사가 자신의 역할과 책임을 맡고 있으며, 공동체의 의사 결정에 책임감 있게 참여한다. 그들이 자발적 의사에 따라 입회하는 만큼, 자발적 의사에 따라 탈퇴하는 것도 가능하다. 공동체에서 강제 추방하거나 자발적 탈퇴 이후 재입회하는 것은 공동체의 판단에 따른다. 권력과 책임이 공동체 구성원에게 동등하게 분산되어 있지만, 수도원장이 계서의 윗자리에서 공동체를 이끌어 가는 독특한 사회체제를 구성하고 있다.

65

기도와 노동

폐쇄 공동체인 수도원의 삶을 이끌어 가는 중심에 공동체 기도가 있다. 수도원에서는 하루 여덟 차례 공동체 기도를 드린다. 공동기도 시간을 바탕으로 진행되는 하루 일정을 '성무일도'라고 한다. 시편 119편에서 '하루에 일곱 번씩 주를 찬양하며'(164절), '밤중에 일어나 주께 감사한다'(62절)는 두 구절에 착안하여 만들어진 이 공동기도는, 새벽부터 잠들기 전까지 수도원의 삶을 규정한다.

가장 보편적인 구조를 살펴보자. 오전 2-3시에 드리는 새벽기도인 조과Matins와 그 후의 아침기도인 찬과Lauds를 마친 후, 해 뜨는 시간에 맞추어 일과가 시작된다. 일과 중에 낮 기도 시간이 있다. 일출에 맞추어 짧은 기도인 일시과Prime를 드리고, 그 후 3시간 간격으로 삼시과 Terce, 육시과Sext, 구시과None를 이어 간다. 저녁기도인 만과Vespers가 있고, 하루를 마치는 기도인 종과Compline를 드리면 여덟 차례의 공동기도가 끝난다.

성무일도를 의미하는 라틴어는 'opus dei'이고, 뜻은 '하나님의 일'이다. 수도회의 삶은 기도와 노동으로 구성되지만, 기도가 곧 일하는 것이기도 하다. 기도 자체가 하나님의 일이라는 인식에 따라, 수도원 생활 중 다른 모든 일은 이 공동체 기도 일정에 맞춰 형성된다. 노동하는 시간 중간에 기도 시간이 들어 있다. 아니, 엄밀하게 표현하자면 기도 시간 중간에 일하는 시간이 들어 있는 것이다. 노동과 기도는 별개가 아니다. 베네딕토회 규칙에는 거룩한 독서*lectio divina*와 육체노동을 위한 일상 시간이 있다. 노동은 몸으로 하는 기도며, 육체노동은 수도원의 필수적 요소였다. 베네딕토는 나태함을 영혼의 적으로 간주하며 모든 종류의 노동이 하나님께 드리는 기도라고 했다.[3]

수도원의 기도는 읽기와 침묵으로 뒷받침된다. 독서 목록에는 성서와 수도회 규칙서, 교부들의 저술, 성인전 등이 포함된다. 수도사들은 소리 내어 기도하듯 책을 읽는다. 이처럼 독서를 통한 기도는 텍스트를 사색하여 몸과 영혼에 아로새기는 방법이었다. 반복하여 문장을 읊조리면서 의미와 깊이를 음미하여 마침내 자신의 것으로 만든다. 반복하여 암송하는 것은 묵상의 적극적인 한 형태다.

소리 내어 읽기가 기도의 한 방편이라면, 침묵은 더 적극적인 기도다. 수도원에서는 수도사들의 사색과 성찰을 위해 침묵을 규율로 부과했다. 침묵 규정은 수도회마다 조금씩 다르지만, 대부분의 수도원은 일상적인 대화나 농담 등을 금지했다. 오직 고독과 침묵을 통해 영성을 추구하는 카르투시오 수도회에는 짧은 산책 시간을 제외하고는 대부분 침묵을 지켜야 하는 엄격한 침묵의 규율이 있다. 불가피한 일상 소통은 쪽지나 수화를 통해 수행한다.

노동을 기도라고 한다면, 노동의 가치는 매우 높게 인정된다. 그리고 적어도 수도원에 성과 속을 분리하는 이원론의 혐의는 없어진다. 실제로 베네딕토가 세운 몬테카시노 수도원 수도사들은 대부분 해방 노예나 농민 등 육체노동에 익숙한 사람들이었다. 기도의 한 방편으로서의 육체노동은, 수도사가 순종과 고행의 삶을 실천하는 동시에 자급자족 공동체를 꾸려 가기 위한 불가피한 선택이었다.

수도사들은 먼저는 자신들이 기거할 수도원을 스스로 지어야 했다. 척박한 땅을 개간하여 농경지로 바꾸고 필요한 시설들을 발명하는 데 탁월한 능력을 보인 수도회들도 있었다. 교회나 귀족에게서 증여받은 수도회 건축 부지는 대체로 사회와 떨어진 황야나 늪지대였다. 시토 수도회는 척박한 땅을 개간하여 식량을 재배할 수 있는 농업 용지로 만드는 데 뛰어났다. 늪지에는 배수로를, 물이 풍부하지 않은 지역에는 관개수로나 저수지 등을 만들었다. 축산업을 포함하여 농업은 수도원의 가장 일반적인 운영 산업이었다. 수도사들은 각자 재능에 맞게 밭이나 정원, 작업실, 부엌에서 노동했다. 수도원은 최대한 독립적으로 생존할 수 있도록 부지 내에 우물, 방앗간, 정원 및 다양한 작업장을 갖추고 있었다.

육체노동을 강조했음에도 수도사가 직접 육체노동에 종사하는 경우는 중세 후기로 갈수록 줄어들었다. 탁발 수도회처럼 귀족이나 교회에서 기부를 받아 운영하는 수도원은 애초부터 수도사들의 육체노동이 필요하지 않았다. 기존 수도회들도 기도에 전념한다는 명분으로 육체노동을 농노들에게 맡겼다. 육체노동은 점차 기도와 같은 정신노동에 비해 가치가 낮은 일로 여겨졌다. 기도와 노동이 분리되면서 이제 기도하느라 일을 멈추지 않아도 되었다. 전문적인 노동자들을 고용하니 수익성도 높아졌다. 기도와 일이 잡아 주던 수도회 삶의 균형은 무너졌다.

중세사가 자크 르 고프는 자연의 시간과 농부의 시간을 따라 이루어진 수도회 일과를 '교회의 시간'이라고 하고, 그에 대비되는 시간을 '상인의 시간'으로 구분했다.[4] 교회의 시간은 나태함을 경계하는 동시에 과도한 욕심도 경계한다. 나태와 과욕 사이에서 중심을 잡는 일은 간단하지 않다. 그리스도교 세계의 위기는, 교회가 창조주가 정한 자연의 시간 곧 교회의 시간을, 인간의 욕망이 만들어 낸 상인의 시간에 넘겨줄 때 찾아왔다. 기도에서 노동을 분리한 후 상인의 욕망을 충실하게 수행했을 때, 수도회는 부유해졌지만 상인의 시간에 굴복되고 무너졌다.

또 다른 종류의 노동

육체노동을 하지 않게 된 것도 실은 양면이 존재한다. 수도사들이 평민이나 계약직 노동자, 농노 등의 노동력에 의존하면서 들판이나 부엌에서 하는 육체노동에서 자유로워진 것은 분명하다. 그런데 외주화할 수 없는 육체노동도 존재한다. 예컨대 필사본 작업이나 채색 성서 제작은 글을 읽을 줄 모르는 이들이 할 수 없는 일이었다.

수도원 도서 목록에는 성서 사본, 성서 주석, 성인전, 교부들의 저작과 교회 법령집, 수도회 규칙 등의 문서와 이교 시기 문학과 예술, 자연과학에 관한 책들이 있었다. 수도원 내에서 이러한 저작들을 일상적으로 읽거나 필사했고, 그렇지 않더라도 최소한 폐기하지 않고 보전하였다. 책은 수도원 생활에서 분리될 수 없다. 일례로, 공동체가 식사하는 동안에는 수도사 한 명이 나와서 성서 구절을 낭독했다.

중세 유럽의 지적 지형도에서 수도원이 감당한 역할은 심대하다. 필경사라 불리는 수도사들은 서적을 필사하고 삽화를 그려 넣었다. 채색 성서와 같은 책은 단순히 읽는 용도를 넘어선다. 책이라는 물성 자체가 경건하고 고상하고 종교적인 예술 작품이었다. 책을 훔치는 행위는 귀금속을 훔치는 것과 마찬가지로 심각한 범죄였다. 필경사들이 책을 베껴 쓰는 작업실인 필사실 *scriptorium*은 도서관에 붙어 있었다. 빌려 온 책을 필사하여 복사본을 만들거나 파손된 책을 손질하는 일들이 일상적으로 이어졌다. 유럽에서 가장 많은 장서를 보유했던 것으로 알려진 클뤼니 수도원의 경우, 13세기에 편찬된 도서 목록에 약 1,800권의 장서가 기록되어 있다.[5]

야외 노동은 그날 날씨가 허락하는 만큼 하고 그다음도 날씨에 따라 진행했다. 고되기는 하나 추수가 끝나고 농한기인 겨울이 되면 상대적으로 자유롭다. 필사실에서 필사하는 일은 밭

필경사 에드윈의 자화상. 《에드윈 시편 *Eadwine Psalter*》은 캔터베리 수도사인 필
경사 에드윈의 이름을 딴 12세기 시편 작품으로, 이례적으로 에드윈으로 추정되
는 이의 자화상이 들어 있다. 현재 케임브리지 대학 트리니티 칼리지에 소장되
어 있다.

71

이나 부엌에서 하는 육체노동보다 일면 신성하고 고상해 보이는 작업이지만 실상은 그렇지 않았다. 활자와 종이, 인쇄술이 발명되기 전에 책을 만드는 작업은 무척이나 고된 과정이었다. 송아지, 양, 염소의 가죽으로 만든 피지를 화학 처리 하여 균일하게 자르는 작업이 끝나야 필사할 준비가 된다. 성서 한 권을 옮겨 쓰는 데 송아지 수백 마리의 가죽이 필요하다. 완성되기까지 수년이 걸린다. 그 시간과 비용은 오늘날에는 상상하기 어렵다.

그렇다고 필경사들이 자신에게 맡겨진 과제를 무턱대고 거부할 수도 없었다. 필경사들이 필사본에 남긴 개인적인 메모나 노트는 이 작업이 얼마나 고되었는지를 잘 보여 준다. 잘 나오지 않는 잉크를 가지고 질이 좋지 않은 양피지에 복잡한 텍스트를 베껴 쓰다 보면, 눈이 침침해지고 등과 허리에 통증이 가시질 않는다. 작업은 건너뛸 수도, 꾀를 부릴 수도, 떠넘길 수도 없다. 클뤼니 도서관을 비롯하여 유럽 전역에 흩어진 수천 개의 수도원에서 발견되는 양피지 장서들은 천 년 이상의 장구한 세월 동안 수천수만 명이 노동력을 갈아 넣은, 고된 육체노동의 결과물이다. 인쇄술이 발명되어 대량 복제가 가능해지기 이전에, 대부분의 책과 고대가 남긴 지식은 수도원의 수도사들이 직접 손으로 베낀 필사본을 통해 생산되고 유통되고 전승되었다. 수도회가 지식의 보존과 재생산이 이루어지는 학교와 도서관의 역할을 한 것이다.

필경사들의 작업이 매우 고되기는 했지만 이 육체노동은

다른 노동에 비해 특별한 가치를 지닌다. 그 노동으로 생성된 책이라는 물성은 당대와 후속 세대를 위해 정신적 가치를 창출하는 토대가 되었다. 책을 보유한 수도원들은 유럽 곳곳에서 교육을 위한 학교를 운영했다. 수도원은 교육 중심지로 굳건하게 자리매김하였고, 12세기 말엽 대학universitas이라는 고등교육 기관이 탄생하는 지적 토대가 되었다. 수도원 교육은 도시가 발전하면서 도시의 성당 부속학교가 이어받았고, 이 성당 부속학교를 중심으로 인근에 초기 대학이 형성되었다. 대학은 12세기 그리스도교가 만들어 낸 지적 혁명으로 불린다.

유럽을 만든 회랑 안의 일상

수도원들은 그 나름의 유토피아를 지향한 조직이었다. 이상을 지향하는 공동체는 가입부터 그 안에서 살아 내는 과정에 이르기까지 자기를 비우는 것이 전제된다. 과연 자아가 없는 삶이 유토피아일 수 있느냐는 질문은 접어 두자. 대부분의 사람들에게 수도원이나 수도사의 일상은 현실과 무관한 호기심의 대상일 뿐이다. 그럼에도 그 조직이 두 번의 천 년이 지나도록 현실에 존속하고 그 가치를 따르는 사람들이 여전히 존재한다는 사실은 흥미롭다. 그들의 일상을 희생이라고 표현하거나 어쩌다가 그런 상황까지 가게 되었느냐고 묻는 일은 지나치게 일차원적이다.

그리스도교 전통뿐 아니라 대부분 고등 종교의 전통은 자기 비움을 통해 충만한 삶에 이르는 역설을 제기한다. 세상의 풍요에서 찾을 수 없는 본질적인 만족을 그 너머의 초월적 가치 안에서 찾아가려는, 인간에게 내재된 종교성이나 욕구라고 해도 지나치지 않다. 그런 삶을 추구하는 이들에게 수도원은 세상으로부터 탈출할 대안으로 제시되었다.

그 탈출과 대안으로서의 움직임은 집단적으로 표출되지 않고 각 개인의 숙고와 선택이라는 과정을 통해 성취된다. 수도 생활이 자기를 비우는 삶의 획일성, 경직성 등의 혐의를 받기도 하지만, 선택의 주도성과 자유의지의 실천 없이는 애초부터 존재하기도, 지속되기도 어려운 일이다. 그들은 세상을 포기하는 대가를 기꺼이 치르고 더 큰 자유를 얻고자 했다. 이는 세속의 삶이 주는 불안으로부터의 자유이며, 세속의 가치관 속에서 잃어버린 자신을 찾아 나서는 참된 해방의 여정이다.

그렇다고 회랑 안에서 이루어지는 그들의 삶이 무작정 신비롭지는 않다. 그 안에서도 역시 일상이 이어진다. 하나님이 정한 시간을 지키며 살아 내는 것이 바로 일상이다. 세상이 정한 자본의 시간이나 상인의 시간이 아니라 자연의 시간, 농부의 시간, 창조주의 시간을 기억하고 살아 내려는 의지다.

상인의 시간은 자기의 유익과 성취, 욕망의 구현을 요구한다. 수도사들은 그들과 같은 일상을 살아가면서도 정신적이고 초월적인 데 삶의 초점을 맞추고 있었다. 그 중심에는 자기가 아닌 이웃이 있었다. 수도사는 타인을 위해 자기를 비우고 버린 그리스도를 따라 순종과 겸손을 실천했다. 타자를 위해 기도하고, 병든 자들을 돌보고, 여행자들에게 쉴 곳을 제공하고, 가난한 사람들을 위한 사회 안전망을 구축했다. 본래 수도원이 추구하는 삶의 방식은 수도원 내부가 아니라, 회랑 담벼락을 넘어선 주변이었다. 주변을 향해 열렸을 때 수도원은 사람들에게 종교의 모범이자 영감의 원천이 되었다.

수도회의 일상은 문명화된 세속 세계에 저항하며 사막으로 도피한 데서 시작되었다. 수도회 정신을 나타내는 대표적 표현인 '세상에 대한 경멸*contemptus mundi*'은, 문명사의 새로운 원천을 세속 가치에서 찾아내지 않고 그리스도의 가르침 안에서 찾아내려는 시도였다.[6] 그들은 세상을 벗어나 회랑 안에서 새로운 세계의 모범을 형성했고, 그 모범은 역사를 만들었다. 그들은 유럽을 만든 은둔자들이라 불린다.[7]

그렇다면 수도원의 삶은 고사하고 종교의 가르침마저 역사 속 유물처럼 여기는 오늘날, 수도사의 일상이 어떤 의미가 있을까? 그 삶의 방식이 주는 함의는 무엇일까? 현대인들은 세속의 성취와 영광을 갈망하고 경배하지만, 그 욕망이 진정한 자유와 행복을 담보하지는 못한다. 오히려 절제되지 않는 욕망 추구가 자신의 자유를 얽어매는 올무가 될 수 있다. 수도사의 일상이 재현하는 가치를 단순히 거룩, 경건, 겸손 같은 종교용어로만 표현할 수는 없다. 그 가치는 잃어버린 교회의 시간, 하나님의 일이 무엇인지 되짚어 보는 데 있다. 종교의 쓰임새가 욕망의 부추김을 정당화하는 데 있지 않고 멈추어 서서 되돌아보는 데 있음을 보여 줄 때, 수도사의 일상은 회랑에서 걸어 나와 우리에게 말을 건네기 시작한다.

이것이 글 머리에 언급한 봉쇄 수도회 다큐멘터리가 마냥 반갑지만은 않은 이유다. 그들은 우리와 다르다고 지레짐작하게 하는 결론은 어떤 이유이건 바람직해 보이지 않는다. 물론, 그들은 우리가 감히 선택하지 못하는 삶을 살아가는 사람들이기에 그 삶의 방식은 우리 영혼의 묵은 때를 보여 주고 정화하는 역할을 한다. 그러나 그런 경험이 강렬할수록 우리는 누구나 하나님 앞에 단독자로 침묵하며 걸어가는 수도사여야 한다는 담백한 사실을 놓치고 만다. 우리는 누구나 죽을 때까지 매일의 삶에서 마음의 소리를 따라 걸어가는 나그네다. 그 일상이 봉쇄된 공간 안에 있건 밖에 있건 그건 큰 문제가 아니다. 삶이 물질로 환원되고 종교마저 내 유익을 위한 욕망을 정당화하는 도구로 사용되는 현실에서, 그 너머의 초월에 대한 관심을 잃지 않고 균형을 찾아갈 때 삶은 좀 더 내밀해지고 덜 흔들리지 않을까? 그것이 두렵고 떨림으로 걸어가야 하는 일상의 구도자로서의 삶이다.

2부

역사

4

유럽을 만들다

아일랜드 수도회, 베네딕토회

무너진 제국과 수도회

476년에 도시 로마가 게르만의 손에 함락되면서, 서로마와 동로
마로 갈려 있던 제국의 한 축이 영구히 무너졌다. 제국이 그리스
도교를 국교로 삼은 지 채 100년도 되지 않은 시점의 일이다. 그
리스도교가 제국의 공식 종교가 되면서 교회가 세상과 벗하기
시작하자, 제국 속에 하늘나라의 식민지를 건설하려는 목적으로
등장한 것이 수도회였다. 초기 수도회주의는 제국의 가치에 저항
하고 세속적 번영에 반동하는 데서 시작했다. 하지만 곧 곤혹스
러운 상황을 만났다. 제국 자체가 사라진 것이다.

그렇다면 이제 수도회는 어떤 역할을 해야 할까? 제국의
가치와 다른 대조 공동체를 형성하는 사명 대신, 황량하고 척박
한 땅에 식민지 건설을 해야 하는 더 무거운 일이 주어졌다. 이

책에서 나는 제국으로 대표되는 국가나 사회 공동체와의 상호작용이라는 관점으로 수도회의 역사를 접근하고 서술하고 있다. 중세 형성 또한 수도회의 관점에서 한번 들여다보자.

게르만 민족이 이동하면서 서로마제국을 멸망시켰고, 독자 문명이 없던 그들은 정복지의 종교를 받아들여 그리스도교 문명을 꽃피웠다. 그러면서 중세 유럽이 역사 속에 등장하기 시작했다. 중세가 그리스도교의 시대가 된 원동력은 무엇이었을까? 가장 간단하게는 로마 교황에게 그 공로를 돌릴 수 있다. 교황의 영향으로 유럽 왕국들이 그리스도교를 수용했지만, 그것이 곧 그리스도교 문명의 계승과 확립을 보장해 주지는 않았다. 그런데 유럽의 지형으로는 그리스도교가 유럽인들의 삶 속에 스며들기가 쉽지 않았다. 우선 교황청이 있는 이탈리아 로마는 알프스산맥이라는 거대 자연 장벽에 가로막혀 중세 유럽의 중심지인 독일, 프랑스, 영국과 소통하기 어려웠다. 유럽 문명은 교황청이 있는 로마나 프랑크왕국의 중심 도시가 주변부를 흡수하기보다는 주변부가 확장해 중심을 파고드는 방식으로 전개되었다. 그 중심에 수도회가 있었다.

그중에서도 주목할 만한 것은, 그리스 로마 문명의 직접적인 영향을 통한 문명과 풍요를 한 번도 체험해 보지 못한 지역에서 유럽 형성의 토대가 마련되었다는 사실이다. 서유럽의 그리스도교화를 구현하는 실마리는 남부 로마가 아니라 대륙에서 뚝 떨어진 섬 아일랜드에서 출발한 수도회에서 찾아야 한다.

가톨릭이 로마에서 잉글랜드로 전해지기 훨씬 전부터 아일랜드의 수도사들은 독자적인 켈트 영성을 형성했다. 켈트 그리스도교는 중세 초기의 유럽 형성에 핵심적인 역할을 했다. 그 후 남유럽에서 시작된 베네딕토 수도회가 그 역할을 계승하여 유럽 그리스도교 문명의 기반을 닦았다. 수도사의 시대라 불리는 중세 초기에 지역적으로는 아일랜드가 그 중심에 있었다. 아일랜드에서 시작해 브리타니아를 거쳐 대륙으로 남하한 아일랜드의 영성과, 남유럽에서 형성되어 북진한 수도회 전통은, 유럽의 그리스도교 문화를 만들어 온 두 축이 되었다. 중세를 로마 가톨릭교회와 동일시하는 경향이 강하지만, 아일랜드 수도회의 켈트 영성을 빼놓고는 중세 그리스도교 세계를 이해하기 힘들다. 따라서 아일랜드와 이탈리아의 두 수도회 전통이 빚어낸 역동을 돌아볼 필요가 있다.

　　켈트 그리스도교는 변방에서 하늘나라의 식민지를 확장해 갔다는 상징적인 역사를 가지고 있다. 켈트 그리스도교의 가장 큰 특징은 수도원의 역사가 곧 교회의 역사라는 점이다. 켈트 그리스도교는 고대 이집트, 시리아, 팔레스타인의 사막 교부들이 서쪽으로 이동하여 수도 생활과 금욕적인 수도회를 이식함으로 형성되었다. 초기의 수도사들이 사막의 척박한 황야에서 수도 생활을 했던 것과는 달리 켈트의 수도사들은 아름다운 바다와 자연에 둘러싸여 있었다. 그들은 '바다 안의 사막'을 떠돌았다.[1]

아일랜드, 성인과 학자들의 섬

지금은 역사 속에서 대부분 잊혔지만, 켈트 그리스도교는 정교, 가톨릭과 더불어 독자적인 그리스도교 문화를 형성하고 발전시켰다. 켈트 수도회를 특징짓는 단어 몇 가지를 들자면, 금욕, 학문, 선교다. 그리스도교 형성기 초기에 헬라 문화권 선교사들이 무역로와 군사로를 따라 브리타니아로 이주함으로써 켈트 교회가 형성되었다. 고대 영어에서 교회를 나타내는 단어가 '민스터'인데, 브리타니아에서 민스터는 '수도회'를 의미했다. 교회와 수도회 공동체가 동일한 의미를 지닐 정도로 브리타니아는 다른 지역보다 더 엄격하고 금욕적인 색채를 띠었다.[2]

이렇게 된 데는 브리타니아와 아일랜드가 대륙에서 떨어져 있다는 지형적인 영향도 있다. 브리타니아에서 아일랜드로 건너간 그리스도교는 아일랜드 문명 형성의 중심 역할을 했다. 지형 특성상 큰 도시가 형성되지 못하고 고립된 산악 지대 곳곳에 마을이 형성되었는데, 수도원은 지역 공동체를 형성하는 중심지였다. 돌을 쌓아올려 지은 수도원은 교회와 수도사들의 거주 공간 및 외부 방문객들을 위한 숙소 등으로 구성되었다.

수도원은 수도원장이 가부장적으로 관리하는 자치 공동체였다. 엄격한 수도회가 교구의 사목 활동을 하였으므로 켈트 교회에서는 처음부터 금욕적인 색채가 강했다. 수도회의 삶은 참회 고행이라는 구체적인 삶의 형태로 나타났다. 초기 사막 교부들이 수도사의 삶을 백색 순교라고 표현했듯이, 켈트 수도사들도 자신들의 삶을 무혈 순교에 비견된다고 생각했다. 무혈 순교는 세계를 포기하고 수도사의 삶으로 들어오는 백색 순교와, 수도사의 삶에서 남다른 금욕과 고행을 실천하는 녹색 순교로 나뉘었다.[3] 켈트 수도사들은 타락한 영혼이 빚어내는 악과 욕망을 억제하고 정신적 완성을 위하여 싸웠다. 수도 생활을 '그리스도의 군대militia Christi', 수도사를 '그리스도의 군사miles Christi'로 보았다.

고전 교육에 회의적이고 명상과 기도에서 성경의 우위를 유지하고자 했던 동방의 사막 수도사들과는 달리 켈트 수도사들은 학문과 교육에 열정이 넘쳤다. 브리타니아는 유럽 내에서 드물게 고대 로마 문명의 자취를 간직한 지역이었다. 수도회는 고대 그리스어를 배우고 그 문헌을 연구하는 학교의 역할을 충실하게 담당하였다. 그리스 로마 문명 등 이교의 문화적·정신적 유산을 포기하지 않고 그리스도교 안에 흡수하고 통합하려 했다.[4] 이렇게 켈트 수도회는 선교를 중심으로 한 이주 공동체를 형성했고, 동시에 고대 로마 문명의 담지자 역할도 충실히 수행했다. '성인과 학자들의 섬'이라는 문구가 고대 아일랜드를 한마디로 표현한다.[5]

라틴 신학의 중심지였던 북아프리카의 그리스도교가 이슬람 서진으로 역사에서 자취를 감춘 상황에서, 아일랜드의 켈트 수도회는 고대 그리스도교의 전통과 문명을 계승하고 발전시킬 중심으로 떠올랐다. 수도사들은 수도원에서 고대 교부의 저작을 필

《켈스의 서》일부. 9세기경 켈트 수도사들이 만든 것으로 알려진 이 채색 성서는
아일랜드가 꽃피운 그리스도교 문명의 정수다.

사하고 화려하게 채색하여 아름다운 예술 작품으로 승화시켰다. 대표적인 작품이 《켈스의 서Book of Kells》다. 켈트 수도사들이 9세 기경 만든 것으로 알려진 이 채색 성서는 아일랜드가 꽃피운 그 리스도교 문명의 정수다. 고대 제국의 문명을 가져 본 적 없는 척 박한 변방에서 이 같은 인류의 보물이 탄생했다는 사실은 기적 과 같다. 주변부에서 형성된 전통이 켈트 수도회를 통해 잉글랜 드로 건너갔고, 그곳의 노섬브리아 왕국은 유럽 초기 그리스도교 문명의 결정적인 시기를 형성했다.

켈트 수도사들은 그리스도인이라면 이 땅의 욕망을 버리 고 순례자의 삶을 살아야 한다고 강조했다. 이들은 정주 공동체 가 아닌 이주 공동체를 지향하여, 아일랜드의 산속 공동체에 머 물지 않고 스코틀랜드까지 영역을 확장하였다. 스코틀랜드 전통 과 문화는 아일랜드에서 건너와서 형성되었다. 그 중심에는 스코 틀랜드 서안의 작은 섬 아이오나가 있다. 아일랜드와 스코틀랜드 를 이어 주는 지리적 교두보인 아이오나는 성 콜롬바(521-597) 시대부터 그리스도교 선교의 전초기지로 활용되었다. 아일랜드 망명객이었던 콜롬바는 563년 아이오나섬으로 들어가 수도 공 동체를 형성했다.

그로부터 약 60년 후 이 수도회는 내륙을 가로질러 노섬 브리아(오늘날 요크-더럼-에든버러까지 이어진 지역)의 린디스판까 지 확장되었다. 아일랜드에서 비롯한 켈트 영성이 스코틀랜드의 아이오나와 노섬브리아 지역까지 촘촘하게 연결되었다. 거기에 그치지 않고 스코틀랜드의 켈트 그리스도교가 잉글랜드로 내려왔고, 유럽 대륙으로 확산되었으며, 그들의 활동 무대는 현재의 체코 영토까지 이르렀다. 그 결과, 유럽 대륙의 정신적 및 문화적 토대를 놓는 데 기여했다.[6]

콜룸바 이후, 유럽 대륙으로 수도 공동체를 확장하는 데 가장 크게 기여한 인물은 성 콜룸바누스(543-615)다. 아일랜드 출생인 그는 수도사가 되었다가, 40세에 그리스도를 위한 망명자가 되어야 한다는 소명을 받아 수도사 열두 명과 함께 585년경 갈리아에 상륙했다. 그는 프랑스, 스위스, 이탈리아를 여행하며 여러 수도원을 만들었다. 그와 제자들의 영향으로 유럽 대륙에만 수도원 40개가 건설된 것으로 추정된다. 그는 자신의 수도회를 위해 콜룸바누스 수도 규칙을 만들었다. 하지만 대륙의 사람들에게 지나치게 엄격하게 여겨졌기에 대부분 이 규칙을 수행할 수 없었다. 베네딕토회 규칙과 비교할 때 더욱 그러했다. 두 규칙이 모두 사용되다가, 결국 베네딕토회 규칙이 표준 규칙이 되었다.[7]

노섬브리아 출신의 베네딕토 비스코프(628-690)는 잉글랜드에서 학교를 설립하며 교육 사업에 힘쓰다가 말년에 고향으로 돌아와 재로Jarrow에 수도원을 지었다. 이 수도원 출신으로 가장 명망 있는 학자는 존자 베다Venerable Bede, c.673-735다. 그는 중세 초기 잉글랜드 교회사를 저술한 역사가인 동시에, 성서 주석 여러 권과 역사서를 남긴 학자였다. 잉글랜드는 프랑크왕국이 중심이던 유럽 세계와 지리적으로 한참 떨어져 있었다. 노섬브리아는 아일랜드의 켈트 그리스도교와 연결될뿐더러, 로마에서 시작된 가톨릭이 북진하면서 가톨릭과도 접촉하여 서로 다른 두 그리스도교 전통이 만나는 장소가 되었다. 같은 그리스도교지만 상이한 전통을 지닌 두 문명의 조우는 긴장을 일으키면서도 결합하여 새로운 전통을 만들었다.

여기서 중요한 사건이 664년 휘트비 교회회의다. 이 회의에서는 서로 다른 부활절 날짜 등 켈트 그리스도교와 로마 가톨릭 전통의 차이를 조율하고 통합하고자 시도했다. 노섬브리아 통치자 오스왈드가 로마 가톨릭 전통 쪽을 선택하면서 켈트 그리스도교의 전통이 로마 가톨릭에 스며들게 되었다. 형식적으로는 로마 가톨릭이 승리를 차지한 듯 보이지만, 가장 큰 수혜자는 잉글랜드 수도사들이었다. 이 회의 결과, 켈트 전통을 따르던 수도회와 학교들이 가톨릭 중심의 유럽으로 진출할 기회를 얻었고, 이 일에 노섬브리아 출신 수도사들이 중요한 역할을 했다. 베다가 활동한 노섬브리아는 유럽이 간직한 로마 문명의 중심지라는 평가를 받았고, 성격이 다른 두 문명의 접촉은 히베르노-색슨 Hiberno-Saxon 양식이라는 독특한 전통을 만들었다.

프랑크왕국의 통치자들은 이교도들을 그리스도교로 개종시키고 그리스도교의 가치 아래에서 왕국을 발전시키고자 했다. 수도회에서 시작한 그리스도교 문명이 세속으로 확장되어 왕궁이 그리스도교의 지식과 문명을 발전시키는 중세 문화의 기초가 되었다.

800년 성탄절에 로마 교황 레오 3세로부터 서로마 황제로 인정을 받아 대관식을 치른 샤를마뉴는, 동로마제국에 종속되지 않고 독자적인 유럽 그리스도교 문명을 만들어 내고자 하였다. 이를 위해 그가 선택한 지역은 로마가 아닌 잉글랜드 노섬브리아였다. 노섬브리아의 명성은 지리적 경계를 넘어 유럽 대륙으로 이어졌다. 여기에서 빼놓을 수 없는 인물이 요크의 앨퀸Alcuin, c.735-804이다. 요크 성당학교의 책임자로서 라틴어와 문법과 수사학을 가르쳐 대중 교양 교육을 실행한 경험이 있던 앨퀸은 샤를마뉴의 교육 개혁을 향한 이상과 맞아떨어지는 인물이었다.

유럽 대륙 프랑크왕국의 통치자 샤를마뉴는 앨퀸을 초청하여 그의 궁정이 있는 아헨에서 교육 개혁을 실행했다. 782년 노섬브리아 궁정 교사로 임명받은 앨퀸은 프랑크왕국의 교육 정책을 시행하였다. 그는 교양 교육의 기초로 3학(문법·수사·논리)과 4과(산수·기하·음악·천문)를 정했다. 이 3학 4과는 12세기 이후 형성된 대학의 기초 교육 과정으로 채택되었다. 이 교육은 성직자를 양성할 뿐 아니라 국가의 관료와 지식인까지 양성하는 곳으로 확대되었다.

이 시기의 특징적 발명품 중 하나가 카롤링거 서체 Carolingian minuscule라고 불리는 표준 라틴어 서체다. 라틴어의 등장 이래 통일된 서체가 없다가 1,600년 만에 모두가 공통적으로 쓰고 읽을 수 있는 표준 소문자 모델이 만들어진 것이다. 카롤링거 서체는 그저 하나의 서체가 아니라 라틴 유럽을 하나로 묶는 매개물이 되기도 했다. 그리스도교의 확산을 넘어 대중의 교육과 교양 수준을 높이려는 샤를마뉴의 시도는 카롤링거 르네상스라 불리는 9세기 교육 혁명을 성취했다. 샤를마뉴는 자신들의 문화적 토대인 게르만의 가치 위에 그리스도교를 융화하여 독자적인 그리스도교 문명을 형성했다.[8]

유럽의 한 작은 섬 아일랜드에서 싹튼 켈트 그리스도교는 독특한 학문성을 형성하여 앵글로색슨에게 전달되었고, 대륙의 카롤링거 왕조에까지 이어졌다. 그 문명은 다시 유럽 전역으로 확산되었다. 유럽 형성 초기, 고전 문화를 보존하는 지배적인 역할은 켈트 교회의 몫이었다. 그들이 남긴 예술 역시 유럽 문명에서 독보적인 지위를 차지했다. 이처럼 유럽의 라틴 그리스도교 문명의 한 축은 변방 아일랜드에서 출발하였다.

유럽의 수호성인 베네딕토

유럽 그리스도교 문명을 이루어 낸 또 다른 축은 남부 이탈리아에서 출발한다. 이탈리아 누르시아 출신 성 베네딕토(c.480-c.547)가 만든 수도회는 남유럽에서 시작하여 알프스를 넘어 서부 유럽으로 확장되었다. 켈트 수도회가 문명이 없는 황량한 산과 섬에 문명의 싹을 틔우고 보존하기 위해 애썼다면, 베네딕토 수도회는 그리스 로마 문명이라 부르는 고전 문명이 무너져 내린 잔해 위에서 출발했다. 그가 태어나기 불과 몇 년 전, 게르만 용병 대장 오도아케르가 서로마제국 황제 로물루스 아우구스투스를 폐위시키고 스스로 이탈리아 왕이 되면서 서로마제국은 역사 속으로 사라졌다. 지정학적으로 외부의 공격에 취약한 로마는 그 후로도 계속 고트족, 반달족, 롬바르드족에게 약탈의 대상이 되었다.

베네딕토는 로마에서 수사학과 법학을 공부했다. 그리스도교의 중심지인 로마에서 목격한 부도덕과 종교적 냉담에 크게 실망한 그는 수비아코 인근의 한 동굴로 들어가 그곳에서 수도 생활을 시작했다. 50세가 지났을 무렵인 529년, 그는 이탈리아 남부 몬테카시노로 이주하여 수도원을 설립했다. 그리고 그곳에서 수도 생활을 하다가 생을 마치고 그 땅에 묻혔다. 이후 롬바르드족의 침입으로 수도원이 파괴되면서 그가 설립한 몬테카시노 공동체의 직접적인 전통은 끊어졌다. 그러나 그가 남긴 수도 규칙을 따르는 수도원들은 남아 있었으며, 그의 규칙을 따르는 수도회를 '베네딕토회'라고 불렀다. 오늘날까지 수도회 하면 가장 일반적으로 연상되는 기도, 노동, 학습 공동체가 베네딕토회가 내세운 정신이다.

베네딕토회는 오늘날까지 영향을 주고 있으나 정작 베네딕토에 대해서는 알려진 바가 많지 않다. 심지어 그가 만들었다고 하는 규칙도 당시 다른 여러 수도원에서 활용되던 규칙을 기반으로 하여 만든 것으로서 독자적인 작품으로 보이지 않는다. 그럼에도 베네딕토는 서방 수도회의 아버지로 불린다. 그가 작성했다고 알려진 규칙이 서방 수도회의 기준이 되었기 때문이다. 이렇게 된 데에는 대교황 그레고리오(재위 590-604)의 역할이 크다. 교황은 593년에 《성 베네딕토 전기》를 저술했다. 이 책을 통해 죽은 지 45년이 지나 잊힌 베네딕토와 그가 남긴 규칙이 다시금 생명을 얻었다.

교황 그레고리오는 무슨 의도로 베네딕토의 전기를 썼을까? 그는 잉글랜드 선교를 위하여 캔터베리 대주교 아우구스티누스를 파송했던 인물로, 전 유럽의 그리스도교화를 향한 의지를 불태웠다. 그의 재위기는 제국의 멸망으로 고대 로마의 문명과 사상이 끝 모를 심연으로 빠져들던 때다. 제국과 황제를 대체하는 역할을 맡은 가톨릭교회와 교황은 그리스도교를 통한 로마 문명의 계승이라는 무거운 숙제를 떠안고 있었다. 어쩌면 그레고리오는 희망을 잃어버린 로마인들이 그리스도교 안에서 희망을 찾아갈 수 있도록 도와야 한다는 책임감을 느꼈는지 모른다. 그는 그 해답을 베네딕토가 실천했던 수도사의 삶에서 찾았다.

그레고리오가 복원해 낸 베네딕토는 무너진 제국의 윤리와 도덕에 실망하여 수도 생활의 가치를 통해 그리스도교의 회복을 꿈꾸는 사람이었다. 또한 그레고리오는 베네딕토가 남긴 수도 규칙에도 주목했다. 게르만 유럽 문명이 그리스도교의 중심축이 되게 하려면 모두가 따를 수 있는 표준을 마련하는 일이 중요

자신이 쓴 수도 규칙서를 들고 있는 성 베네딕토

했다. 그래서 베네딕토 수도 규칙을 표준이 되는 기준 전통으로 삼은 것이다.

그 규칙은 여러 면에서 의미가 있었다. 베네딕토는 이집트에서부터 시작된 수도회의 가르침을 자신들에게 맞게 적용하여 규칙을 작성했다. 베네딕토회 규칙이 가진 가장 큰 장점은 금욕적인 닫힌 세계와 열린 현실 세계 사이의 균형감이었다. 베네딕토회는 일부 수도사나 수도회의 극단적인 금욕주의를 반대하였으며, 기도와 노동의 균형 잡힌 생활을 통한 종교적 헌신과, 공동체를 통한 사회적 기여를 추구했다. 또한 그의 규칙은 이집트의 수도원이나 아일랜드와 브리타니아에서 행하던 엄격한 금욕적 전통보다 훨씬 완화된 규칙이었다. 베네딕토회 수도 규칙은, 규칙을 신뢰하고 따라갈 때 수도 생활을 통해 그리스도교에서 경험할 수 있는 최상의 기쁨을 얻을 수 있다고 약속한다.

규칙의 서문에는 수도회를 '그리스도를 섬기기 위한 학교 *schola*'로 표현하고 있다. 그들은 가르치고 배우는 학습 공동체다. 수도회는 기도와 노동 그리고 학문의 공동체였다. 중세 유럽에서 글을 깨친 문해자의 90퍼센트 이상이 수도회 출신일 정도로 수도회는 중세 초 문명의 암흑기를 밝히는 작은 촛불과 같았다. 그리스도교 전파를 위해 기도와 묵상, 학습 등으로 훈련받는 공동체가 베네딕토회가 지향하던 가치였다. 베네딕토회 수도사들의 삶은, 이집트 은둔 수도사들보다는 하루 한 끼는 먹을 수 있는 이탈리아 농민에 더 가까웠다. 규칙은 금욕적인 삶의 유익을 열거하는 동시에 그리스도인으로서 갖추어야 할 중요한 덕목으로 순종과 겸손을 강조했다.

이처럼 다른 규칙보다 실천 가능성이 크다는 점 때문에 베네딕토회가 보편적으로 수용되었다. 이탈리아에서 시작된 베네딕토회는 597년 베네딕토회 선교사가 잉글랜드에 도착하면서 본격적으로 확장되었으며, 독일, 덴마크, 아이슬란드 지역으로 넓혀 갔다. 베네딕토회 규칙은 인간의 본성에 대해 유연한 통찰을 담고 있었으므로 최초로 등장한 후 현재까지 1,500년 이상 이어질 수 있었다. 베네딕토회가 추구한 기도, 노동, 학습 사이의 균형은 현대 세계에서도 여전히 유효한 덕목이다.

그런데 수도회 정책이 완화된 만큼 정책이 오·남용되는 일을 막기 위한 조치도 필요했다. 먼저, 수도회에 입회하고자 하는 이들에게 며칠 동안 자신의 선택을 재고할 기회를 준다. 그 후 정식으로 수도회에 들어오기까지 1년간 견습 수도사 생활을 한다. 이 과정을 마친 후에 모든 사유재산을 포기하고 가난하게 사는 '청빈', 독신으로 사는 '정결', 수도회의 규칙에 순종하는 '순명'을 약속하는 수도 서약을 한다.

규칙에는 기도, 일, 예배, 독서, 학습 등으로 구성된 성무 일도가 촘촘하게 짜여 있다. 그중 베네딕토회가 추구하는 가장 앞선 가치인 기도의 또 다른 표현은, 하나님의 음성을 듣기 위한 침묵이다. 필요 없는 말이나 헛된 농담이 금지되었다. 침묵을 강제하지는 않았지만, 수도사들은 가능한 한 말을 적게 하고 침묵을 엄격하게 지키라고 권고받았다. 노동의 가치를 강조한 것은 베네딕토회 수도원의 재정 자립과도 맞닿아 있다. 맥주나 포도주 제조 기술이 수도원에서 발달한 것도 수도원이 이에 필요한 인력을 갖추고 있었기 때문이다. 학습 시간인 '거룩한 독서'는 수도회 내 교육을 통해 고전을 보전하고 그리스도교 학문을 발전시켜 나가는 역할을 했다.[9]

베네딕토회 규칙이 지닌 균형과 실행 가능성 덕분에 아일랜드와 브리타니아의 수도회를 비롯해 다양한 형태로 존재하던 유럽의 수도회들이 베네딕토회를 중심으로 재편되었다. 8세기 초에 잉글랜드 수도사들은 성 콜룸바누스 규칙이 아닌 베네딕토회 규칙을 수용하기로 선언했다. 그리고 816년에 열린 아헨 교회회의는 베네딕토회를 프랑크왕국 내의 유일한 정식 수도회라고 선포했다. 콜룸바 수도 규칙보다 온건한 규칙을 표준으로 수용함으로써 수도 공동체는 종교적 이상과 금욕보다 보편적 그리스도인의 삶에 그리스도교의 삶의 가치를 적용하는 것을 목표로 해야 한다는 점을 보여 준다.

초기 베네딕토회에는 위대한 학자도 큰 도서관도 없었고, 전례도 특별히 뛰어나지 않았다. 그럼에도 수도원 도서관은 고대 문헌과 자료들을 보존하는 장소가 되었다. 수도사들은 주어진 역할에 따라 일을 기도처럼 기도를 일처럼 하며, 진보의 더딘 걸음을 걸어 나갔다. 포도주가 오랜 기간에 걸쳐 숙성되듯 수도원의 회랑 안에서 점차 문명의 전환을 이루어 낼 긴 숙성이 이루어졌다. 그 결과, 11-12세기 유럽의 그리스도교 르네상스가 펼쳐졌을 때 수도원 학교는 로마 문명과 그리스도교 학문을 통합하는 장소가 되었다. 수도원은 그 위용에 맞게 정교한 전례의식과 예술 발전의 모판이 되었다. 중세기에 일어난 모든 개혁 운동이 베네딕토회 정신으로 돌아가는 것일 정도로 베네딕토회는 그리스도교 세계의 정신적 구심점이었다.

베네딕토회의 역할을 어떻게 평가할 것인가? 중세 형성기인 6-12세기를 베네딕토회의 시대라 부르는 말에서 충분히 유추할 수 있다.[10] 베네딕토회 창시자인 성 베네딕토는 유럽의 수호성인으로 추앙된다. 베네딕토와 베네딕토회 수도사들은, 중세 유럽이라는 문명 형성기에 등장하는 많은 교황과 왕, 제후의 역할을 뛰어넘어 유럽을 형성했다는 평가를 받는다. 수도회는 세속을 등진 은둔 공동체가 아니라, 고전 문화를 보전하고 중세의 학문 전통을 형성하는 가장 전위에 서 있었다. 오늘날도 전 세계 약 400개의 수도원과 수녀원에 2만 명 이상의 수도사와 수녀가 머물며 베네딕토회 규칙을 따르고 있다.

중심을 흔드는 주변부 공동체

수도회는 유럽 그리스도교 문명을 탄생시켰다. 그 출발은 교황청이 있는 로마나 프랑크왕국의 수도였던 파리나 아헨이 아니라 변방의 아일랜드, 노섬브리아, 이탈리아에서였다. 유럽 형성에서 수도회, 그중에서 베네딕토회의 기여와 역할은 반론의 여지가 없다. 그에 비하여 베네딕토회와 더불어 서방 문명 형성의 한 축을 맡았던 아일랜드, 스코틀랜드, 잉글랜드 수도회의 기여는 충분하게 인정받지 못하고 있다. 유럽에서 베네딕토회가 표준 수도회로 자리매김하면서 다른 수도회가 역사의 뒤안길로 물러난 것이 가장 큰 원인이고, 세기를 넘어 지속 가능한 공동체를 유지하기에는 지나치게 금욕적이고 엄격한 성격 탓도 들 수 있다.

그렇지만 지금 주목받지 못하고 잊힌 과거가 더 많은 진실을 말해 줄 수 있고, 더 많은 말을 해 줄 수도 있다. 켈트 그리스도교의 영성은 잃어버린 소중한 조각이다. 고대 세계의 지적 전통이 아일랜드와 브리타니아에서 보존되고 계승되어 다시 유럽으로 전해졌다. 대륙의 나라들과는 분리되어 있는 듯 보이는 영국이 실은 유럽 본토의 지적 토대를 형성하는 데 핵심 역할을 했다. 수도사들이 영국과 대륙을 하나로 엮어 주었다. 유럽 역사는 주변에서 시작되었다. 아일랜드와 대륙의 수도사들은 장구한 시간을 들여 한 땀 한 땀 유럽 문명을 수놓았다. 한쪽은 가시덤불과 엉겅퀴의 토양에서, 다른 한쪽은 화려했던 제국의 무너진 잔해 위에서 말이다. 그렇게 수도사들은 두 손과 두 발로 그리스도의 복음과 문명을 조각해 갔다.

수도회는 피상적으로 생각하듯 세속에서 벗어나 피안의 세계를 지향하는 곳이 아니다. 오히려 현실 세계의 가장 전위에서 있는 공동체, 주변부에서 중심을 파고들어 흔드는 공동체였다. 그것이 수도회의 존재 의미이자 목적이었다. 적어도 그 시대에는 그랬다.

5

유럽을 깨우다

클뤼니 개혁 운동과 시토 수도회

교회의 암흑기

역사는 직선으로 진보하지 않는다. 중세 유럽 문명의 배경이 된 그리스도교의 역사도 마찬가지다. 베네딕토회를 선두에 내세워 호기롭게 유럽을 만들어 가려던 그리스도교는 얼마 지나지 않아 어려움을 마주한다.

서유럽 교회 역사에서 10세기는 교황권의 암흑기*saeculum obscurum*라 불린다. 서유럽 형성에 강력한 정신적 구심점이었던 교황권이 이 시기에 쇠퇴했다. 그 원인을 교회의 세속화와 타락이라는 뻔한 말로 단순화하기는 어렵다. 오히려 교황청이 있는 로마의 지정학적 위치에서 그 원인을 찾는 시도가 적절하다. 7-9세기 유럽은 북쪽의 바이킹과 노르만족, 동쪽의 마자르족, 그리고 남부 이탈리아반도 쪽으로 침략해 온 사라센 이슬람의 공격으로 위태로운 날들을 보냈다. 로마에 위치한 교황청 주변에는 외부 침입에서 교황청을 보호해 줄 황제나 군주가 없었다. 또한 로마 귀족 가문에서 교황을 선출하면서부터 교황의 권위와 영향력도 한없이 추락했다. 교황은 로마 귀족의 당파적 이해관계에 따라 선출되고 폐위되었다.

가톨릭교회의 상징인 로마 교황청의 위신이 하락하면서 유럽 전역의 교회들에도 직접적인 영향을 주었다. 교황권의 암흑기는 교회의 위기이자 수도회의 위기였다. 수도원을 포함한 교회는 세속 군주가 주군이 되고 교회와 수도원이 봉신이 되는 봉건제 계약을 맺었다. 오늘의 관념에서는 쉽게 이해되지 않지만, 영주나 귀족, 제후가 자기 영향력 아래 있는 교회의 주교나 수도원의 수도원장에 대한 임명권을 자연스럽게 가졌다. 서유럽 형성 초기에 주도적인 역할을 감당했던 교회와 수도원은 철저하게 세속 군주에게 예속되었다. 그러면서 더 이상은 성직자나 수도사들에게 세속을 뛰어넘는 더 높은 수준의 종교적 삶을 기대할 수 없게 되었다. 실제로 성직자들의 삶은 세속 귀족이나 기사들의 삶과 차이가 없었고, 수도사들도 수도 규칙을 엄격하게 준수하지 않았다.

수도회는 본질적으로 세속과의 긴장 속에 형성하는 대조 공동체라는 데 그 의미가 있다. 그런데 세속과 차이가 없다면 존재 의미는 사라지고 만다. 이런 중에 새로운 수도회를 설립하여 교회를 개혁하려는 움직임들이 생겼다. 중세의 개혁 운동은 곧 수도회 운동이라고 할 수 있을 만큼, 수도회를 통한 교회 및 사회 변혁 운동이 활발하게 일어났다. 그 대표적인 흐름 가운데 클뤼니 수도원 개혁 운동과 시토 수도회의 등장이 있다.

수도회 정신의 회복은 시대가 필요로 하는 정신적인 지향에 따라 여러 형태로 나타났다. 클뤼니 수도원의 개혁 운동은 교회의 자정을 통해 세속 권력과 교회 권력의 갈등 속에서 주도권을 확보하려는 의지가 강했다. 반면, 시토 수도회는 교회 및 수도회가 가지고 있는 세속성 및 권력 의지를 지적하며, 좀 더 개인적이고 신비적인 종교의 가치를 회복하고자 한 정신적 갱신 운동에 가깝다.

클뤼니 개혁과 뒷모습

중세의 개혁 운동을 이해하려면 먼저 성직자의 이중적 성격을 이해해야 한다. 성직자는 교회에 봉사하는 직책이지만, 동시에 세속 군주가 임명권을 행사하는 국가직이기도 했다. 성직자가 국가권력 구조의 한 부분이 되면서 교회와 세속의 차별성이 삭제되었다. 대부분 서유럽 국가의 교회는 알프스산맥을 넘어야 도달할 수 있는 이탈리아반도의 교황청 입김보다, 지근거리에 있는 세속 군주에게 더 큰 영향을 받았다. 더구나 교황이 제대로 힘을 갖지 못한 상황이라면 더 말할 필요도 없다. 교회법이 규정한

중세 유럽의 가장 큰 수도원 건물 중 하나인 클뤼니 대수도원은 프랑스 혁명 때 파괴되었다. 남아 있는 건물 잔해는 한때 화려했던 클뤼니의 영화를 보여 준다.

종교적 의무 수행도 느슨해졌다. 그로 인해 사제의 혼인과 성직 매매가 만연해졌다.

이런 현실을 개혁하려는 구체적인 움직임이 신생 수도원을 중심으로 11세기 유럽 대부분에서 동시다발적으로 생겨났다. 그중에서 클뤼니 수도원이 그 운동을 대표한다. 수도원 설립 운동을 통해 아래로부터 위로 전개되는 개혁을 주도한 클뤼니 수도원은 중세의 가장 큰 결실을 가져온 교황 그레고리오 7세의 개혁 운동에 동력이 되었다.

클뤼니 수도원은 909년 아키텐 공작 기욤 1세(875-918)가 재산을 헌납하여 프랑스 클뤼니에 수도원을 설립하면서 시작되었다. 설립자 기욤은 교회가 세속과 밀접하게 연결된 현실에 문제의식을 드러냈다. 교회다움을 회복하기 위해 그는 베네딕토 수도회 규칙을 엄격하게 고수하도록 했다. 또한 클뤼니 수도원은 오직 교황에게만 복종하고, 그 외 세속 군주의 영향에서 독립하도록 하였다. 클뤼니 수도원은 대수도원장abbot이 모든 개별 수도원을 관할하는 중앙집권적인 체계를 추구하였다. 10세기 후반에 시작하여 11세기 초까지 이어진 이 개혁의 움직임으로, 지역 영주나 주교의 통제에서 벗어나 클뤼니 대수도원장의 관할을 받는 독립적인 수도회 네트워크가 형성되었다. 교황들은 이들의 독립성을 인정해 주었다. 전체적으로 엄격한 계율을 부과하여 종교적 삶의 새로운 모범을 제시함으로써, 클뤼니 수도원의 개혁 운동은 발 빠르게 서유럽 전체에 확산되었다.[1]

클뤼니 개혁 운동은 '아래로부터의 교회 개혁'이다. 주교나 성직자들은 당시 문제가 되었던 성직 매매와 성직자들의 축첩 같은 사안을 스스로 바꾸려 하지 않았다. 이를 강제하기 위해서는 대중의 지지와 움직임이 절대적으로 필요했다. 클뤼니 수도원을 중심으로 펼쳐진 대중적인 종교 운동은 대중들의 자발적인 참여와 후원을 끌어냈다. 클뤼니 수도원의 영향력이 큰 지역의 대중들은, 성직 매매나 성직자들의 축첩 문제만이 아니라 영주나 제후가 주교를 선임하는 관행까지 바꾸도록 요구했다. 세속 군주들이 관행적으로 해 오던 성직 서임을 반대하면서 촉발된 서임권 논쟁은 교회를 주도하던 세속 권력에 대한 교회의 독립 선언이었다. 클뤼니 개혁 운동은 대중들의 지지를 토대로 제도 교회가 안고 있는 문제에 저항하며 바꾸어 나간 상향식 개혁이다.[2]

대중들의 지지를 힘입어 개혁 운동이 성공적으로 확산되고 정착한 클뤼니 수도원은 교황권 강화에도 기여했다. 교황권의 암흑기를 극복하고 교황권과 세속권 사이에서 본격적인 긴장을 형성한 것이다. 클뤼니 수도원이 주도한 수도 운동의 부활과 도덕적 개혁은 그에 동조하는 교황들이 출현하면서 탄력을 받았다. 수도회를 배경으로 하는 교황이 다수 선출되면서 그들이 11세기 개혁 운동을 전방위적으로 이끌었다.

대표적 인물이 독일 출신 교황인 레오 9세(재위 1049-1054)다. 그는 수도회 출신은 아니었지만 클뤼니 수도원을 적극 후원한 인물로, 교황직에 오르면서 교회 개혁 운동을 시작했다.

교황 레오 9세는 신성로마제국 황제의 지명으로 선출되었지만 황제의 영향력으로부터 독립하려는 의지를 선명하게 드러냈다. 교황 대관식을 위해 로마에 도착했을 때, 그는 수도사 옷을 입고 로마 성직자들과 시민들이 자신을 인정해 줄 때만 교황의 관을 쓰겠다고 했다. 그리고 세속 권력으로부터 독립하기 위해 추기경단을 실질적으로 활용했다. 이렇게 시작된 교황권 독립 운동은, 황제와 같은 세속 군주가 교황을 지명하지 않고 추기경단이 뽑도록 하는 제도 개선으로 이어졌다.

하지만 사제 독신 요구는 다소 성격이 다른 문제였다. 비잔틴 교회는 물론이고, 서방 가톨릭 국가 중에서도 사제의 혼인이 암묵적으로 용인되는 곳이 있었다. 사제 독신 요구는 청빈, 순종과 더불어 독신을 중요한 가치로 여기는 수도회 정신의 부활과 잇닿아 있다. 수도사의 삶이 가장 이상적인 그리스도인의 삶의 모습이라면, 사제 역시도 그러한 삶의 방식을 따라 독신 생활을 해야 한다고 보았다. 사제들에게 수도사적 삶을 요구하는 내용은 여러 반대와 저항에 부딪혔다. 심지어 종교개혁 과정에서 사제의 혼인 허용 여부는 가톨릭과 개신교를 구별 짓는 요소이기도 했다.[3]

레오 9세가 꿈꾼 교회는 정신적·도덕적으로 수도사의 고결함을 추구하는 동시에, 세속의 영향력에서 독립된 공동체였다. 클뤼니 수도원의 개혁 운동에 기대어 출발했던 레오 9세의 개혁은 1073년 선임된 그레고리오 7세 재임 때 정점에 도달한다. 레오 9세에게 발탁되어 20년 이상 교황청의 여러 직책을 맡았던 그는 교회 권위 신장을 위한 개혁 운동을 쉼 없이 이끌어 갔다. 그가 천착했던 문제는 성직 매매 금지, 사제 혼인 금지와 더불어 세속 통치자의 성직자 서임 금지였다. 그 시도는 13세기에 교황권이 전성기를 맞이하면서 현실이 되었다. 교황 지배의 중세라는, 사실에 부합하지 않지만 매우 익숙한 레토릭의 배경에는 10세기 교황권 암흑기를 넘어설 동력을 제공한 클뤼니 수도원 개혁 운동이 있다.

대수도원장 아래에 각각의 수도원장prior을 두는 중앙집권적 통제도 클뤼니 수도원이 빠르게 확산되는 데 영향을 주었다. 이러한 체제는 개별 수도원의 독립성을 인정하는 베네딕토회 규칙에는 어긋나는 일이었다. 클뤼니 수도원이 초기에는 베네딕토회 규칙을 추구했으나 이후에 규칙에서 벗어났다는 비판은 다른 곳에서도 찾을 수 있다. 수도원이 성공을 거두었다는 것은 곧 수많은 부유한 기부자들이 토지와 재산을 헌납했다는 말이기도 하다. 그렇게 후원을 받아 건립된 클뤼니 수도원은 훗날 성베드로 대성당이 지어지기 전까지 유럽에서 가장 크고 화려한 교회였다. 웅대한 교회 건물에 걸맞게 클뤼니 수도원은 장엄하고 화려한 예배 의식을 발전시켜 나갔다. 그들은 아름다운 예술품과 건축물, 정교한 예배 의식을 통해 베네딕토회 규칙에 담긴 경배하는 삶을 성취하고자 했다.

장엄한 수도회 건물과 스테인드글라스로 장식된 벽면은

더없이 화려해졌지만, 성 베네딕토가 추구했던 단순한 삶, 노동하는 삶의 가치는 뒷전으로 밀려났다. 수도사들이 하는 성경이나 책 필사 작업도 동등한 육체노동으로 인정했기 때문에, 수도원의 토지를 경작하는 등의 다른 육체노동은 더 이상 수도사들의 몫이 아니었다. 농부들이나 고용된 하인들이 대신했다.

수도원은 하나의 거대한 장원 조직처럼 운영되었고, 수도사는 지주이자 관리자 역할을 했다. 수도 공동체의 규율이 느슨해지고 건축물과 제단이 높아질수록 클뤼니 수도원의 평판은 떨어졌다. 세상에서 가장 큰 교회 중 하나임을 자랑했던 클뤼니 수도원은 1790년 프랑스혁명으로 무너졌다. 그 자체로 종교적 기품을 보여 주던 웅장한 수도원 건물은, 실은 수도회가 추구했던 가치의 유효기간이 지난 뒤에도 그 정신을 돌로 만든 공간에 담아 두리라는 어긋난 욕망을 상징한다. 유럽 곳곳에 건축된 대형 수도원들은 이제 클뤼니 수도원이 개혁 대상이 되었음을 보여 준다. 수도회가 남긴 역사의 역설이다.

시토 수도회, 엄격한 수도 생활로의 회귀

서유럽에서 11세기와 12세기는 십자군으로 대표되는 확장의 시기이자 종교적 열정이 타오르던 때였다. 그 시대가 마주한 종교적 열정은 유럽에 다양한 수도회가 창설되는 것으로 이

〈성 베르나르에게 발현한 성모 마리아〉. 필리피노 리피가 1486년 그린 유화 작품으로, 피렌체의 바디아 교회에 소장되어 있다. 모든 시토 수도원 건물은 성모 마리아에게 봉헌되었다. 시토회는 중세 말 성모 마리아 공경 사상이 확산되는 데 영향을 주었다.

어졌다. 그런 중에 유럽의 사회 및 교회 개혁의 목표를 가지고 등장한 대표적인 수도회가 시토 수도회다. 시토 수도회는 몰렘 수도원Molesme Abbey 원장이었던 로베르가 1098년 프랑스 디종 남부의 시토Cîteaux로 가서 건립했다.

그는 베네딕토회 규칙을 엄격하게 준수하는 수도원을 꿈꾸었다. 시토 수도회는 그 이전 수도회 개혁 운동으로 대표되는 클뤼니 수도원과는 또 다른 지점에서 개혁을 시도했다. 베네딕토회가 추구했던 간소하고 청빈한 삶을 회복하는 것이 교회 회복의 핵심이라고 파악했다. 이에 수도회는 대외적인 영향력과 활동적인 삶보다는, 금욕적이고 관상적인 삶의 가치를 다시 돌아보기 시작했다. 베네딕토회 규칙을 문자 그대로 읽어 내고, 고립 속에서 살아가며, 매우 엄격하게 완전함의 이상을 추구했다. 더 이상 노동을 외주화하지 않고 수도사들이 직접 육체노동을 하며 자급자족을 이루었다.

이런 단순한 삶은 예배 의식이나 공간 장식에서도 그대로 적용되었다. 시토 수도회는 화려한 건물을 추구하지 않았고, 제단도 평범하고 소박하게 장식했다. 클뤼니 수도원이 예배를 수도회의 특징적 중심으로 놓고 전례의 방식과 철학을 발전시켰던 반면, 시토 수도회는 베네딕토회 규칙이 추구하는 기도와 노동의 균형에 더 치중했다. 시토 수도회는 새로운 가치 철학을 만들기보다는, 기존의 규칙을 바탕으로 일상생활에서 수도사적 삶의 헌신과 경험의 공유를 강조했다. 참된 영성은 신학보다는 삶의 방식에서 생성된다고 믿었기 때문이다.[4] 베네딕토회 규칙을 문자 그대로 살아 내겠다는 명확한 목적의식과 결의에 많은 사람이 매력을 느꼈고, 더 높은 수준의 종교적 삶을 추구하는 사람들이 수도회로 몰려왔다. 트라피스트회는 시토회 내에서도 더 엄격하게 극단에 가까운 단순성을 추구하며 고립 속에 금욕적인 삶을 사는 수도회다.

시토 수도회는 교회의 후원을 받지 않고, 세속 후원자들로부터 사람들이 거주하지 않는 황무지를 기증받아 공동체를 일구었다. 이것은 대단한 효과를 가져왔다. 세속 통치자들로서는 그리 큰 재정 투자 없이도 수도원 건립이라는, 종교적 보상이 분명한 행위를 할 수 있었다. 시토 수도회 입장에서는, 베네딕토의 계율대로 수도사들이 직접 노동하며 수도원을 설립하고 땅을 개간하여 농토를 만듦으로써 추락했던 수도회 정신을 회복하는 상징성이 있었다. 그들은 오랜 기간 타협하지 않고 높은 수준의 규율을 유지함으로써 타 수도회에 비해 많은 존경을 받았다.

또한 그들은 당시 대부분의 수도회에서 이뤄진 자녀 봉헌 관행을 받아들이지 않았다. 사리를 분별할 수 없는 나이에 부모의 뜻에 따라 수도원으로 보내지면 수도 생활의 자발성과 그 가치를 인식할 수 없다고 보았다. 따라서 16세 이상만 입회할 수 있었고, 일정한 수습 기간을 거친 후에 정식으로 수도사의 길을 가도록 했다.[5]

시토 수도회는 개별 수도원이 독립적인 지위를 지녔다.

내부에서 독자적으로 수도원장을 선출했으며, 재정 및 자산도 개별 수도원이 관리하는 구조였다. 이것이 클뤼니 수도원의 중앙집권화 체제와의 큰 차이점이다.

12세기 들어서면서 시작된 시토 수도회는 채 100년이 지나지 않아 유럽에 수도원을 500개나 건립했다. 단기간에 보여 준 엄청난 확장은 초기 투자 비용이 상대적으로 적은 황무지를 개간하면서 이뤄졌기에 가능했다. 황무지에 수도원을 설립하는 일은 여러 면에서 노동 집약적이었다. 수도사들은 수도원을 형성하면서 개간 및 농업 기술을 발전시켜 나갔다. 소와 말 등 가축 사육의 기술도 진일보해 농업에서 가축 이용이 확대되었다. 또한 생산한 농산물 및 가축을 판매하는 체계를 만들어 서유럽의 상업 발전에도 영향을 주었다.

하지만 예배나 기도와 같은 종교적 의무를 수행하는 수도사들이 대규모 농사와 개간 사업까지 모두 감당하기에는 버거웠다. 육체노동을 강조하는 시토 수도회는 효율적으로 수도원을 운영하고 노동을 감당하기 위해서 초기부터 평수사lay brother 제도를 운영했다. 이들은 교육받지 않은 일반 남성들로, 수도원 개간 사업, 농사 및 생산물 거래 등과 같은 일을 맡도록 한정되었다. 이들에게는 성가대 수도사라 불리는 일반 수도사들이 받는 교육이 제공되지 않았으며, 기거하는 곳도 달랐다. 그들은 사제가 되는 데 필요한 교육을 받을 기회가 없었기에 사제가 될 수 없었다. 그래서 일반 수도사들이 입는 백색 수도복 대신에 갈색 옷을 입었

다. 시토 수도회가 유럽 문명 형성에 기여한 일에는 평수사의 헌
신이 큰 공헌을 했다.[6]

시토 수도회가 중세 그리스도교에 끼친 영향은 또 다른
측면에서도 찾을 수 있다. 중세 신비주의 영성과 성모 마리아 공
경의 전통이 시토 수도회를 통해 발전했다. 시토 수도회의 모든
수도원은 성모 마리아에게 봉헌되었다. 수도원을 장식하는 스테
인드글라스와 조각, 회화 등에 성모 마리아 이미지를 새겼다. 가
톨릭교회에서 마리아가 그리스도에 버금가는 지위를 얻은 것은
시토 수도회의 확산과 무관하지 않다. 그리스도교 신비주의 전통
은 다양한 성인 및 성유물 숭배 현상을 가져왔다. 성물이 발견되
거나 성모의 기적이 발현된 곳에는 순례자들이 몰려들었고, 시토
수도회는 이 순례객들을 수용하여 수도원의 수익을 창출했다.

시토 수도회는 명성 있는 신비주의 저술가도 여럿 배출했
다. 시토 수도회를 대표하는 인물은 설립자가 아닌 클레르보의
베르나르(1090-1153)다. 당대 최고의 신학자, 설교가, 신비주의
자로 알려진 그가 클레르보의 수도원장으로 재임하는 동안 수도
회가 기하급수적으로 확산되었다. 그는 시토 수도회에서 마리아
공경 전통을 만드는 데 앞장섰고, 제2차 십자군 원정 참여를 독
려하는 순회 설교를 하기도 했다.

클뤼니 수도원과 시토 수도회를 통해 살펴본 것처럼 중세
수도회를 통한 개혁 운동은 한 방향으로만 진행되지 않았다. 당
대 그리스도교가 지향해야 하는 정신적인 가치를 제시하고 일정

기간 유행을 이끌었다. 그에 따라 수도회 조직이나 무게중심이 바뀌었다. 예컨대 클뤼니 수도원은 예배와 기도의 가치에 집중했다. 자연스럽게 엄숙하고 화려하고 긴 예배 형식이 도입되는 등 예배 형식의 발전이 이루어졌다. 그러나 이 같은 지향은 수도회가 소박하고 청빈한 삶과는 거리가 먼 안락한 일상을 누리고 있다는 방증이기도 했다. 시토 수도회의 등장과 확산은, 클뤼니 수도원의 종교성에 대한 대안적 성격이 컸다. 좀 더 소박하고 내밀하고 개인적인 종교성을 강조했다는 점에서, 시토 수도회는 기도와 노동이라는 베네딕토회 규칙의 핵심을 가장 절묘하게 구현한 중세의 수도회라고 할 수 있다. 시토 수도회는 클뤼니 수도원이 기도와 예배에 지나치게 치우쳐 노동의 가치를 소홀히 여긴 것을 비판했고, 그 한계를 넘기 위해 육체노동을 강조했다. 또한 클뤼니 수도원의 화려한 예배 형식과 교회 장식에 대한 반감으로, 소박하고 단순한 예배 의식을 고수했다.

시토 수도회가 베네딕토회 규칙을 엄격하게 따른 결과 많은 세속 후원자들을 얻었고, 거액의 기부를 받으면서 부유해졌다. 수도회 내부의 농업 생산물과 후원을 통한 수익이 커지면서 가난의 가치를 강조하는 베네딕토회 규칙은 점점 느슨하게 적용되었다. 대부분의 수도회가 걸었던 길처럼 시토 수도회 역시 청빈의 가치를 내세우고 시작했으나, 부유해지면서 길을 잃고 수도회주의의 이상을 실현하는 데 실패했다. 수도원의 수도사들은 사유재산을 갖지 않고 무소유를 실천했지만, 수도원은 재산과 토지를 보유하고 있었다.

이 모순된 현실을 극복하기 위해 소유와 재산에 대한 더욱 급진적인 움직임들이 등장하였다. 시토 수도회의 전성기가 끝난 다음 세기에는 급기야 완전한 무소유를 실천하기 위해 탁발하는 수도회까지 생겨났다. 재산에 대한 급진적인 태도는 가톨릭교회가 민감하게 반응하게 만들었다. 수도회와 이단의 경계선이 점차 모호해졌다.

시대정신을 담아낸 수도회 운동

중세 유럽에서 수도회는 당대 사회와 교회의 개혁과 변화를 추동하는 운동력을 지니고 있었다. 클뤼니 수도원은 세속 권력의 영향력으로부터 교회의 독립성을 지키려는 시도로 주목할 만한 성과를 거두었다. 권력으로부터 자율성을 유지하기 위한 가장 중요한 가치는 교회가 지니는 세속과의 차별성이었다. 사제의 독신을 엄격하게 요구하고 성직 매매를 금지하는 등의 개혁을 단행했다.

중세에 수도회를 통한 교회 개혁 운동의 결과로 다양한 수도사 사제단이 조직되었다. 가톨릭교회는 재속 생활을 하면서 사목 활동을 하는 재속 성직자secular clergy와 정해진 규칙에 따라 공동체를 이루며 생활하는 계율 수도사regular order로 크게 나뉜다.

계율 수도사들에 비해 상대적으로 느슨한 삶을 살던 재속 성직자들이 수도회의 영향으로 수도회 규율에 따라 살아가며 수도사에 준하는 삶을 실천했다. 사제와 수도사들의 도덕 개혁은 군사력을 가진 통치 권력과의 전투에서 무형의 정신적 권력을 지닌 교회가 밀리지 않을 수 있는 근거가 되었다. 그 거대한 변혁은 자기 비움과 절제라는 수도회의 삶의 가치를 다시금 확인하는 데서 출발했다. 그 결과, 교회는 암흑기를 뚫고 중세의 정신적 구심점으로 자리하는 다음 세기를 준비할 수 있었다.

종교가 지닌 고유한 힘은, 무엇인가를 추구하고 성취하는 것에서 오지 않고 오히려 버리고 비우는 데서 나온다. 그것이 이 세상이 감당하지 못할 믿음이다. 수도회는 제도화된 교회가 간과하는 이 진실을 끊임없이 깨우치게 했다. 다만 내세우는 이상이 높은 만큼 설립 정신을 잃고 쇠퇴하기도 쉬웠다. 11-12세기 교회 개혁이 이루어지면서 수도회의 물욕 숭배가 동시에 진행되었다는 진단은 그래서 더욱 뼈아프다.[7] 그렇지만 그렇게 생성하고 소멸한 수도회로 인해 중세 가톨릭이 천 년 동안 유지될 수 있었다. 수도회는 오롯하게 시대정신을 반영하는 유한한 그 시대의 산물이다.

클뤼니 수도원은 웅장하고 화려한 건축물 안에서 신비로운 전례를 거행함으로써 대중의 종교성을 다잡았다. 반면, 시토회는 둔탁하지만 단순하고 소박함 속에서 신을 향한 길을 제시하고자 했다. 그 어느 것이 우월하다고 할 수 없고, 옳고 그름으로 판단할 문제도 아니다. 동일한 베네딕토회 규칙을 읽고 달리 해석하고 다른 강조점을 찾아 실천했을 뿐이다. 그저 자신의 시대에 필요한 시대정신을 수도회의 삶과 철학으로 구현하고자 한 것일지도 모른다.

이 수도회 운동들은 종교가 혼탁했을 때 자정을 위해 아래로부터 생겨나 불꽃처럼 시대정신을 이끌다가 독한 연기를 뿜으며 사그라졌다. 마지막 모습은 유사했다. 개혁 주체가 개혁하려던 대상과 똑같아지고 말았다. 오늘날에도 한 개인이나 조직에서 쉽게 찾아볼 수 있는 반복되는 패턴이다. 여기에서 던져야 할 물음은, '그들이 왜 끝자락에 타락했는가?'가 아니라 '시대정신을 담아낼 새로운 수도회 운동이 생성되고 있는가?'이다. 수도회주의는 급진적인 그리스도교다. 급진성에 지속 가능성의 짐까지 지우는 것은 지나치다.

6

십자군의
혼란 속에서

성전 기사단과 구호 기사단

예루살렘을 향한 순례

그리스도교와 전쟁. 평화의 왕 그리스도의 삶을 따르기 위해 헌신하는 수도사들과 무기를 들고 전쟁에 나선 수도사들. 지독한 형용모순이다.

베네딕토회 규칙에 등장하는 '스콜라'에는 학교라는 의미 외에 또 하나의 뜻이 있다. 바로 '정예부대'다. 중세 초 이민족으로부터 로마를 보호하기 위해 시 외곽에 아우렐리아누스 성벽을 세웠는데, 그곳의 용병들을 '스콜라'라고 불렀다. 베네딕토는 수도회를 만들면서, 수도사들을 정신적 전쟁에서 정예 군사로 훈련하려는 의도가 있었음이 분명하다.[1] 앞선 장에서 살펴본 대로 켈트 수도사들도 스스로 그리스도의 군대라는 자의식을 가지고 있었다.

그런데 만약 이 전쟁이 정신적 영역에서 벌어지는 것이 아니라 물리적인 무력 충돌이라면 어떻게 해야 할까? 서유럽인들에게 십자군 원정은 윤리적 딜레마였다. 중요한 순례지였던 예루살렘으로 향하는 순례길이 막힌 상황을 무력으로라도 풀어 나가야 했기 때문이다.

이슬람 세력이 오랫동안 예루살렘을 통치하고 있었지만, 성지순례를 오는 그리스도인들을 처음부터 막지는 않았다. 1071년 셀주크튀르크족이 예루살렘 지역을 통치하던 파티마 왕조를 무너뜨리고 이 지역을 점령하면서 성지순례 길이 막혔다. 예루살렘은 그리스도교에게 그리스도의 십자가 사건이 일어나고 교회가 생겨난 가장 거룩한 곳이다. 서유럽인들의 성지순례는 종교적으로 여러 가지 의미를 띠고 있었다. 우선은 고해 사제가 부과한 벌을 이행하는 참회의 길이었다. 또 자발적·종교적 헌신을 위해 걸어가는 순례길이었다. 아예 예루살렘으로 이주하여 그곳에서 생을 마무리하려는 사람들도 있었다. 그리스도의 재림이 일어나는 장소며 몸의 부활이 가장 먼저 시작되는 곳이 예루살렘이라고 믿었기에 그곳에 묻히고자 한 것이다.[2]

셀주크튀르크가 막은 예루살렘 순례길을 회복하겠다는 목적으로 시작한 십자군은 어떤 의미에서 지극히 종교적이었다. 십자군 행렬은 무기를 든 군대의 행렬이라기보다는 순례하는 수도사들의 엄숙한 행진이었다. 그들은 성지를 회복하고자 하는 열정으로 가족과 재산 등을 버리고 기약할 수 없는 길을 나섰다. 그

123

길에 신적 인도함이 있는지는 결과로 판단할 수밖에 없다. 제대로 훈련받지 못한 제1차 십자군이 예루살렘 정복에 성공하자, 당대인들은 십자군 원정이 신적인 재가를 받은 여정이었다고 받아들였다.

예루살렘 탈환이라는 목적을 성취한 이들은 대부분 본국으로 돌아갔다. 당시의 연대기 작가 샤르트르의 푸셰Fulcher of Chartres는 십자군들이 다 돌아간 후 남아 있는 예루살렘 상비군은 기사 300명과 보병 300명뿐이었다고 기록하였다. 이때의 십자군은 어디까지나 예루살렘까지 무장 순례를 가는 일시적인 종교적 헌신이었다. 하지만 서유럽에서 3,000킬로미터 떨어진 곳에 세운 예루살렘 왕국을 유지하는 일은 전혀 다른 숙제였다. 십자군이 승리하여 라틴 왕국인 예루살렘 왕국을 세웠지만, 지리적으로 고립된 왕국까지 유럽의 순례객들이 가는 것은 여전히 위험한 일이었다. 순례길에는 강도와 베두인족의 습격이 빈번했고, 인접한 사라센 왕국도 순례객을 위협했다.

이런 배경에서 군사 수도회ordo militaris가 등장했다. 독신, 청빈, 순명의 서약을 한다는 점은 일반적인 수도사들과 같지만, 필요시 무기를 들고 전투하는 군대라는 점에서 전통적인 수도사들과 큰 차이가 있었다. 정기적인 기도와 금식을 하지 않았고, 말이나 군사 무기 같은 장비를 유지해야 했으므로 애초 청빈의 이상과도 거리가 있었다. 하지만 그들은 엄격한 규율을 지키고 자신을 아끼지 않는 용맹성을 갖춰 명성을 얻었다. 가장 대표적인 군사 수도회인 '성전 기사단'과 '구호 기사단'을 들여다보자.

무기를 든 수도사들

　　성전 기사단Knights templar의 공식 명칭은 '그리스도와 솔로
몬 성전의 가난한 전사들Pauperes commilitones Christi Templique Solomonici'이
다. 1099년에 1차 십자군이 예루살렘을 점령한 후, 예루살렘 순
례객들을 보호할 목적으로 수십 년 뒤에 시작된 기사 수도회다.
1165년에서 1184년 사이에 대주교 티레의 귀욤Guillaume de Tyre이
쓴《예루살렘 왕국 역사》에는 12세기에 등장한 이 수도회에 대
한 내용이 들어 있다. 그 기록에 따르면, 1118년 일부 기사와 귀
족들이 그리스도를 섬기기 위해 예루살렘 총대주교에게 청빈, 순
결, 순명의 서약을 했다. 위그 드 파앵Hughes de Payens과 제프리 드
생토메르Geoffrey de Saint-Omer를 비롯하여 아홉 명으로 출발했다.
왕과 총대주교는 순례자들의 안전을 보호해 주는 대가로 이들에
게 필요한 음식과 의복, 주거지를 제공했다.

　　초기에는 이들이 머물 곳이 없었으므로 예루살렘 왕 보두
앵 2세는 솔로몬 신전이라고 부르던 아크사 모스크Aqsa mosque의
작은 땅을 주어 그들이 머물도록 했다. 수도회 설립 후 9년째 되
는 해에 프랑스 트루아에서 열린 공의회에서 교황 호노리오 2세
가 이 수도회를 공인하였다. 수도 규칙을 내리고 흰색에 붉은색

십자가가 그려진 수도사복을 입도록 허가했다. 붉은 십자가는 순교의 상징으로, 성전 기사단이 그리스도의 기사임을 나타낸다. 성전 기사단은 교황 직속 기관으로서 교황 외에는 아무에게도 복종할 의무가 없었다. 교황에게 공식 인정을 받기까지 10년에 가까운 시간이 걸렸지만, 이들은 곧 라틴 그리스도교 세계에서 가장 영향력 있는 조직 중 하나로 급성장했다.

성전 기사단은 자신들의 설립 목적이 예루살렘의 그리스도인들을 보호하는 것이고 이를 위해 막대한 재정이 필요한 것이라며 존재의 정당성을 주장했지만, 무력을 행사하는 수도회라는 성격은 늘 비판의 대상이 되었다. 이것을 극복하기 위해 가장 필요한 것은 영향력 있는 인물의 지지였다. 12세기 유럽 교회에서 가장 영향력 있는 인물은 단연 시토 수도회의 클레르보의 베르나르였다. 그 누구보다 십자군 정신의 강력한 후원자였던 그는 성전 기사단의 사명을 정신적으로 매우 가치 있게 여기고 무한한 지지를 보냈다. 성전 기사단 설립자 위그 드 파앵에게 직접 서신을 보내, 성전 기사단의 소명은 정당하며 신을 기쁘게 하는 것이라고 격려했다. 특히 기사 수도회가 권력을 쟁취하기 위해서가 아니라 그리스도교 세계에서 가장 신성한 유산인 예루살렘을 지키기 위해, 신과 이웃에 대한 사랑을 실천하기 위해 싸우는 신성한 임무를 수행하고 있다고 했다. 시토 수도회의 대표적인 인물로서 교회 개혁을 이끌었던 베르나르의 지지 선언은 군사 수도회에 가해진 논란을 효과적으로 잠재웠다.

예루살렘 왕 보두앵 2세에게서 아크사 모스크를 하사받는 위그 드 파앵

127

최초 설립 목적대로 성전 기사단은 용감한 전사로서 비무장 순례자들을 보호하는 일을 수행했다. 성전 기사단은 군사적 목적을 지녔다는 특성 때문에 다양한 계층에서 폭넓게 참여할 수 있었다. 결혼한 남성도 준회원으로 가입할 수 있었고, 심지어 비위를 저질러 교회에서 파문을 당한 기사도 수도회 가입이 허용되었다. 여성들로 구성된 공동체도 생겨났고, 귀족들은 수도 서약을 하지 않고 준회원으로 한시적으로 기사회에 참여하며 일정 기간 활동한 후 혜택을 누릴 수 있었다. 실질적으로 남녀 준회원 모두 수도회에서 책임 있는 위치에 오를 수 있는 길이 열렸다.[3] 성전 기사단 또한 수녀회를 포함하여, 중세의 다른 수도회에서 벌어졌던 일과 유사하게 합법을 가장하여 귀족들이 재산 상속을 하는 수단이 되었다. 교회는 재산세나 상속세 같은 세금을 면제받았기 때문이다.

성전 기사단은 유럽인들이 가고 싶어 하는 성지 예루살렘을 보호한다는 상징성 때문에 사람들에게 후원을 쉽게 받아 냈다. 성전 기사단은 유럽 지지자들에게 군사적·재정적 도움을 요청하는 정기적인 후원 요청 서신을 작성하여 보냈다. 그들은 서신에다 후원이 얼마나 효과적으로 이루어졌는지, 자신들이 성지에서 어떤 임무를 수행하고 있는지를 면밀히 보고하여 지속적으로 후원을 받아 냈다.

성전 기사단의 확산과 몰락

성전 기사단은 후원에만 의존하지 않고 각종 이권 사업을 기획하여 확장해 갔다. 왕이나 제후의 순례는 수많은 사람이 동행하고 많은 재원을 동원해야 하는 큰 프로젝트였다. 재원은 주로 개인 재산이나 봉신과 교회의 후원으로 충당했지만, 큰 금액의 현금을 가져가는 것은 여러모로 위험 부담이 컸다. 그래서 출발 전에 경비에 소요되는 재산을 처분하고 순례지에서 매각 대가를 보전받아 순례 비용을 충당하도록 하는 시스템을 만들었다. 순례자들을 위한 성지순례 여정을 만들고, 예루살렘 왕국에 정착하려는 유럽인들을 위하여 땅을 매입해 주고, 송금을 대신하고 필요한 비용을 대출해 주는 등 근대 은행이 할 법한 업무를 수행했다. 이슬람 영토에서 회복한 예루살렘은 유럽인들에게 투자 가치가 높은 지역으로 인식되었다. 성전 기사단은 버려진 토지나 척박한 삼림을 개간하고, 건조한 땅에 관개 시설을 설치하여 농사를 지을 수 있도록 하고 투자할 사람들을 모집했다. 새 정착지에 교회를 세우고 사제를 세우는 등 정착촌 주민들을 위한 종합 서비스도 제공했다. 그 결과, 유대인들이나 이탈리아 도시국가의 은행가들보다 더 견고한 조직을 형성했다.

사업 자체가 중요한 목적이었으니, 유대인이든 무슬림이든 종교와 상관없이 협력 관계를 맺었다. 성전 기사단의 조직 자체가 곳곳에 지부를 가지고 있었기 때문에 자금 분산이 용이했고, 일부 고객들이 파산하거나 채무를 이행하지 않더라도 성전 기사단은 타격을 받지 않았다. 그들은 견고한 인력 및 재력을 바탕으로 유럽 전역으로 확산되어 다국적 조직이 되었다. 거의 모든 유럽 국가에 기사단의 재산을 형성하고, 기사단의 인력과 재정을 바탕으로 외교와 금융 분야에서 자문 역할을 하며 각 국가와 밀접한 관계를 형성했다. 이러한 활동을 볼 때 성전 기사단은 유럽 역사에서 최초의 다국적 기업이라고 할 수 있다.[4]

주객이 전도된 듯한 문어발식 확장에 당연히 비판이 따라붙었다. 많은 수도사와 재속 성직자들은 성전 기사단이 수도회의 본분은 잊은 채 전리품만 취하며 탐욕을 부린다고 비판했다. 세속 군주들 역시 세속적인 사업을 벌이면서 교황에게만 복종하고 국가의 통제에서 벗어난 성전 기사단이 눈엣가시처럼 불편했다. 거칠 것 없던 성전 기사단의 위세는 1307년 급작스레 막을 내린다. 1307년 10월, 프랑스 국왕 필리프 4세는 프랑스 내의 성전 기사단 체포 명령을 내렸다. 그는 십자군 재원을 마련하느라 성전 기사단에 엄청난 규모의 부채를 지고 있었고, 부채 문제를 해결하기 위해 교황에게 성전 기사단을 해산하라고 압력을 넣었다. 필리프 4세의 정치적 압박에 못 이긴 교황 클레멘스 5세는 결국 성전 기사단 해산을 명령하고 재산을 몰수했다.

성전 기사단에 대한 조치는 표면적으로는 재산과 관련된 이유였다. 때마침 유럽 전역에는 프란치스코회와 도미니코회 등 신생 탁발 수도회가 '사도적 청빈'이라는 가치를 내걸고 교회 개혁을 요구하는 목소리를 크게 내고 있었다. 교황청의 주요 자금 원이었던 성전 기사단을 해체한 것은 교회에 제기되는 근원적인 압박과도 맞물려 있다.

하지만 세속 군주의 압력에 의해 교황의 직속 수도회가 해산된 것은 조금 다른 면에서 접근할 필요가 있다. 성전 기사단 의 해산은 교황권과 세속권의 갈등 속에서 우위를 점하려는 프 랑스 국왕의 시도로 읽을 수 있다. 성전 기사단 해체는 우발적 사 건이 아니라 주도면밀한 계획 속에 진행되었다. 필리프 4세는 기 사단을 해체할 명분을 만들었다. 그는 이들이 이교적인 성격의 조직이라는 혐의로 기사단의 주요 단원들을 체포했다. 1307년 의 체포 영장에 들어 있는 다섯 가지 주요 혐의 중 첫 번째가 그 들이 그리스도를 부정하는 비밀 의식에 참여한다는 것이었다. 기 사단 상호 간의 동성애 혐의도 들어 있었다.[5] 신성 모독과 성적 타락은 이단을 판별하거나 이단으로 만들어 가는 가장 익숙한 주제들이었다. 이 혐의가 사실이라면 교황은 기사단의 편을 들 명분이 없는 것이다.

이 사건을 프랑스 군주제의 성장 속에 배치하면, 세속 군 주가 더 이상 교황이 지배하는 신권정치에 예속되지 않고 국가 내에서 종교적 수장이 되는 그림이 그려진다.[6] 이 무렵 전후로 갈리아주의Gallicanism가 형성되고 있었다. 곧 프랑스 내부의 문제 는 비록 교회와 관련되어 있을지라도 교황이 간섭할 수 없다는 국가교회의 움직임을 말한다. 이들은 한 왕국 내에서 그리스도를 대리하는 이는 교황이 아니라 국왕이라고 주장했다. 교회와 수도회는 왕국 안에 존재하면서도 국왕보다 교황에게 우선하여 충성하였기에 왕국을 지배하는 세속 군주에게는 불편한 존재였다. 성전 기사단은 중앙집권적 군주제를 발전시키는 데 방해되는 세력을 제거하기 위한 희생양이었으며 이단성을 빌미로 탄압을 받았다. 성전 기사단 해체는 프랑스 군주제의 절대성 강화에 중요한 순간이었다.[7]

가장 오래된 군사 수도회, 구호 기사단

공식 명칭이 '예루살렘의 성 요한 구호 형제회*Ordo Fratrum Hospitalis Sancti Ioannis Hierosolymitani*'인 구호 기사단은 성전 기사단과 더불어 대표적인 군사 수도회다. 14세기에 해산된 성전 기사단과 달리 이들은 '몰타 기사단'이라는 이름으로 현재까지 이어지고 있다. 구호 기사단은 11세기 중반 예루살렘에서 시작된 세계에서 가장 오래된 군사 수도회로, 로마 가톨릭교회가 군사적 영향력을 발휘하는 데 중심 역할을 했다.

구호 기사단은 십자군 원정 수십 년 전부터 예루살렘으로 오는 순례자들을 돕기 위하여 운영되고 있었다. 그러던 중 제1차 십자군 이후인 1113년 교황 파스칼 2세는 이 수도회를 공식 군사 수도회로 공인하고, 베네딕토회 수도사였던 제라르 드 마르티

그Gerard de Martigues를 단장으로 임명했다. 예루살렘 국왕은 구호 기사단에 면세 혜택을 부여하고, 기사단을 자체적으로 선출하도록 자유권을 주었다. 마르티그는 예루살렘 왕국 내에 수도회 운영에 필요한 땅을 확보하여 수도회의 기초를 놓았다. 그의 후계자인 레이몽 뒤 퓌Raymond du Puy는 구호 기사단의 진료소를 크게 확장했다.

예루살렘은 참회나 순례를 목적으로 찾아오는 유럽인들로 넘쳤다. 그리스도의 십자가와 부활이 있었던 성지라는 상징성에 걸맞게 예루살렘을 재건하려는 작업이 이루어졌다. 11세기 초 파티마 왕조 칼리프에 의해 파괴된 성묘 교회 복원이 재건 프로젝트의 핵심이었다. 하지만 성지 복원에는 엄청난 비용이 필요했다. 이 재건 프로젝트는 라틴 교회 순례자들의 후원이 있어야 가능했다. 교회는 로마네스크 양식으로 재건되었고, 1149년 마침내 성묘 교회의 복원이 완료되었다. 구호 기사단은 이 프로젝트에 큰 기여를 했다.

그 명칭에서 보이듯이 구호 기사단의 가장 중요한 사명은 환자를 구호하는 것이었다. 성지순례 행렬에는 건장한 남성이나 젊은이들만이 아니라 늙고 병든 사람, 여성, 가난한 이들도 있었다. 장거리 내륙 여행이나 바다를 이용하는 여정은 건강한 사람도 심신에 무리가 갈 수 있다. 예루살렘에 도착한 후 육신이 피폐해져 병으로 고통받는 순례자들이 많았다. 예루살렘에서 적절한 치료와 요양을 하지 못해 떠나온 고향으로 다시 돌아가지 못하는 경우도 많았다. 구호 기사단은 이렇게 가난하고 아픈 사람들을 보살피는 데 집중했다. 병원과 고아원을 운영하였기 때문에 상당수의 수녀들도 참여했다.

수많은 나라에서 오는 사람들을 상대한다는 수도회의 특성 때문에, 국가의 경계를 넘는 특권과 혜택이 필요했다. 먼저는 과세 부담에서 벗어나는 것이고, 그다음으로 교황 이외의 지역 성직자나 제후들로부터 독립하는 것도 필요했다. 곧 구호 기사단은 수입의 십일조 납부 면제를 받았고, 유럽 각국에 흩어진 재산에 대해 독자적인 재산권을 가질 수 있었다. 구호 기사단이 교황으로부터 받은 특권과 면세 혜택, 과도한 재력과 영향력으로 인해 비판의 대상이 되기도 했지만, 그들은 사람들을 돌보는 역할과 군사적 역할을 잘 조합하여 수 세기 동안 끊임없이 모습을 바꾸며 그 존재를 이어 나갔다.

성전 기사단과 달리 18세기 말까지 활발하게 활동한 구호 기사단은 군사적 역할이 점차 감소하여 마침내는 자선 및 종교 기능에만 집중하게 되었다. 1291년 이슬람교도들이 예루살렘을 함락하자 키프로스를 거쳐 1309년에 로도스섬으로 이주했다. 오스만제국의 침입을 받고는 로도스섬에서도 쫓겨나 1530년에 몰타로 이주했다. 1798년에는 프랑스 나폴레옹 황제의 공격을 받아 몰타에서 쫓겨나 결국 로마로 이주했다. 현재 구호 기사단은 로마에 본부를 두고 있으며, 주권국가를 구성할 수 있는 특권도 가지고 있다. 그들은 생존을 위협받는 아슬아슬한 상황을 수차례 겪으며, 무려 900년간 이어져 왔다. 아마도 구호 기사단이 지향하던 가치, 곧 세상에 대한 돌봄과 자비와 환대의 정신을 여전히 유효하게 지켜 갔기 때문이리라.

평화를 위한 무력은 정당한가?

군사 수도회는 전에 없는 새로운 형태의 수도회였다. 신을 섬기고 종교적 완전성에 도달하기 위해 수도원 회랑 안에 갇혀 기도와 침묵, 관상으로 일상을 보내는 수동적인 태도에서 벗어나, 자신이 가장 잘할 수 있는 방식을 사용하여 능동적이고 적극적으로 헌신했다. 기사가 되어 그리스도교를 방어하는 전투에 참여하거나 전투에서 부상한 이들을 치료하는 방식이었다. 그리고 전투로를 만들고 보급을 담당하는 것도 넓은 의미에서 그리스도의 군사의 활동 범위라는 철학이 바탕이 되어 주었다.

하지만 그리스도교 역사만큼이나 오래된 수도회의 역사 속에서, 군사 수도회의 출현은 여러모로 극적이며 이질적인 요소들을 지니고 있다. 군사 수도회는 가톨릭교회 수도회로서 소속 수도사는 규칙에 따른 종교적 의무를 이행하지만, 일부는 무기를 소지하고 전투를 할 의무와 권리를 가진다. 자기 비움이라는 최상의 종교적 실천, 그리고 무기를 들고 무력을 사용한다는 두 가치의 충돌은 당대에 치열한 논란을 불러왔다.

이런 논란에 일정 부분 종지부를 찍고 군사 수도회가 그 존재를 인정받은 데는 토마스 아퀴나스의 영향이 크다. 그는 《신학대전》에서, 종교 생활의 활동적인 삶과 관상적인 삶 두 가지를 말하면서 군사 수도회를 언급했다. 비록 방어를 위한 것이라 할지라도 무력을 사용하는 수도회가 일반적인 수도회와 동일하게 취급될 수 있는지를 평가했다.[8]

군사 수도회에게 가해지는 비판은, 수도사와 같은 종교인은 전쟁을 해서는 안 되며 전쟁은 본질적으로 부당하다는 데 있었다. 수도사는 세속의 가치를 포기하고 신의 완전성을 향해 나아가는 자들이었다. 그런 부르심을 받은 자들에게 무력 사용이 용인된다면, 그간 수도사들이 지녔던, 속세와의 구별이라는 가치가 사라지고 만다. 여기에는 현실적으로 군사 수도회에 주어진 특권에 대한 기성 성직자들의 반발도 포함되었다. 재속 사제들은 수도 생활이란 종교적 수행을 위한 것이며, 군사적 목적을 가졌다면 진정한 수도회일 수 없다고 주장했다. 군사 수도회가 여러 수도사가 지닌 의무에서는 자유로우면서 성직자들이 가진 권리는 누리고 있다는 점에서 비난이 거셌다.

토마스 아퀴나스는 이러한 비판에 대해 군사 수도회의 역할과 지위를 옹호했다.[9] 그는 무장한 수도사들을, 그리스도교 공동체를 지키려는 목표를 가지고 이웃 사랑을 실천하는 자로 보았다. 스스로를 희생하여 다른 그리스도인들의 종교적 완전성과 행복을 보호하고 이끈다는 점에서, 그들은 무력을 사용하는 여느 집단과도 차별성이 있었다. 군사 수도회는 지상의 목적을 위해서가 아니라 신의 뜻을 받들고 순종하기 위해 무기를 들고 무력을 사용했다. 세속 군주의 요청이 아니라 교회의 요청에 따라 무기를 들었기에 그 목적에는 분명한 차이가 있었다. 논란이 있었음에도 성전 기사단이나 구호 기사단이 당대에 인정받고 활발하게 활동한 것은, 그들이 그리스도교에 기반을 둔 유럽을 보호한다는 명분을 인정받았기 때문이다. 또한 12세기 군사 수도회는 유럽과 외부 세계를 연결하는 광범위한 네트워크의 중심이 되었기에 더더욱 그 존재와 역할을 무시할 수 없었다.

　가장 어울리지 않는 듯하지만 그리스도교 세계에 현실적으로 존재하는 무력으로 그리스도교를 보호하던 수도사들은, 시대가 지나면서 역사 가운데 더욱 가공되어 전설과 판타지를 만들어 왔다. 특히 극적인 해산을 통해 역사의 뒤안길로 사라진 성전 기사단은 라틴 그리스도교의 문학 세계에 심심찮게 등장했다. 계몽주의가 끝나고 낭만주의 시대에 접어들면서 중세에 대한 관심이 제고되며 유럽의 제국주의적 확장이 본격화되던 시기에, 성전 기사단은 그리스도교를 이교도로부터 보호하는 상징처럼 자리 잡았다. 스코틀랜드의 문호 월터 스콧의 소설 《아이반호》(1819)를 비롯하여 댄 브라운의 소설 《다빈치 코드》(2003)나 영화 〈킹덤 오브 헤븐〉(2005) 등 중세 그리스도교를 배경으로 한 영화나 소설에 자주 등장하는 만큼, 성전 기사단은 역사적 사실과 신화를 조합하여 픽션을 만들기 좋은 대상이다.

왜 그럴까? 그리스도교는 평화를 추구한다지만, 그 어떤 종교보다 전쟁과 폭력에 노출되었던 종교다. 그런 모순을 일종의 합법적 무력, 신적 재가를 받은 무력으로 정당화해 주는 곳이 군사 수도회다. 제국의 침탈을 더 나은 세계를 만들기 위한 사명이라고 정당화하는 것도 그와 같은 맥락이다. 당대의 불가피성을 인정하더라도, 이런 유형의 사고가 여전히 그리스도교와 연결되는 일은 그리 바람직하지 않아 보인다. 낭만주의·제국주의 시대에 종교적 폭력이 신화, 모험, 영웅담으로 미화되어 온 것을 볼 때도, 군사 수도회는 역사상 가장 바람직하지 않은 방식으로 신화화되고 가공되어 소비된 수도회다.

군사 수도회와 연결된 핵심은 두 가지다. 하나는 수도회가 국가나 제국의 이데올로기를 넘어서는 보편 가치를 따르지 않을 때 종교의 이름으로 제국이 제기하는 폭력을 정당화한다는 점이다. 분명히 쉽게 단순화할 수 있는 사안은 아니지만, 십자군 원정 옹호와 정당화가 군사 수도회라는 어울리지 않는 조합을 만들었다는 것도 외면할 수는 없다. 수도회는 제국이 상징하는 안녕과 풍요를 거부하려는 움직임에서 출발했다. 따라서 당대의 명망 있던 수도사들이 십자군을 추동하고 군사 수도회를 긍정하는 모습은, 수도회가 이미 세속의 가치에 어떤 긴장도 줄 수 없을 만큼 세속과 동화되었다는 현실을 냉정하게 보여 준다. 국가주의, 패권주의를 넘어서지 못하는 종교는 그리스도의 진정한 평화를 만들 수 없다. 자신을 버리고 희생하는 것 같은 수도사의 삶일

지라도 말이다.

대체로 수도회가 그 시대 종교성의 한 전형을 보여 준다는 점에서, 군사 수도회의 등장과 확산은 십자군으로 대표되는 혼탁한 시대상의 정점이었다.[10]

7

세속화에
급진적으로
맞서다

탁발 수도회

사도적 청빈의 거대한 바람

수도원은 물리적으로 세상과 단절된 공간에 대부분 위치하고 있다. 초기 수도사들은 수도원을 사막에 지었다. 고립된 삶을 사는 수도사가 더 구별되고 특별하다는 인식이 있었고, 수도원을 찾아가는 길 자체가 거룩한 순례이기도 했다. 그런데 그때까지 사막이나 숲, 산 등 고립되어 있던 곳을 벗어나 도시 속으로 들어온 새로운 수도회가 등장했다. 바로 사도적 삶을 실천하는 탁발 수도회다.

먼저, 탁발 수도회가 출현한 13세기 초의 사회·경제·종교적 배경을 살펴보자. 유럽의 11-13세기는 확장과 번영이 계속되어 '장기 12세기'라고 불리는 시기였다. 이 시기 유럽은 십자군을 통해 타 문화권과 교류하면서 무역이 성행하고 도시가 발달했다. 자본이 도시로 몰렸고, 상업으로 부가 축적되었다. 교황이 주창하고 유럽의 수많은 군주가 참여하여 1095년부터 시작된 십자군 원정은 교회의 힘이 얼마나 막강했는지를 상징적으로 보여 준다. 그 정점은 1215년 제4차 라테라노 공의회였다. 이때 칠성사와 화체설을 공식적으로 받아들여 성직자 중심주의가 완성되면서, 교회와 성직 계층은 유럽의 사회·정치·경제 질서에서 최상위를 차지하였다. 교회는 현세와 내세의 모든 통치권을 주장할 뿐 아니라 세속을 압도하는 재산까지 소유했다. 성직주의의 완성은 종교 체계의 완성 그 이상이다. 교황 지배의 시대는, 종교의 세속화가 정점에 이르렀다는 말과 다름없다.

언제나 그렇듯, 교회가 아무도 넘볼 수 없는 막강한 힘을 갖게 된 것이 바람직한 일인지 아닌지는 논란의 대상이다. 그도 그럴 것이, 이 시기부터 이른바 가톨릭 제도 교회의 틀 안에 들지 않는 분파들의 이단 논쟁이 동시다발적으로 촉발되었기 때문이다. 이처럼 제도 교회의 권한이 지나치게 비대하거나 교회 본연의 길을 잃었다고 판단될 때면 항상 새로운 수도회 운동이 등장하여 제도 교회를 정화시켜 왔다.

중세 교황과 교회의 지배가 완성된 시점에서 다시 한번 근원적인 질문이 제기된다. 교회는 과연 그리스도교가 형성되던 때의 가치를 담보하고 있는가? 하지만 장기 12세기의 변화 속에서 교회가 마주한 도전은 이전과는 차원이 달랐다. 교회가 상대해야 할 적은 외부가 아닌 교회 내부에 있었다. 그리스도를 따르는 청빈, 순결, 복종의 삶은 더 이상 아름다운 가치로 여겨지지 않았다. 그러기에는 너무 멀리 가 버렸다. 따라서 이런 흐름에 대한 대응 역시 급진적이었다.

교회와 성직자들이 세속 정치와 공공의 삶에서 가지는 지나친 영향력에 대한 반발로 반성직주의anti-clericalism라는 흐름이 파생되었다. 성직자들의 도덕적 부패와 과도한 권력 등에 대한 견제로서, 이 과정에서 기존의 교회 체제를 반대하는 대중 이단 운동도 등장했다. 그렇다고 모두가 교회 밖에서 개혁을 외친 것은 아니다. 제도 교회 내부에서도 급진적인 개혁을 주장하는 수도회가 등장했다. 그들은 교회가 초대교회의 사도적 삶으로 돌아가야 한다는 급진적인 주장과 삶의 방식을 택했다. 사도적 삶에 대한 요구는 매우 구체적이었다. 이는 '사도적 청빈'이라는, 길고 첨예하며 곤혹스러운 논쟁으로 이어졌다.

'사도적 청빈apostolic poverty'이란, 복음서에서 그리스도와 사도들이 살아간 방식을 의미한다. 사도적 청빈의 배경은 그리스도가 사도들을 전도 여행, 곧 파송하는 일에서 찾을 수 있다. 사도들은 전도 여행에서 두 명씩 짝지어 여러 마을을 돌아다니며 설교했다. 그들은 스스로 삶을 영위하는 데 필요한 재산을 소유하지 않고 무소유를 실천했다. 그들이 전한 가르침을 마을 사람들이 환대한다면 그곳에 머물고, 적대적인 대응을 마주하면 그곳을 떠났다. 사도들은 자신의 소유에 의지하지 않고, 타인의 은총과 신뢰를 얻으며 살았다. 사도적 청빈의 핵심은 물리적인 무소유와 더불어 그리스도의 가르침을 설교하는 일이었다. 정착하지 않고 떠도는 그들은 '방랑 설교자'로 불렸다.[1] 방랑했기에 소유물을 가질 수 없었다.

그들이 주장하는 청빈은 돈과 재물과 같은 물리적인 소유물에 국한되지 않았다. 이 땅의 권력과 힘에도 눈을 돌리지 않는다는, 적극적이고 광범위한 개념의 청빈이었다. 유럽에서 교회권력이 정점에 올랐던 장기 12세기에 이 급진적이고 근원적인 사도적 청빈은 거대한 바람을 일으켰다. 사도적 청빈을 주창한 대표적인 세력은 이단으로 낙인 찍힌 발도파였고, 제도권 내에 안착한 것이 탁발 수도회다.

발도파는 프랑스 리옹의 발도Petrus Valdes, c.1140-1218가 주도한 운동이다. 부유한 상인 출신인 그는 종교적 회심을 경험한 후 부와 명예를 포기하고 그리스도의 청빈을 실천하는 삶을 선택했다. 그는 그리스도와 사도들이 실천했던 삶의 방식으로 돌아가자고 주장하며 설교했다. 단순, 검소, 금욕의 가치를 담은 그의 메시지는 당대 교회의 가르침에 만족하지 못하던 사람들에게 큰 호소력을 발휘했다. 그 결과 '리옹의 빈자들'이라고 불리는 추종 세력이 생겨났다. 이 운동은 사제가 아닌 속인들이 주도한 운동이었다.

가톨릭교회는 발도파가 전한 가르침의 가치를 인정하면서도, 그들이 제도 교회의 관리를 벗어났을 때 나타날 파장을 염려했다. 그래서 주교 없이 설교하는 발도파가 교회의 질서를 어지럽힌다며 비판했다. 사도적 청빈을 요구하는 발도파의 설교가 퍼져 나가지 않도록 주교의 승인이 없는 설교는 인정하지 않았다. 발도파와 교회의 긴장이 팽팽해졌다. 발도파와 가톨릭교회가 교리 차원에서는 큰 차이가 없었지만, 성직자가 아닌 속인의 설교권을 주장하며 제기하는 발도파의 메시지는 기존 성직 체계에 위협을 주기에 충분했다. 교황의 허가를 받으려던 시도는 무산되고, 결국 발도파는 1184년에 이단으로 파문되었다. 그 결정은 1215년 제4차 라테라노 공의회에서 다시 공식적으로 확인되었고, 그로 인해 수 세기 동안 탄압을 받았다. 그러나 제도 교회의 지침보다 성서의 가르침을 더 중요한 가치로 앞세웠던 이들은 종교개혁의 원형으로 평가받는다.

교회의 탄핵으로도 발도파가 던진 사도적 청빈의 가르침은 잦아들지 않았다. 급진적으로 보여서 실현 불가능할 것 같았지만, 세속의 모든 소유와 권력을 포기해야 한다는 가르침이 그저 공상만은 아니었다. 사도적 청빈은 중세 말 교회를 읽어 가는 키워드 중의 하나일 정도로 중세 말 사회·정치·경제적 변화 속에서 무거운 화두였다. 그리스도의 완전을 추구하는 교회의 길이 무엇이어야 하는지 돌아보게 했기 때문이다.[2]

'형제'가 된 수도사

발도파와 별개로, 중세 유럽에는 전에 없던 완전한 청빈을 선택하여 구걸로 삶을 이어 가는 수도회가 등장했다. 13세기초 등장한 탁발 수도회는 구조와 방향에서 이전의 수도회와 두드러진 차이를 보인다. 그들은 스스로를 '탁발 수도회Mendicant Order'라 부르고, 그 구성원을 몽크가 아닌 '프라이어friar, 형제'라고 했다. 전통적인 수도회는 독자적인 수도원 건물과 토지를 보유하고 그 안에서 노동을 통해 이윤을 창출하거나 기부나 후원을 받아 재산을 보유하고 있었다. 이 수도원들은 중세 봉건 체제 속에서 영주의 지위를 가진 기득권 세력이었다. 탁발 수도회는 이 틀을 벗어난 공동체였다. 그들은 수도회의 재산을 만들지 않았고, 그 대신 대중들의 자비에 의존하는 탁발을 생의 수단으로 선택했다. 수도 공동체가 재산 소유를 포기한 것은 기존 수도회의 문법을 파괴하는 행위였다. 그들은 육체노동에도 가치를 부여하지 않았다. 이 때문에 탁발 수도회는 전통적인 수도회의 범주에 포함되지 않는다.

한 걸음 더 나아가, 탁발을 위해서는 대중들의 삶 가운데로 들어가야 한다. 이처럼 수도사 개인의 정체성을 세속과 떨어진 단독자가 아니라 대중들과 호흡하고 함께 살아가는 형제로 규정한 것은 커다란 혁신이었다. 기존 수도회는 종교적 완전성을 추구하는 종교 엘리트들의 폐쇄 공동체에 가까웠다. 탁발 수도회는 그 틀을 넘어 현실 세계에서 하나님의 뜻을 따르는 삶이 무엇인지 고민하고 실천했다. 현실에 적용될 수 없는, 초기 교회에 일시적으로 존재했던 이상향이라 치부되던 사도적 청빈을 대중들의 삶 속에서 실천하려고 시도한 것이다. 상업 발달로 자본이 몰려들던 도시 한복판에서, 가톨릭교회와 성직 세계의 권위가 정점을 찍던 바로 그 지점에서 '부'와 '권력' 모두를 포기했다. 시류를 거스르는 움직임이었다. 이 운동은 대중들에게 열렬한 호응을 받았다. 교회가 붙들고 나가야 할 시대정신이었기 때문이다.

13세기 초, 사도적 청빈을 외치며 대표적인 탁발 수도회인 프란치스코회와 도미니코회가 등장한다. 두 수도회는 사도적 청빈의 핵심인 '무소유'와 '설교'를 각각의 특징으로 내세우면서 13세기 유럽 교회에 거센 변화를 불러왔다. 탁발 수도회 운동은 도시의 대중 운동이었다. 부와 권력이 밀집한 상업화된 도시에서 살아가는 대중들에게 현실과 종교적 삶의 조화가 새로운 숙제로 주어졌다. 탁발 수도사들은 순회 설교라는 수단으로 도시 사회와 적극적으로 소통하고자 했다. 그들의 순회 설교는 도시의 부르주아 계급에게 성서를 기반으로 한 삶의 지침을 제공했다. 탁발 수도사들은 기존의 재속 성직자들의 영역이던 사목 활동에도 뛰어들었다.

청빈한 삶에서 우러나는 설교가 대중들의 호응을 얻을수록 교구 사제들은 위협을 느낄 수밖에 없었다. 그리스도와 사도들이 실천했던 청빈을 이상적인 삶이라고 강조하는 만큼, 부와

권위를 움켜쥔 제도권 교회를 부정적으로 바라보는 반성직주의
가 커져 갔다.

프란치스코회와 청빈의 딜레마

프란치스코회 설립자인 아시시의 프란치스코는 1181년
이탈리아의 부유한 상인 집안에서 출생했다. 젊은 시절에 전쟁
중 겪은 부상으로 투병하면서 종교적 갈등을 겪었다. 그러다
1208년 성 마티아 축일에 그리스도가 열두 제자를 택해 전도 여
행을 보내는 마태복음 10장에 관한 설교를 들으며 깊은 감화를
받았다. 그는 부와 물질이 신과의 합일을 추구하는 삶에 장애물
이 된다고 여기고, 절대적 빈곤의 실천을 통해서만 그리스도를
따르는 삶이 가능하다고 믿었다.[3] 또한 교회가 추구해야 할 가치
는 세상 속으로 들어가서 사람들에게 그리스도의 가르침을 전파
하고 가르침대로 살도록 하는 것이라고 보았다. 프란치스코는 그
일을 하는 데에 성서의 가르침 그대로, 아무것도 소유하지 않고
사람들의 자선에 의존하는 방식을 택했다. 세속의 소유를 포기하
고 가난한 설교자로 살면서 그리스도의 가르침을 매개로 사람들
과 상호 보살피며 살아가는 초대 교회의 공동체 생활 방식을 실
천했다.

프란치스코회는 사도적 청빈에서 '가난'을 핵심으로 하는

'작은형제회OFM, Order of Friars Minor'로 불린다. 프란치스코는 수도사 개인만이 아니라 수도회도 재산을 보유하지 못하도록 했다. 심지어 수도회라는 조직 자체를 만들 생각도 없었다. 그러나 그의 이상이 높을수록 더 많은 영향력을 얻었고, 그러면서 자연스럽게 조직이 형성되었는데 이것까지 막을 수는 없었다. 조직화의 핵심은 교황의 수도회 설립 허가였다. 교황의 허가를 얻지 못하면 발도파의 길을 가는 것은 불가피했다. 1210년 프란치스코는 교황 인노첸시오 3세를 만나 수도회의 활동을 설명하고 이해를 구했다. 이 수도회가 교회에 요구되는 시대정신을 상징적으로 수행하기는 하지만, 교회가 덥석 인정하기는 몹시 부담스러운 사도적 청빈이라는 가치 앞에서 교황은 구두 승인이라는 방식을 택했다. 이 점은 당시 교회의 곤혹스러운 입장을 잘 보여 준다. 어쨌든 이렇게 새로운 수도회 설립이 진행됐다. 1223년 교황이 수도회 규칙을 승인하면서 교황청 인가 정식 수도회가 되었다. 유사한 이상을 추구했지만 날개가 꺾인 발도파와 달리 프란치스코회는 유럽 전역으로 급속하게 퍼져 나갔다.

사도적 청빈은 대중에게 열광적인 호응을 받았으나 태생적인 문제를 갖고 있었다. 청빈의 실천 방식이 계속 논란이 되면서, 이 운동의 이상만큼이나 결과는 냉혹했다. 우선 사도적 청빈의 실천 논쟁을 들여다보자. 프란치스코회 규칙은 명시적으로 수도회의 재산 소유를 금지했다. 이 수도 공동체는 소유권을 포기했으므로 살아남기 위해서는 구걸해야 했다. 그것이 가난하고 겸손한 그리스도의 모범을 따르는 삶이라고 설파했다. 그러나 현실은 조금 차이가 있었다. 실제 복음서의 사도들처럼 구걸하기보다는, 그들의 설교에 감화를 받은 사람들이 자발적으로 공유하고 기부한 재산에 의지하여 살았다. 명목상으로는 구걸하는 비루한 삶이지만, 오히려 육체노동을 하지 않고 기부에 의존하여 살아가는 편안한 삶, 부패하기 쉬운 삶이었다.[4]

탁발 수도사들이 빈곤의 가치, 무소유의 가치를 강조하면 할수록 수도회에 더 많은 기부와 헌납이 이루어졌다. 불가피한 이유로라도 조직화된다는 것은 수도원 건물 유지와 수도회 운영, 사목 활동에 고정적인 재정이 필요하다는 말이기도 하다. 높은 이상을 추구하던 프란치스코회는 심지어 설립자 프란치스코 생전에 청빈에 대한 해석 문제로 분열했다. 현실적인 운영을 위해 규칙을 탄력적으로 해석해야 한다는 온건파와, 프란치스코의 가르침을 문자 그대로 실천해야 한다는 급진파 사이의 갈등은 피할 수 없었다. 결국 '콘벤투알conventuali'로 불리는 온건파와 '영성파spirituali'로 불리는 급진파로 분열되었다. 이에 교황청은 프란치스코회가 재산에 대한 소유권이 아닌 사용권만을 행사하는 것이라고 해석하여 수도회가 가진 재산을 공식적으로 인정했다. 더 나아가 그리스도와 사도들이 완전한 무소유를 실천했다고 주장하는 것은 이단적이라고 선언했다. 이후로 영성파 프란치스코회는 교회의 탄압을 피해 쫓기는 신세가 되었다.

그다음으로, 수도원이라는 울타리를 넘어 평범한 대중과

소통하며 그리스도와 사도들의 삶의 방식을 재현하려던 이상은 역설적으로 이 운동이 지닌 지극한 엘리트주의를 보여 준다. 프란치스코는 부유한 상인 출신으로 살면서 당대 점증하는 부의 불균형을 인식하고 죄의식을 경험했다. 그는 자기 스스로를 사회적, 경제적으로 가장 낮은 자리인 청빈의 자리에 놓음으로써 내면을 괴롭히는 부채의식을 줄였다. 그 삶은 그리스도의 자기 비움을 실천하는 자리이기도 했다. 이에 그가 실천하는 종교적 가치는 그와 유사한 자리에 있던 중산계급의 사람들에게 호소력을 보였다. 이 운동 초기의 참가자들은 부유한 계급 출신이 많았으며, 그들이 청빈의 삶을 추구할수록 사회에서 프란치스코회의 영향력은 커져 갔다. 프란치스코 수도회에서 주교와 대주교, 추기경이 나오고 교황까지 배출되었다. 무소유, 청빈의 실천이 더 큰 권력으로 돌아온 셈이다.

　　사도적 청빈의 궁극은 물질의 소유뿐 아니라 물질을 넘어서서 이 땅의 권력과 힘까지 포기하는 것이었다. 그런데 현실에서는 그 포기가 오히려 더 큰 권력을 얻기 위한 디딤돌이 되었다. 그 모순의 한 상징은, 프란치스코가 죽은 직후 그를 기념하기 위해 건축한 대규모의 성당이다. 가난한 성자, 평화의 성자 프란치스코와 '성 프란치스코 대성당'의 거대한 위용은 쉽게 연결되지 않는다. 프란치스코가 선호한 방식은 아니었겠지만, 사람들은 그에게서 그리스도를 보지 않고 프란치스코를 숭배의 대상으로 삼아 버렸다. 절대 금욕이나 완전한 청빈같이 이상이 높으면 높을

성 프란치스코 대성당이 내려다보이는 광장에 서 있는 프란치스코의 기마 동상.
명예를 위해 전쟁에 참여하였다가 패잔병으로 귀환하는 모습을 담았다. 이 경험
은 프란치스코에게 인생의 전환점이 되었다.

수록 괴리가 커져서 오히려 위선을 낳기 쉽다.

　재산에 대한 태도만 그랬던 건 아니다. 사도적 삶의 한 축인 설교와 가르치는 영역에서도 상황이 비슷했다. 같은 탁발 수도회인 도미니코회가 당시 출현한 대학에 진출해 학문성을 발전시켜 나갈 때, 프란치스코회는 처음에는 그 길을 반대했다. 그렇지만 프란치스코회도 곧 도미니코회의 길을 따라 교육 체계를 갖추고 볼로냐, 옥스퍼드, 파리 대학 등으로 진출했다.[5]

　결과만 놓고 보자면, 종교적 청빈의 이상을 추구한 설립자의 가르침을 고집스레 지키고자 했던 영성파 프란치스코 수도사들은 오히려 이단으로 몰려 사라지고, 수도회 운동의 방향을 온건하게 바꾸어 간, 다시 말하면 타협을 한 세력이 역사를 이어갔다. 그래서인지 오늘날의 프란치스코회는 다른 수도회와 크게 다르지 않아 보인다.

도미니코회, 설교와 학문의 전문성

　비슷한 시기에 탁발 수도회로 시작했다는 공통점은 있지만, 도미니코회는 프란치스코회와 다른 방향으로 이념을 실천해 갔다. 프란치스코회가 청빈이라는 사도적 삶의 실천을 강조한 반면, 도미니코회는 사도적 삶의 또 다른 핵심인 복음을 가르치고 설교하는 일을 강조했다. 설립자인 구스만 도미니코Dominic de

Guzmán, 1170-1221는 체계적인 신학 교육을 받고 서품을 받은 사제였다. 이 수도회도 프란치스코회처럼 청빈 문제로 내부 논란과 갈등을 겪었지만, 그 과정에서 설교와 가르침을 중심으로 하는 탁발 수도회라는 정체성을 강화해 나갔다. 그들에게 청빈과 구걸은 더 효과적으로 설교하고 사목 활동을 감당하기 위한 수단이었다. 사도들의 설교 사역을 중심으로 설립되었기에 도미니코회의 공식 명칭은 '설교자 수도회OP, Order of Preachers'다. 설교와 사목 활동을 수행한다는 점은 재속 성직자의 역할과 중복되지만, 이 탁발 수도회는 카타리파라 불리는 이단에 대응하려는 목적에서 출발했다는 것이 재속 성직자와 구별되는 점이다.

톨루즈에서 수도 공동체를 시작하여 설교자들을 훈련하기 시작한 도미니코회는 1216년 교황청의 공식 허가를 받았다. 당시 심각한 사회 문제를 일으키던 카타리파 이단 운동에 대처하는 과정에서, 교황청은 십자군이라는 무력을 동원하기도 했지만 완전한 해결책이 아니었다. 이에 도미니코회는 제대로 된 설교와 가르침이 있다면 대중들이 카타리파에 동요되지 않으리라고 판단했다. 내부적으로는 가톨릭 대중을 교육하고, 외부적으로는 카타리파와의 논쟁과 설교를 통해 그들을 돌아오게 하는 것이 설립 목표였다. 설교자 수도회란 명칭은 이런 이중의 사명을 실천하는 활동을 정확하게 담아 낸 표현이다. 도미니코회 수도사들은 카타리파 근거지인 랑그도크에 찾아가 설교와 논쟁으로 설득을 이어 갔다. 카타리파를 잠재우는 데 일정한 성공을 거둔 도미니코회는 중세 말에 계속 점증하는 이단 운동에 대응하는 데 특화된 모습을 보였다.

　이단을 정통 교회의 가르침으로 돌이키려는 이상이 항상 긍정의 결과만을 낳지는 않았다. 도미니코회는 중세 말 종교재판과 마녀사냥을 이끈 수도회로 악명을 쌓았다. 이단 논쟁이 제기되면, 정통 교회 가르침을 수용할지 아니면 거부할지의 갈림길로 내몰았다. 이단 대처를 위해 설립되었기에 피할 수 없는 태생적인 부작용과 별개로, 도미니코회는 설교법, 웅변술, 교수법으로 중세 말 대학과 학문의 발전에 지대한 영향을 끼쳤다. 탁발 수도회지만 재산 소유에 관해 탄력적인 입장을 지녔던 도미니코회는 교황청 승인을 받자마자 유럽 주요 도시에 형성된 대학에 도미니코회 학교를 세웠다. 1229년에 파리 대학에 첫 도미니코회 학교*Dominican studium*를 설립한 후, 1245년에 이탈리아의 볼로냐 대학, 프랑스의 몽펠리에 대학, 잉글랜드의 옥스퍼드 대학 등에 학교를 세웠다. 파리 대학에서 최초로 아리스토텔레스 철학을 강의한 알베르투스 마그누스는 도미니코회 소속이었다. 중세 최고의 신학자로 불리는 토마스 아퀴나스도 도미니코회 수도사였다.

　도미니코회가 대학에 자리 잡은 후 프란치스코회도 학교로 진출하여 서로 학문적인 경쟁을 펼치며 대학 발전에 기여했다. 탁발 수도회의 대학 진출이 재속 성직자 출신 학자들과의 대립으로 이어지기도 했지만, 초기 대학의 설립과 발전 과정에서 탁발 수도회가 중요한 역할을 하였다. 탁발 수도회가 역사에 남긴 기여는 탁발하는 삶보다는 오히려 그들이 대학에 들어가 신학을 발전시킨 데서 찾을 수 있다. 탁발 수도회는 기존의 수도회처럼 세속과 떨어져 고립된 공동체를 형성하지 않고 도심 속에서 세속 사회 안에 머물렀으므로, 수도회의 정의 중 하나인 '스콜라'의 삶을 실천하는 데 가장 적합했다.[6]

현 상태에 대한 급진적 재고

탁발 수도회의 출현은 여러 면에서 혁명이었다. 12세기 시토회 수도사들이 가지고 있던 주도권을 넘겨받아 그 시대의 전위적인 종교 운동으로 한 세기 이상 기여했다.[7] 대중 이단 운동이나 탁발 수도회 운동은 부와 권력의 정점에 선 가톨릭교회의 성직주의에 대한 반발이었다. 세속의 부와 권력을 모두 포기하고 그리스도와 사도들이 실천했던 원시 교회의 삶으로 돌아가자는 주장은 급진적이고 극단적이었지만, 그만큼 선명했기에 대중에게 호응을 얻었다.

교권의 극성기에 사도적 청빈이라는 화두를 내세우며 등장한 탁발 수도회는, 견고하게 구조화된 성직주의에 불만을 가진 대중이 추구할 새로운 시대정신을 제시했다. 권력의 중심에 있던 가톨릭교회는 '사도 계승'을 내세우며 존립의 정당성을 주장했다. 이때 탁발 수도회가 제기한 사도적 청빈은 진정한 사도 계승이 무엇이고 사도와 같은 삶이 무엇인지 근원적인 질문을 던졌다. 가톨릭교회가 움켜쥔 세속의 부와 권력은 결코 사도 계승의 정당성을 담보해 줄 수 없다. 사도적 청빈과 탁발 수도회의 문제 제기는 세속 사회에서 교회의 권력과 정치력 행사, 교회가 쌓아 올린 사회적 입지와 재산을 재고하도록 했다.

사도적 청빈이 주장하는 삶은 그리스도와 사도들의 자취를 따라 현세에서 토지나 재산을 소유하지 않는 삶이다. 이런 상징성은 봉건제 상위 영주의 지위 속에서 부와 권력을 누리던 교회에 직격탄을 던졌다. 교회는 현실적으로 이러한 시대적 요구를 어떻게 담아 낼 것인가를 고민했다. 사도적 청빈 논쟁은 교황청 아비뇽 유수기(1309-1377)에 벌어진 가장 치열한 논쟁이었다.[8]

로마 교황청이 프랑스 아비뇽으로 옮겨 가 70년간 머문 사건인 '교황청의 아비뇽 유수'는 정점에 섰던 교회가 세속 권력의 통제 하에 들어간 상징적 사건이었다. 세속 군주들의 영향력이 커지면서 교황청은 신성불가침 권력의 자리에서 물러났다. 그러면서 교회가 보여 주었던 부패와 재산 축적이 사회 문제로 비화하여 거친 비판의 대상이 되었다. 사도적 청빈은 교회가 생존을 위해 선택해야 할 길처럼 제시되었다.

하지만, 언제나 그렇듯 가장 이상적인 입장은 현실에 적용하기 곤란할 때가 많다. 급진적인 만큼 현실화가 불가능해 보였다. 그럼에도 이 급진적인 주장에서 끄집어내야 할 가치는 충분히 있다. 사도적 청빈의 핵심은 재산 소유 여부의 문제가 아니다. 오히려 교회가 이 땅의 일, 세속의 일에 대한 권리와 권한을 포기할 수 있느냐가 핵심이다. 프란치스코회와 도미니코회 등 탁발 수도회는 교회가 재산을 포함하여 세속의 권력 등 모든 소유를 포기하는 것을 살길로 제시했다. 포로로 끌려간 유대인들이 바빌론 강가에서 고향을 그리며 노래를 부른 것처럼, 아비뇽 유수기의 교회는 사도 교회가 잃어버린 가치가 무엇인지 돌아보아야 했다. 탁발 수도회는, 교회에 주어진 부와 권력을 자발적으로 포기하고 낮은 자리로 내려가는 것이 교회가 걸어가야 할 길이라고 주장했다. 이 땅에서 교회가 가진 힘을 포기하는 일, 그것이 사도적 청빈의 핵심이다. 때로 주장 자체가 극단적으로 비화되기도 했지만, 중세 말 내내 사도적 청빈 논쟁이 이어졌다는 사실은 그만큼 교회가 지향할 본질에 대한 고민이 깊었다는 방증이다.

탁발 수도회는 화폐경제의 활성화와 신흥 도시의 등장이라는 원시 자본주의 속에서 그 자본의 흐름을 거스르는 삶이 그리스도교가 선택해야 할 방향이라며 급진적으로 이념을 제시했다. 수도회 회랑 안에서 관상의 삶을 살기보다, 시장과 도시 속에서 사목 활동을 하며 학문성을 발전시켜 나가는 것으로 초기의 급진성이 조율되었다. 따라서 이상과 현실의 괴리를 비판만 하며 그들이 남긴 역할을 평가절하할 수는 없다.

다만 다음과 같은 질문을 던져 보아야 한다. 현대를 살아가는 교회는 교회가 가진 부와 권력에 대해 근원적이고 급진적으로 재고할 수 있을까? 무한경쟁의 자본주의가 제시하는 가치가 거대한 힘으로 군림하는 사회 속에서 이를 거스르는 가치를 교회가 얘기할 수 있을까? 이 질문은 다시 초기 수도회가 출현했던 당시의 질문으로 돌아간다. 수도사들은 제국의 지배적인 가치 문화를 거스르는 삶을 선택한 그리스도인들이었다. 그들은 제국 한가운데서 제국의 가치 논리가 아닌 하늘나라의 가치로 살며, 이 땅에 천국의 식민지를 확장해 가려는 무모한 시도를 했다. 바로 지금이 그 무모하고 급진적인 재고가 더없이 필요한 시점이다. 교회가 이 땅에서 다스리는 권세, 영향력을 보여 주고 싶은 욕망을 버리는 것이 역설적으로 교회가 살길인지도 모른다.

8

닫힌 공간에서
피어난 영성

여성 수도회와 대안의 공동체

여성, 이브와 마리아 사이

가톨릭에는 교황을 비롯해 아무도 모르는 수수께끼가 몇 가지 있다는 우스갯소리가 있다. 다양한 이야기가 있는데, 모두 다 수도회와 연관되었다. 수도회가 가톨릭교회에서 얼마나 복잡한 성격과 위상을 지니는지를 잘 드러내 주는 말이다. 누구도 정확히 알지 못하는 것 중 하나가 여성 수도원, 즉 수녀원의 숫자라고 한다. 수도사들은 그리스도와 세상을 위해 모든 것을 버렸다. 물질과 성적 욕구, 세속의 꿈을 내려놓았다. 가정을 이루고 자녀를 양육하여 세대를 잇는 일이 불가능한 독신 공동체라는 점에서 그들의 성별은 중요한 사항이 아니다. 그러니 굳이 여성들의 수도회만 따로 떼어 헤아리거나 논의할 필요가 있는지 의문을 제기할 수 있다. 따라서 먼저 중세 유럽이라는 사회 속에서 여성의 사회적 위치나 역할을 고려해 봐야 한다.

수녀회는 복잡한 성격을 가진다. 세속의 가부장제 질서를 피해 자신들만의 공동체를 이뤘다는 데서 독립성이 있다. 수녀원은 여성들이 전통적인 성 역할을 넘어서는 활동을 할 수 있는 공간이었다. 중세에 탁월한 업적으로 이름을 남긴 여성 대다수가 수녀원 출신이었다. 여성 수도회의 구성원은 대개 상류 계층의 미혼 여성이었다. 자의에 의한 입회보다는 부모의 선택에 따라 들어오는 경우가 많긴 했지만, 일반 가정에서는 받을 수 없는 교육을 받는다는 점에서 특권을 누릴 수 있었다.

동시에 수녀원의 탄생은 악의 근원을 세상과 단절시켜야 한다는 여성 혐오의 부산물이기도 했다. 여성으로 구성된 공동체인 수녀원도 남성 사제 중심의 위계를 벗어날 수는 없었다. 그리스도를 위해 세속의 삶을 등졌다는 동기는 같지만, 그 공간에서조차 남성과 여성의 차이가 존재했다. 남성 수도원은 여성의 출입이 금지된 남성들만의 공간 구성이 가능했다. 하지만 수녀원은 자기 자녀를 보낸 귀족들의 후원으로 유지되는 공간이다 보니 수녀원의 일을 도와주는 세속인의 공간이 따로 마련되어야 했다. 미사를 드리려면 반드시 남성 사제가 필요했으므로 사제를 위한 공간도 준비되어야 했다. 수녀들의 안전을 위하여 수녀들은 봉쇄 구역 안으로 더욱 깊이 들어갔다.[1] 수녀원에서조차 수녀들은 자유롭게 활동하지 못했다. 더 깊숙이 스스로를 격리할수록 더 깊은 신심을 소유했다고 인정받았다.

수도회의 삶에 대한 자발적 선택과 강요된 은둔이라는 두 극단의 모습이 존재하는 수녀원은 기성 교회나 남성 수도회와는 다른 독특한 기여를 했다. 지금까지 살펴본 수도회는 모두 남성에 대한 이야기였다. 사회 구성원 중 절반을 차지하는 여성의 이야기를 한 장에 담아 내는 일이 공평하지는 않다는 전제를 깔고, 수녀 공동체의 태동기부터 중세 말까지의 흐름을 몇몇 인물 중심으로 개략적으로 짚어 보자.

여성 혐오와 차별로 기획된 공간

그리스도의 짧은 공생애 기간에 많은 여성이 그의 가르침을 따르고 헌신했다. 열두 사도는 모두 남성이었지만, 그리스도의 지상 사역에서 가장 중요한 행위인 부활을 처음 목격한 이들은 여성이었다. 또한 초기 그리스도교가 성공할 수 있었던 배경에도 열정적으로 복음을 확산시킨 여성들이 존재했다.

고대 후기와 중세에 걸쳐 교회가 성장하면서 자기 삶을 교회에 헌신하기로 선택한 여성들이 늘어났다. 그리스도의 발자취를 따르고 제대로 된 교육을 받아 교회에 헌신하며 살아갈 공동체가 필요해졌고, 수녀원이 등장하였다.

일상을 떠나 공동체 안에서 참회와 헌신의 삶을 살고자 하는 이들에게 여러 질문이 제기됐다. 세상의 모든 재물을 기꺼이 포기하고 가족을 떠날 의지가 있는가? 금욕적인 삶을 살며 기도에 전념할 수 있는가? 성을 지닌 피조물로서의 삶을 포기할 수 있는가? 여성에게는 여기에 질문이 추가된다. 초기 그리스도교 교부들이 제기한 제도화된 여성 혐오에도 불구하고, 기꺼이 그리스도와 교회를 위해 자유의지를 포기하고 복종할 준비가 되어 있는가?

그리스도의 발자취를 따라 살아가려는 여성들의 단순한 소망은 이들의 모든 측면을 통제하려는 남성 중심 교회에 부딪혀 여러 한계점을 내포한 채 실현되었다. 여성에 대한 남성의 깊은 불신은 하와의 불순종 범죄로 이 땅에 악이 들어왔다는 믿음에 근거했다. 남성 중심 교회는 여성들을 소외시키고 그들의 목소리를 얕잡아 봤다. 여성들을 열렬히 가르치고 그들을 교회의 비전에 포함시켰던 그리스도와 달리, 당시 교회를 세우는 일을 맡은 남성들은 여성의 중요성을 최소화하려 했다. 여성은 열등하고 성에 대한 집착이 강하므로 강력한 가부장적 통제가 필요하다고 생각했다.

이러한 믿음은 여성이 교사 역할을 하거나 어떤 식으로든 남성과 관련된 권위를 갖는 일을 허용하지 않았다. 심지어 수도 공동체도 남성 수도회보다 더 엄격한 규칙을 내세워 여성을 담벼락 안에 영원히 가두는 봉쇄 수도원 개념의 수녀원을 만들었다. 테르툴리아누스나 히에로니무스 같은 대표적인 교부 신학자들은 이러한 여성 혐오적 시각을 신학적으로 규범화하기까지 했다.[2]

라틴 그리스도교 형성에 기초를 놓은 교부 테르툴리아누스(160-225)의 저술에는 과도한 반여성주의 시각이 여과 없이 드러난다. 모든 인류를 죄에 빠트린 여성을 향한 경멸과 불신은 여성들의 의복을 규제하고 여성에게 베일을 씌워야 한다는 주장으로 이어졌다. 그는 처녀들을 '그리스도의 신부'로 개념화하여 통제하려 했다. 용서받을 수 없는 하와의 원죄를 이유로 들어 모든 여성을 저주받은 대상으로 보았다. 아담과 하와가 낙원을 상실한 원인이 하와의 탐욕스러운 성적 욕구 때문이고 주장했다. 그들의 눈에 성적 욕망sexuality은 악마가 이 땅에 저주를 가져오기 위해 사용하는 도구였다. 그렇기에 남성 권위의 통제를 받지 않는 여성, 베일을 쓰지 않는 여성은 위험 요소로 인식하고, 여성을 그리스도와 혼인시켜 통제한다는 생각을 공식화했다. 이렇게 봉헌된 처녀는 그리스도의 신부로 불렸다.

히에로니무스(347-420)는 테르툴리아누스의 여성 혐오적 시각을 공유했다. 자신의 저술과 주변에 있는 부유한 그리스도인 미망인들과 주고받은 방대한 양의 서신을 통해 금욕 생활을 배우고 실천하는 순결 의무를 강조했다. 하지만 정작 히에로니무스 자신은 여성들과 부적절한 성적 관계를 맺고 유산을 노려 비행을 저질렀다는 혐의로 주교 법원에서 유죄 판결을 받아 로마에서 추방되었다. 남편을 여읜 파울라와 그녀의 딸 에우스토키움과의 관계에 대한 악의적인 소문도 있었다. 히에로니무스는 파울라의 재정적인 후원과 더불어 라틴어, 그리스어 및 히브리어에 능통했던 에우스토키움의 도움으로 라틴어 성서 번역을 할 수 있었다. 이 세 사람은 384년 성지순례를 떠났다가 베들레헴에 정착하기로 결정했다. 파울라는 히에로니무스를 위한 수도원과 자신을 위한 수녀원 건설에 들어갈 자금을 지원했다. 이런 행적 가운데 이들이 영적으로만 맺어진 순결한 관계가 아닐 것이라는 혐의를 받았다. 파울라가 죽은 후 에우스토키움이 세속의 삶으로 돌아갈까 봐 우려한 히에로니무스는 그녀에게 결혼과 모성의 공포, 그리스도의 신부가 되는 특권과 신성함을 일깨워 주는 '동정녀의 서약'이라는 긴 편지를 보냈다.[3]

한편, 아를의 케사리우스는 여성들 사이에서 수도 생활을 향한 관심이 증가하는 것을 인식하고 아를에 성 요한 수녀원을 설립했다. 이곳에서 최초로 수녀들을 위한 규칙이 만들어졌다. 여성들은 회랑 안에 평생 거주하며, 경제적 자급자족과 엄격한 수도 생활을 추구했다. 수녀들은 세속을 등지고 죽는 날까지 수녀원에 고립된 채 살아가야 했다. 512년에 봉헌된 성 요한 수녀원은 수도 서약을 한 수녀들이 죽을 때까지 수도원 밖으로 나가지 못하도록 한 최초의 봉쇄 수도원이었다. 이곳은 교부 전통에서 비롯된 가부장적 통제를 고수했지만, 케사리우스는 수녀들이 문해력을 갖추어 스스로 성경을 읽는 등 지적인 활동을 하는 것을 매우 중요하게 생각했다. 영구적으로 고립되는 가혹한 현실에도 신분적·경제적 평등을 강조하고 문해력을 갖춘 지식 공동체를 추구하여, 중세 수도원 생활의 기초를 놓았다.[4]

명예남성인가? 여성성의 대표인가?

그리스도교가 성립되고 첫 천 년을 보낸 12세기에 이르러 교회 개혁을 향한 목소리가 커졌다. 이때 성직자 개혁을 요구하는 목소리의 핵심 중 하나는 성직자 혼인 금지였다. 개혁가들은 여성에 대한 도덕적·육체적 혐오를 전제로 성직자의 독신을 강조했다. 사제와 혼인한 여성은 매춘부라는 낙인이 찍혔다. 12세기는 여성에게 수도원 생활의 전환점이 일어난 시기다. 남성 성직자들이 그리스도교 역사에서 그 어느 시기보다 여성들에게 열려 있는 시각을 보여 주면서, 여성도 자신들의 존재와 영향력을 발휘할 수 있었다.[5] 같은 시기 시토회의 모든 수도원이 성모 마리아에게 봉헌되었다는 것도 여성에 대한 태도 변화를 보여 준다. 동시에 이 사회적 변화의 시기에 여성 금욕주의가 극적으로 확대되기도 했다.

수녀원에 들어가는 여성이 계속 늘면서 도드라진 업적을 남긴 수녀들이 등장했다. 이들은 여성에게 더욱 가혹한 종교 환경에서 목소리를 냈다는 공통점이 있지만, 표현 방식에서는 큰 대조를 보인다. 빙엔의 힐데가르트(1098-1179)와 아시시의 클라라(1194-1253)는, 각각 당대 가부장제 질서에 순응하면서 자신의 목소리를 발현한 인물이자 그 질서에 적극적으로 저항하면서 목소리를 낸 인물로서 대표성을 지닐 만하다.

힐데가르트는 예언자, 의사, 시인, 작곡자 등으로 다방면

HILDE GARDIS *a* Virgin *Prophete∫∫,* Abbe∫s *of*
*S*ᵗ *R*vperts *Nunnerye: She died at Bingen Aº Do:*
n8oᵒAged 8 2 yeares.
─ W.Mar∫hall ∫culp∫it-

힐데가르트 초상을 담은 판화. 그녀는 예언자, 의사, 시인, 작곡자로서 다방면에
서 성과를 낸 수녀였다. 어린 시절부터 경험한 신적 환상과 묵시를 기록으로 남
겼다.

에서 성과를 낸 수녀였다. 부모가 열 번째 자녀인 그녀를 하나님께 바쳐서 여덟 살 때부터 수녀원에서 지냈다. 복음서 해설, 베네딕토회 규칙에 대한 논문, 의학서, 성인전 등을 저술했고, 대규모 음악 작품인 〈오르도 비르투툼*Ordo Virtutum*〉을 작곡했다. 힐데가르트는 어린 시절부터 경험한 신적 환상과 묵시를 기록하기 시작하여, 교회 당국으로부터 검토와 승인을 받아 저술을 유통했다. 그녀는 그저 평범한 수녀가 아니었다. 남성 위계의 교회에서 설교하고, 성직자들을 비판하고, 개혁을 주장하는 권위가 있었다. 즉 당시 표준적인 여성의 역할을 넘어선 것이다. 여성의 종교적 신념과 권위를 인정하는 정교한 여성신학을 발전시켰다.

    힐데가르트는 12세기 대두된 교회 개혁을 요구하는 움직임을 열렬하게 지지했다. 여기서 던질 수 있는 질문은, 힐데가르트가 권위를 행사할 때 여성이라는 정체성을 어떻게 인식했는가 하는 점이다. 그녀는 자신의 권위의 원천에 대한 질문에 여성이라는 성을 드러내지 않았다. 오히려 하나님께서는 가장 약한 그릇을 선택하여 그를 통해 말씀하시는 것이라고 주장하면서 스스로를 낮췄다. 힐데가르트는 교회의 전통적 가치를 옹호하면서 우월한 남성과 나약한 여성이라는 종속적인 인식을 수용했다. 스스로 여성성을 강조하지 않으면서 여성에게 드리워진 의심을 극복하고 권위와 명성을 얻었다. 그 시대 '명예남성'으로서 자기 재능을 통해 교회를 되돌릴 개혁 의제를 제시하며 당대 주요 성직자들과 상호작용하였다.[6]

힐데가르트는 주어진 능력으로 수도원 공동체를 운영하고 성장시키며 그 너머로 목소리를 확산시켰지만, 철저하게 남성 위계가 수용할 수 있을 만한 용어로 자신을 표현했다. 여성성에 대해서도 양면적이었다. 힐데가르트는 여성인 자신에게 신적 예언이 임한다는 자의식을 갖고 있었지만, 여성으로서의 나약함과 한계를 반복적으로 인정하고 남성 중심 권위에 복종했다. 수도원 생활에서 수녀들을 목회하고 보살피는 역할을 맡았으나, 성체 분배는 그녀가 할 수 없는 영역이었다. 모든 수녀회에는 수녀의 정신적 필요를 돕고 고해성사를 들으며 미사를 집전하는 사제들이 있었다. 이 사제들이 여성 수도원에서 수녀들의 종교 생활을 뒷받침했다. 이처럼 수녀회는 남성과 별개인 독립적인 공간이었으나 사제의 가부장적 위계를 벗어나지는 못했다.

13세기에도 종교적 소명에 관심 있는 여성들은 지속적으로 늘어났고, 교회 개혁도 계속 요구되었다. 이 시기 대표적인 개혁 운동은 아시시의 성 프란치스코가 주창한 사도적 청빈 운동이다. 이 운동에 참여한 이들은 그리스도와 사도들의 모범을 따라 가난을 벗 삼으며 복음을 전하는 삶을 살았다. 아시시의 클라라도 프란치스코의 열렬한 추종자 중 한 명이었다. 그녀는 세속의 부와 명예를 포기하고 가난한 삶을 선택했다. 그러나 회랑이라는 공간 안에서 전통적인 관념을 유지한 채 종교적 헌신을 실천한 힐데가르트와 달리, 클라라는 수녀회 회랑을 넘어 극단적인 형태의 종교성을 실천했다. 여느 남성 탁발 수도사들과 마찬가지

로 여행을 하며 음식과 숙박을 구걸하는 검소한 삶을 실천하고
자 했다.

하지만 이러한 그녀의 소망은 위험한 여성을 세상 속으로
내보내서는 안 된다는 교회의 단호한 반대에 부딪쳤다.[7] 수도 생
활을 하는 여성은 수도원 회랑 안에 고립된 채 살아야 한다는 케
사리우스 시대의 인식은 변하지 않았다. 클라라와 추종자들은 교
회로부터 재정 지원이나 물질 후원을 받을 수 없었으며, 오직 공
동체가 베푸는 자선에 의존해 살아갔다.

그리스도의 가난을 따르고자 선택한 극단적 금욕생활은
교회 당국의 적대감을 부추겼다. 비정통이나 이단이라는 의심을
걷어 내기 위해서는 교황에게 승인을 받아야 했다. 1218년 클라
라의 수녀회는 교황 호노리오 3세의 승인을 받아 정규 공동체로
조직되었다. 힐데가르트는 베네딕토회 규칙을 여성에 맞게 수정
한 규칙을 따른 반면, 클라라는 자발적 가난을 통해 그리스도를
따르는 데 초점을 맞춘 독자적인 수도회 규칙을 마련했다. 이는
여성이 작성한 최초의 여성 수도회 규칙이었다.

힐데가르트와 마찬가지로 클라라 역시 남성 위계 사회에
서 자신의 목소리를 내고 권위를 확보하기 위해 일생을 싸웠다.
힐데가르트는 신비주의자이자 예언가로서 은사를 활용하여 교
회와 세속 권위에 영향을 미쳤다. 자신이 남성에 비해 열등하다
고 스스로 낮추며 전통주의의 틀을 넘지 않았다. 반면에 클라라
는 더욱 도전적이고 강력한 방식을 취했다. 물론 귀족적인 배경

이 남성 권위에 맞설 최소한의 기댈 언덕이 되었다고도 볼 수 있지만, 클라라는 자신이 요구하는 바가 타협할 수 없는 마지노선이라고 판단했을 때 물러서지 않았다. 교회 계서階序가 구획해 놓은 회랑을 벗어나 그리스도를 따르는 청빈한 여성이라는 자의식으로 살아간 그녀의 삶은 한 세기 전 힐데가르트가 택한 방식과는 매우 달랐다. 클라라는 사후 2년 만에 성녀로 시성되었는데, 이는 그녀의 몸부림이 과소평가되지 않았음을 보여 준다.

억압과 돌파

힐데가르트와 클라라로 대표되는, 교회 개혁을 요구하는 여성의 목소리가 있었다는 점은, 남성 가부장제 교회의 위기와 한계가 존재했다는 현실을 방증한다. 위기의식을 느낀 교회는 종교를 향한 여성의 분출을 가두고 통제하려는 시도를 이어 갔다. 1298년 교황 보니파시오 8세가 반포한 교서 페리쿨로소Periculoso 는 모든 지역 수녀원 수녀들을 수녀원에 영구 격리하라고 명령했다.[8] 13세기 교회 개혁을 향한 여성의 목소리가 분출되자 교회는 수녀회의 자율권을 침해했다.

엄격한 고립을 요구하는 이유는 두 가지였다. 늘 그렇듯 첫 번째 제기되는 혐의는, 여성이 부정적인 힘 때문에 남성을 영적으로 오염시키고 구원을 위협한다는 것이다. 두 번째 이유는 프랑스와 저지대 지방에서 확산되는 여성들의 종교 활동 때문이었다. '베긴회'라고 알려진 이 여성 공동체는, 수도 서약을 하거나, 수도원 회랑 안으로 들어가 생활하지 않고 세상 가운데서 그리스도의 삶을 따라가고자 노력하는 평신도 공동체였다. 베긴회는 가난과 병으로 소외된 사람들의 생활을 돕는 공동체로서 그 영향력을 확대해 갔다. 제도 교회는 소유 재산을 기반으로 하여 독자적인 활동을 하는 베긴회를 우려했다. 하지만 유럽 전역으로 퍼져 여러 지역사회의 후원을 받아 유지되고 있었기에 베긴회를 억제하기란 간단치 않았다.[9]

여성들의 독자적인 영향력 확대를 효과적으로 통제하기 위해서는, 우선 제도 교회 내 여성들을 통제해야 했다. 그 점에서 수녀원에 있는 여성들은 엄격한 새 규칙을 적용하기에 가장 쉬운 대상이었다. 교서 페리쿨로소는 회랑 밖으로 영향력을 행사하려던 여성의 삶에 암울한 그림자를 드리웠다. 평생 고립되어야 한다는 현실에 직면한 여성들은 그 삶을 바꾸기 시작했다. 교서 페리쿨로소가 부과된 후 수년 동안 수도회 여성의 신앙 관행이 변화됐다. 여성 신비주의가 증가한 것이다. 엄격한 봉쇄 생활과 함께 관상 생활이 더욱 강조되었고, 14세기와 15세기에 이르러서는 여성 신비주의자들이 영향력을 가진 하나의 집단으로 떠올랐다.

인문주의, 르네상스와 더불어 중세 말 신비주의는 종교개혁에 커다란 영향을 주었다. 이성과 논리를 과도하게 추구하다가 오히려 사변성이 확대되었고, 그로 인해 스콜라학에 가해진 비판은 당시 성직 중심 세계관이 겪는 위기의 한 단면이었다. 신비주의가 드러내는 신은 논리적 분석 대상이 아니라, 사랑과 덕이라는 가장 본원적인 가치를 드러내는 존재였다. 남성 성직 계층은 수녀들을 회랑 안으로 영구히 가두었지만, 이들은 은둔하며 남성 성직 세계가 보지 못하는 하나님의 속성과 본질을 읽어 냈다. 중세 말에 두드러진 신비주의자들이 수녀회에서 배출되었다.

노리치의 줄리안(1342-1416)은 개인적인 신비 체험과 더불어 새로운 영성을 메시지로 표현한 중세 말의 대표적인 신비주의자다. 그녀는 하나님께 세 가지 선물을 간청했다. 첫째는 그리스도의 수난을 목도하고 그 수난에 동참하는 것이고, 둘째는 일생 동안 질병으로 약해졌을 때 강하게 하는 그리스도를 찬양하는 것이다. 마지막 셋째는 못 박힌 그리스도의 상처를 자기 몸에 갖는 것이다. 31세가 되던 1373년 5월 8일 줄리안은 큰 병을 앓았고, 그날 열여섯 차례 계시를 받았다. 이후 15년간 그 계시를 묵상하며 저술 활동을 했고, 세상과 떨어져 노리치 교회에 붙은 방에 은거하며 방문객들을 맞아 상담했다.

그녀가 자신의 종교적 체험을 묘사한 《사랑의 계시*Revelations of Divine Love*》는 여성이 쓴 최초의 영어 저술이다. 그녀가 받은 계시는 신적 사랑과 관련되었다. 줄리안은 그 어떤 종류의 진노도 찾아볼 수 없는, "다 잘될 것이고, 다 잘될 것이며, 모든 것이 다 잘될 것이다"라고 다독이는 사랑과 자비의 하나님을 전한다. 당시 유럽은 흑사병과 백년전쟁, 왕위 계승으로 인한 내부 갈등 등으로 정치적으로나 경제적으로나 암울한 시기였다. 중세를 지탱해 왔던 남성·성직 중심 세계관의 한계가 명확히 드러났다. 이속에서 신적 자비에 뿌리내린 줄리안의 신학은 피상적 낙관을 말하지 않았다. 신의 모성성을 드러내며, 외적인 의례가 아닌 신앙의 내적인 면을 강조했다.

신비주의는 스콜라학으로 대표되는 남성의 종교성에 대한 여성의 대안이었다. 파리 대학 총장을 지낸 신학자 장 제르송(1363-1429)은 신비주의가 주장하는 계시가 거짓이라는 의혹을 품고 여성 신비주의자들을 공격했다.[10] 참된 계시와 거짓 계시를 분별하려는 시도는 거의 대부분 여성 신비주의자들을 향해 진행되었다. 장 제르송은 당시 유럽의 그리스도교를 대표하는 지식인이었다. 그는 프랑스 왕실에서 설교하는 파리 대학의 총장을 지냈으며, 콘스탄츠 공의회를 소집하고, 교회 대분열 사태를 해결하는 데 주도적 역할을 했다.[11] 그의 목소리는 당대 오피니언 리더로서 큰 반향을 얻었다. 여성의 종교성과 신비주의에 대한 그의 날 선 비판은 여성 신비주의자들의 목소리가 제도 교회의 권위를 흔들 수 있다는 위기감의 반영이었다. 그 결과, 성직자의 여성 통제가 강화되었고, 여성 신비주의자들이 남긴 예언의 진정성 판단은 오롯이 교회의 몫이 되었다.[12] 성직자가 재판관이 되는 교회의 인정 절차를 통과하지 못하면 이단이 되었다. 넓게 보면 남성 중심의 스콜라신학과 여성의 신비주의 사이의 긴장이었다.

잉글랜드 노리치 성당에 있는 노리치의 줄리안 동상. 한 손에는 자신이 쓴 《사랑의 계시》를, 다른 손에는 펜을 들고 있다. 이 책은 여성이 쓴 최초의 영어 저술이다.

이러한 접근은 여성의 종교성을 약화하는 동시에 여성 혐오를 강화했다. 신비주의자들의 신비 체험은 도미니코회 신학자들이 판단하는 종교재판에서 손쉬운 먹잇감이 되었다. 남성 성직자는 여성 신비주의자들에게 불안을 느꼈고, 이에 그들의 경험을 마법술과 동일시했다. 이러한 불안의 비극적 결과물은 1487년에 출간된 문서, 곧 도미니코회 수도사인 야콥 슈프랭거와 하인리히 크라머가 쓴 《말레우스 말레피카룸*Malleus maleficarum*》(마녀를 심판하는 망치)이라는 악명 높은 마녀사냥 교범이다. 더욱 놀랍게도, 종교개혁이 진행된 이후 유럽에서는 가톨릭 진영과 개신교 진영을 불문하고 마녀사냥이 활발하게 일어났다. 중세를 넘어 근대를 만들어 가는 전환점에서, 여성은 여전히 불온하고 위험한 존재라고 다시 한번 낙인 찍혔다.

모순과 역설의 공간

중세에서 여성에 대한 그리스도교 담론은 악의 통로가 된 '이브'로서의 여성과 그리스도를 잉태하여 구원의 통로가 된 '아베' 마리아로 나뉘어 있었다.[13] 수녀원은 이브 곧 하와가 속죄를 통해 아베 마리아의 길을 걷길 기대하는 공간이었다. 고통과 고립이 길수록 성녀로서 더 높은 영광을 얻었다. 그러나 그들이 기대한 추상화된 마리아는 실현이 불가능했다는 점에서, 여성들이 끊임없이 자신의 존재에 절망하고 스스로를 비하하는 모순 구조를 만들었다.[14] 자신의 내부에 존재한다고 여겨지는 악이 세상에 퍼지는 것을 막고 구원을 이루기 위해 스스로 고립시키고 억압하는 것이 내면화되었다.

하지만 그렇게만 규정하기에는 수녀원이라는 공간이 그리 간단하지 않다. 수녀원은 남성 위계의 세계에서 여성의 종교성을 오롯이 실천하며 영향력을 드러낼 수 있는 유일한 곳이었다. 수녀원이 존재했기에 남성 성직 위계가 읽지 못하는 지점을 읽어 내며 오히려 남성들을 향해 권위 있는 목소리를 낼 수 있었다. 여성에 대한 부정적 시각이 강화되면서 수녀들의 공간이 다시 수녀원 안으로 제한되고 봉쇄되었을 때 신비주의가 발전한 역사는, 수녀원이라는 공간이 가진 응축된 힘을 보여 준다.

대학의 스콜라 신학자들이 이성과 논리로 신의 존재를 증명하고 신학을 발전시켜 나가는 동안, 여성 신비주의자들은 신과 직접 소통하고 계시를 받아 사람들에게 신의 존재를 제시했다. 라틴어 대신 속어를 읽고, 신학책 대신 성인전, 성녀전을 써서 자신만의 목소리를 냈다. 무엇보다도 대중들이 그들의 목소리에 마음을 열고 귀를 기울였다.[15]

수녀원 내 폐쇄 공간에 갇힌 여성 신비주의자들은, 남성 사제 중심의 그리스도교가 중세 말에 마주했던 한계를 돌파하는 데 새로운 물꼬를 터 주었다. 여성들의 경험과 목소리가 텍스트에 반영되기 시작하면서 여성 혐오라는 전통의 틀에 미세한 균열이 일어났다. 일차적으로 그 수혜자는 수녀들 자신이었다. 중세 말 르네상스 인문주의와 종교개혁을 연결하는 속어 성경이나 속어 문학의 발달은 이들 수녀들의 조력 없이는 불가능했을 것이다. 종교개혁기 루터의 독일어 성경의 초기 독자들 중 한 그룹은 수녀들이었다. 주체적인 자의식 속에서 그들은 수녀원의 담벼락을 열고 나올 수 있었다. 수녀원이야말로 모순과 역설의 공간이다. 성직주의와 가부장제에 기반한 여성 혐오가 정당화되는 공간인 동시에, 여성성을 억압할수록 대안의 종교성이 그곳에서 선명하게 드러났기 때문이다.[16]

　　모든 것에는 양면이 존재한다. 종교개혁기에 개신교 지역에서 일어난 수녀원 폐쇄는 어떻게 읽어야 할까? 루터는 수도원을 바빌론이라고 부르며 수도사와 수녀들에게 그곳을 떠날 것을 요구했다. 바빌론은 자의로 간 곳이 아니라 포로로 잡혀간 유배의 땅이다. 루터는 자신의 의지와 선택으로 들어온 경우는 없는 수녀원의 삶을 노예의 삶이라고 평가했다. 그곳은 벗어나야 할 장소였다. 자기 의지와 무관하게 평생 수녀원 회랑 속에 갇힌 여성들에게는 해방의 소식이었다.

　　하지만 수녀원이라는 여성만의 독자적인 공간의 상실은 여성이 자의식에 따라 숨 쉬고 활동할 공간이 소멸된다는 뜻이기도 했다. 그렇다면 수녀원 폐쇄가 여성들에게 어떤 새로운 기회를 제공해 준 것일까? 거칠게 말하면, 성직주의 가부장제에서 현모양처를 추구하는 가정 중심 가부장제로의 전환에 지나지 않았다. 종교개혁기 전야에는 여러 여성 신비주의자들의 목소리가 대중들에게 영향을 주었다. 하지만 종교개혁기를 거치면서 개신교 지역에 독자적인 개신교인 '여성'의 목소리가 들렸는가? 선뜻 떠오르는 이름이 없다.

수녀원이 가졌던 힘의 원천은 공간이었는지 모른다. 제한이 있고 제약도 있지만, 자신들의 목소리를 오롯하게 가질 수 있는 공간 말이다. 이 공간성에 대한 고민은 여성이 구성원의 절반 이상을 차지하는 교회에 여전히 주어져 있는 풀기 어려운 숙제다. 교회라는 물리적 공간 안에서 여성이 들어가거나 설 수 있는 자리, 말할 수 있는 자리는 남성에게 주어진 공간보다 훨씬 적다. 교회에서 여성의 목소리는 페미니즘이며, 이는 곧 교회를 해치는 소리라는 인식이 여전히 지배적이라고 느끼는 건 혼자만의 오해는 아닐 듯하다. 한계가 노정되어 있음에도, 제도적으로 허락된 수녀원이라는 공간은 분명하게 그 역할과 의미를 지니고 있었다.

9

종교개혁,
수도원을
없애다

수도원 폐쇄와 새로운 물결들

수도원을 나온 수도사들

아우구스티누스 수도회 수도사 마르틴 루터가 교황에 반기를 들며 개혁 운동을 시작한 결과, 가톨릭 유럽이 분열되었다. 교황제나 화체설의 부정과 같은 신학적 차이 외에도, 사제 결혼 허용이나 가톨릭교회에서 금지하던 이혼이 제도화되는 등 개신교 지역에서는 큰 변화들이 생겨났다. 그중에서 주목해야 할 것은 수도회주의 부정과 수도원 해산이다. 독일과 잉글랜드를 비롯한 개신교 지역에서 수도원은 그리스도교 가치를 담보하는 공간으로서의 지위를 영구히 상실했다. 중세 말 수도원이 과도하게 부를 축적하고 여러 부정적인 기능을 낳은 행적이 공격받았고, 결국 그리스도교 역사 내내 이어지던 수도회의 명맥이 끊겼다. 의도했든 의도하지 않았든 수도회는 종교개혁의 한가운데에 서 있었다. 수도회에 대한 평가와 수도원의 존재 유무는 가톨릭과 개신교를 구별 짓는 또 하나의 지표가 되었다.

종교개혁이 촉발한 수도회 폐지는, 좀 더 큰 틀에서 두 가지 측면으로 바라볼 수 있다. 먼저, 개신교 개혁가들은 수도회가 지향하는 정신 자체가 그리스도교의 가치와 부합하지 않는다고 판단했다. 인간 구원을 위한 여정에 가톨릭이 제시하는 선행과 공로주의, 금욕주의 등의 가치가 들어갈 틈은 없으며, 구원이 오직 신의 전적인 은총에 맡겨졌다는 신학은 더 우월한 종교적 가치와 그렇지 못한 속된 가치라는 이분법을 거부했다. 이는 자연스럽게 수도회 정신을 논리적으로 비판하고 거부하는 행동으로 이어졌다.

다른 하나는, 수도원 해산을 경제적 측면에서 파악하는 관점이다. 수도원 해산은 곧 국가라는 세속기관이 당대 수도원이 보유하고 있던 거대한 재산을 몰수한다는 의미다. 종교개혁으로 국가 군주가 통치 지역의 종교를 결정하게 되면서 취한 우선 조치가 수도원 폐쇄였다. 명목상으로는 수도원이 안고 있는 폐해가 넘쳐난다는 이유였지만, 그리스도교의 한 기둥을 이루던 수도원을 해산함으로써 국가는 종교를 효과적으로 통제할 수 있게 되었다.

개신교 지역의 수도원 해산은 국가주의 그리스도교를 열어 가는 신호탄이 되었다. 4세기 초반 콘스탄티누스 황제의 공인으로 그리스도교가 제국 종교가 되자 종교의 장래에 위기의식을 느낀 많은 이가 세속을 떠나 사막으로 들어가 수도사가 되었다. 소극적이고 도피적인 행적처럼 보이지만 종교의 세속화를 경계하는 가장 강력한 경고이기도 했다. 이런 맥락에서 보면, 수도회가 사라진 개신교 지역에서는 국가 중심의 이데올로기를 견제하고 종교 본연의 가치를 지키기 위해 애쓸 세력이 소멸했다. 수도주의 부정과 수도원 해산은, 전통과 보편을 담보하는 제도 교회와는 별도로 시대정신과 역동을 매개하여 그리스도교의 활력을 지켜 왔던 한 축이 사라졌다는 말이기도 하다.

그렇다면, 16세기 이래 분열된 가톨릭과 개신교는 수도회 정신과 제도를 어떻게 재구성했을까? 분명한 점은, 종교개혁기 수도원의 타락과 별개로 1,500년간 수도회 정신이 추구해 오던 가치는 사라지지 않았다는 사실이다. 개신교 지역에서는 수도원 해산을 통해 국가 중심의 교회 개혁을 추진했다. 더불어 닫힌 수도원 담벼락을 넘어 일상 가운데 수도회 정신을 구현해야 할 과제가 생겼다. 가톨릭 지역에서는 중세 내내 수도원을 중심으로 이어진 교회 개혁 전통을 따라갔다. 예수회가 그 몫을 맡았다. 기존의 수도회나 탁발 수도회와는 또 다른 성격의 수도회 조직인 예수회는 16세기 이후 근대 가톨릭교회의 개혁과 변화를 견인하는 핵심 동력이었다.

국가와 교회의 관계를 재설정하는 것이 종교개혁이라면, 여기에서 성격이 전혀 다른 한 부류를 언급하지 않을 수 없다. 바로 재세례파다. 개신교파에서도 가톨릭에서도 무시되었던 재세례파의 역사는 수도회가 추구하는 가치를 구현하고자 애쓴 다른 한 측면을 가감 없이 보여 준다. 종교가 근대 국가에 종속되는 상황에 반대하여 국가 너머 독자적인 공동체를 구성한 재세례파는 어쩌면 가장 수도사적인 삶의 가치를 이어 갔는지도 모른다.

루터의 수도회주의 비판

수도회주의는 종교개혁의 여러 핵심 이슈 가운데 하나였다. 인문주의자 에라스뮈스와 마르틴 루터는 둘 다 수도회 출신이지만 수도회와 결별했다. 루터는 1505년부터 1524년까지 수도사로 살았는데, 그의 종교개혁은 이 시기에 시작되었다. 수도회와 종교개혁은 모두 그리스도교의 근원적 가치 회복을 추구하는 급진적인 운동이었다. 종교개혁이 가톨릭교회의 현실을 진단하고 비판하며 대안을 제시한 것이라면, 수도원 경험이 루터의 사상을 형성하는 데 영향을 주었음이 명확하다. 그렇기에 그가 아우구스티누스 수도회를 떠나는 일은 짙은 고뇌 속에 서서히 진행되었다.

루터는 자신의 삶에서 수도원에 머물렀던 시기의 의미와 그리스도교 역사에서 수도회주의가 미친 영향을 여러 차례 회고했다. 루터는 규율에 맞게 살아가는 예측 가능한 수도원의 삶이 어떤 면에서는 세상에서의 삶보다 훨씬 쉬울 수 있다는 의외의

187

점을 지적한다. 실제로 종교적 열정이나 헌신과 무관하게, 수도원 생활을 복잡한 세상의 문제로부터 도피하는 피난처로 여긴 사람이 많았다. 루터처럼 종교적으로 매우 민감한 이에게 수도회는 오히려 구원받을 만한 요건을 충족시킬 희망을 도무지 찾을 수 없는 감옥이었다. 그는 의로움에 대한 확신과 마음의 진정한 평화를 얻기 위해 최선을 다했다. 남다른 열정으로 매우 엄격한 삶을 살았다. 수도회 규칙을 지키는 일이 천국에 들어가는 기준이라면, 자신은 천국에 들어갈 수 있을 것이며 동료들이 그 증인이 되리라고 감히 자신할 정도였다.

루터는 가톨릭교회가 제기하는 엄격한 율법적 가르침이 사람들에게 고통스럽고 강력한 지배력을 가지고 있음을 자신의 삶에서 체험했다. 율법의 옛 방식이 아니라 오직 그리스도의 은총의 법 아래에서 살아가는 삶의 가치를 더욱 확신했다. 루터에게 수도회주의란 율법 종교가 추구하는 가치일 뿐이었다. 그렇기 때문에 그는 은혜와 믿음으로 살아가는 진정한 그리스도인들은 수도사의 길을 걸어서는 안 된다는 신념을 더욱 확고히 했다.

루터는 그리스도인의 생활 중에서 수도원에서의 삶이 더 우월한 형태라고 보지 않았다. 모든 그리스도인이 동일한 수준의 거룩함을 요구받기 때문에 수도회주의는 우월한 삶의 형태가 아니라는 것이다. 적극적으로 해석하자면, 수도회주의는 수도사와 비수도사를 포함하여 모든 그리스도인이 추구해야 할 그리스도교적 삶의 형태 중 하나였다. 루터는 수도회주의가 지닌 근본적 결점을 현실 도피라고 지적했다. 인간은 현실 세계에서 도피하기 위해 창조된 존재가 아니라, 사회 속에 살면서 선을 행하도록 부름 받은 존재라고 규정했다. 세속을 떠난 삶은 우월하고 세상 안의 삶은 열등하다고 구분하는 이분법이 수도회주의가 조장하는 사악한 생각이라고 보았다. 수도사건 아니건 종교적 신분은 신 앞에 내세울 만한 것이 아니라고 지적했다. 수도회에 대한 그의 생각은 점차 확고해져서, 개신교의 지표로 수도원을 떠나 세상으로 복귀하는 것을 내세우기에 이르렀다. 루터의 수도회주의 공격은 큰 영향을 미쳐 수많은 수도사들과 수녀들이 수도원을 떠나게 했다. 하지만 흥미롭게도, 독일에서 개신교로 바뀐 지역의 수도원이나 수녀원에서도 그 지역을 떠나지 않고 수도원을 지킨 사례들이 존재한다. 개신교 종교개혁을 수용하면서도 오래도록 독자적인 법적·정치적 지위를 유지한 수녀원들도 있었다. 이런 경우는 대부분 수녀원이 보유하고 있는 토지와 건물 등 재산과 연관되어 있다.[1]

결과적으로는 종교개혁이 개신교 안에 수도회주의 종말을 가져왔지만, 그렇게 단선적으로만 볼 문제는 아니다. 루터 자신도 수도원에서 빠져나와 결별했지만 수도원적인 삶의 필요와 가치를 완전히 내려놓지 않았다. 가톨릭 수도회주의가 소멸하면서 개신교에 새로운 생명을 탄생시켰는데, 이제 교회 내 엘리트만이 아니라 모든 그리스도인이 수도사처럼 소명받은 삶을 살아야 했다. 그렇지만 일상에서 자유를 포기하고 수도사와 같은 엄

격한 삶을 살아 내는 일은, 수도회라는 공동체 안에서 그 가치를 구현하는 것보다 훨씬 어려웠다.[2]

그렇다면 루터가 수도원을 폐지했다고 보아야 할까, 수도원을 일상으로 확대했다고 보아야 할까? 루터의 직업소명론을 수도회와 연결해 보면, 그는 수도회가 추구하던 정신을 세속의 모든 그리스도인이 추구해야 할 가치로 삼았음을 알 수 있다. 루터는 자신이 20년 동안 지냈던 수도원이 추구하는 근본 정신을 전적으로 포기하지 않았다. 그의 선택은 우월한 신적 부르심이라는 수도사의 소명을 모든 그리스도인에게로 확대하는 일이었다. 수도원이 추구하던 기도하고 노동하는 일의 가치가 개신교 지역에서는 일상의 소명vocation으로 이어져서 일이 곧 기도가 되었다. 기도와 노동이 하나님의 일이라는 수도원의 가치를 담벼락 너머 세속의 일상으로 연장했다. 이처럼 종교개혁은 새로운 형태의 수도회주의로 이해될 수 있다.[3]

개신교주의가 추구하는 새로운 수도회 정신은 현실의 직업을 신적 소명으로 삼아 절제하며 살도록 도우면서 구원을 향한 또 다른 여정의 동반자가 되었다. 종교개혁은 수도회주의를 일상으로 확대했다. 수도회의 이상은 특정 집단 사람들에게만 국한되지 않고 보편적으로 적용되었다. 한편, 새로운 수도회 정신은 일상 속 그리스도인에게 삶의 급진성을 요구했다. 그리스도인은 현실의 삶에서 자발적인 급진을 실천해야 한다. 일상의 수도사로서 일상에서 종교성을 실천해야 한다. 모두가 수도사, 사제

라는 만인제사장 사상은, 전통적인 교회 권위를 벗어나 결혼이라
는 제도 안에서 가정을 이루고 현실의 삶을 살아가는 사람들에
게 그 가치를 삶 속에서 녹여 내라는 무거운 주문이다.

헨리 8세의 수도원 해산

마르틴 루터의 수도회 비판과 수도원 해산은, 그가 수도
회주의의 한계를 분명하게 인식한 데에 기반한 논리적 귀결이었
다. 반면에 잉글랜드에서 이루어진 헨리 8세의 수도원 해산은 잉
글랜드 종교개혁만큼이나 위로부터 이루어진 정치적 결정이었
다. 잉글랜드의 수도원 해산은 가톨릭과 결별하고 스스로 잉글랜
드 교회의 수장이 된 세속 군주가 교회를 국가의 통제 아래 두려
는 시도의 첫걸음이었다.

헨리 8세 당시 잉글랜드에 존재하던 수도원 중 일부는 막
대한 부와 토지를 보유하고 있었다. 대륙에서 제기된 불만과 마
찬가지로, 개혁가들이 보기에 수도원들은 지나치게 부유하고 수
도사들의 생활 방식도 결코 모범적이지 않았다. 수도원은 성물
숭배나 성지순례 등을 하라고 충동질하여 지역 공동체로부터 상
당한 수익을 챙기고 있었다.

잉글랜드의 수도원 해산은 왕의 이혼 문제를 해결하기 위
해 가톨릭과의 결별을 끌어낸 헨리 8세의 오른팔 토머스 크랜머

가 주도했다. 정치인이었던 그는 수도원 시찰권을 행사하여 부적절하고 방만하게 운영되던 수도원들의 실태를 조사해 보고서를 작성했다. 그 보고서를 근거로 수도원 해산령이 내려졌다. 1535년에서 1540년 사이에 내려진 두 번의 해산 조치로 800곳 넘는 수도원이 폐쇄되었다.[4]

　이 조치의 목적은 수도원이 보유하고 있는 엄청난 부를 국유화하고, 국가와 교회 사이의 권력 구조를 흔들어 교회의 정치적 복종을 이끌어 내려는 데 있었다. 이에 폭력적으로 저항한 수도사들은 반역자로 취급되어 처형당하기도 했다. 국가 주도로 급격하게 진행된 이 해산 조치에 대해 수도원의 저항은 미약했다. 일부 수도원은 교회로 전환되었고, 해산으로 몰수한 재원이 옥스퍼드와 케임브리지에 신생 칼리지를 설립하는 데 쓰이기도 했다. 무엇보다 수도원 해산의 가장 상징적인 결과는, 잉글랜드에서는 교황이나 교회가 아니라 국왕이 국가 통제권을 쥐고 있음이 증명된 것이다.

　그러나 수도원 해산이 수도사들의 부패와 도덕적 해이에 대한 정당한 조치였음을 감안하더라도, 그 결과는 사뭇 부정적이다. 수도원 해산은 국가주의 종교의 강화를 가져왔다. 국가에 대항할 수 있는 대조 공동체가 영원히 상실되었다는 의미다. 중세 교회 개혁은 수도원이 주도하여 이루었지만, 더 이상 그런 방식의 개혁은 일어날 수 없게 되었다. 잉글랜드 국교회는 그때부터 지금까지 충실한 국가의 부속기관 역할을 하고 있다.

근대에 들어서는 청교도, 침례파, 장로회파, 퀘이커 등 비국교도가 제도화된 국가 종교에 긴장을 유발하는 수도회 역할을 수행했다. 하지만 국가의 인정을 받지 못하는 다양한 종파의 형성은 정치적 불안을 야기했고, 급기야는 내전으로 이어졌다. 수도원 폐지와 잉글랜드 내전을 직접 연결하는 일은 다분히 억지스럽지만, 국교 제도를 받아들이고 수도회를 없앤 개신교 국가들에서 국가주의를 넘는 대안 가치를 표현할 제도적 장치가 사라졌다는 점에서, 수도회주의 폐지가 개신교 지역에 가져온 불리함은 무시할 수 없다.

개신교 국가들에서 수도회가 해산되면서, 그동안 본질상 국제적인 기관인 수도회를 매개로 이루어지던 그리스도교 간 국제 교류 통로도 상실되었다. 이제 그리스도교는 유럽 내 보편 종교라는 지위를 상실했다. 가톨릭교회는 국제적인 성격을 강화하면서 개신교 때문에 상실한 현실의 틈을 적절하게 메웠다. 중남미뿐 아니라 개신교 국가로 변해 버린 유럽 내 국가에서 '가톨릭' 선교를 시작했다. 오늘날 영국에 존재하는 가톨릭교회는 종교개혁기 이후 일어난 가톨릭 선교의 결과물이다. 그 배후에는 국가와 국가주의의 경계를 넘어 가톨릭의 가치를 확산한 새로운 수도회 운동이 존재한다. 바로 '예수회Societas Iesu'다.

전위를 차지한 예수회

개신교가 수도회를 폐지하고 수도회 정신을 수도회 바깥 세상에 일반적으로 확대했다고 평가한다면, 가톨릭교회는 수도회 정신을 근대 세계에 맞게 재편하여 잃어버린 영향력의 복원을 추구했다. 그 전위 부대인 예수회는 교황청을 포함하여 그 어떤 그리스도교 기관보다 강력한 존재감을 가졌다. 예수회는 근대의 형성, 신대륙 발견과 침탈, 근대 선교, 프랑스혁명과 같은 근대사의 굵직한 사건들이 벌어지는 세계 한복판에 있었다.

예수회는 종교개혁이 한창 진행되던 때에 스페인의 군인 출신 이냐시오 데 로욜라(1491-1556)가 설립한 가톨릭 수도회다. 근대 세계에서 유럽의 경계를 넘어 전 세계로 이어진 가톨릭 선교, 교육 및 자선사업의 대명사가 된 예수회는, 그 다양한 역할만큼이나 역사적 평가도 분분하다. 그러나 예수회에 대한 지지 여부를 떠나, 가톨릭교회가 상실했던 영향력을 회복한 가톨릭 종교개혁의 주체이자 가톨릭교회가 근대 세계에 자리매김하는 데 결정적인 기여를 한 수도회라는 점에는 다툼의 여지가 없다.

예수회 설립자 로욜라는 1522년 전투 중 입은 부상을 치료하던 중 깊은 종교적 체험을 한 후에 자신의 인생을 그리스도에게 바치고자 결단했다. 구체적으로는 예루살렘 순례를 통해 이교도에게 선교하려는 열망을 가졌다. 예수회가 다른 중세 수도회와 비교하여 '선교'가 가장 두드러진 특징인 것은 로욜라의 의지와 무관하지 않다. 그는 선교를 위해 이후 11년간 스페인과 프랑스 파리 등지에서 공부했다. 그리고 1534년에 자신을 따르는 청년 여섯 명과 첫 수도 서원을 하고 영성 수련을 시작했다. 이 모임은 1539년 '예수회'라는 이름을 갖게 되고, 이듬해인 1540년 9월 27일 교황 바오로 3세로부터 수도회 인가를 받았다.

예수회는 교황에 대한 절대 복종을 포함하여 순종을 주요한 가치로 삼았다. 또한 수도 생활에서 전통적인 틀을 벗어난 몇 가지 혁신을 도입했다. 예수회는 은둔하거나 정주하는 공동체가 아니었다. 공격적인 방식의 선교가 핵심이었다. 그들은 일상적으로 수행하는 수도회의 전례, 규칙적인 속죄나 단식, 다른 수도회와 구별되는 별도의 수도복 착용을 요구하지 않았다. 이런 유연성은 예수회가 세계 각지에서 다양한 선교와 교육 사업에 참여하는 데 매우 효과적이었다.

교육과 선교는 예수회 활동에서 두드러진 두 축이었다. 교육 활동에 특화된 예수회 수도사들은 유럽의 귀족 및 왕실 자녀들에게 엘리트 교육을 제공하면서 개신교 지역에서 가톨릭의 명맥을 이어 갔다. 헨리 8세의 종교개혁으로 가톨릭과 결별한 잉글랜드에서도, 메리 여왕을 비롯하여 잉글랜드 내전 이후 찰스 2세와 제임스 2세 등이 가톨릭교도나 가톨릭 옹호자였다고 기록되어 있다. 그렇게 지속된 영향력의 배후에는 예수회의 공세적인 활동이 있었다. 예수회는 대항해 시대가 전개될 때 스페인이 점령한 멕시코와 페루 등에 선교사를 보내 남미 선교를 시작했다.

로욜라와 함께 예수회를 설립한 프란치스코 하비에르는 아시아 선교를 위해 파송되었다. 로욜라가 사망한 해인 1556년에 이미 유럽, 아시아, 남미 등지에 1,000명이 넘는 예수회 수도사들이 활동하고 있었다.

신생 수도회인 예수회는 빠르게 성장하여 개신교의 확산을 막고 가톨릭 부흥에 큰 역할을 했다. 종교개혁으로 유럽의 상당한 지역이 개신교가 되었지만, 30년 전쟁이 끝난 1648년에 유럽 지형도를 보면 가톨릭이 우위를 점하고 있다. 그렇게 된 데에는 예수회의 기여를 빼놓고는 온전히 설명하기 어렵다.

예수회는 활동과 기여만큼이나 복잡하고 다양한 시빗거리의 중심에 섰다. 가톨릭교회 내에서도 예수회를 향한 평가는 엇갈린다. 1758년 2만 3,000명에 달하는 예수회 수도사들이 세계에서 활동했다. 그런데 1773년에 교황 클레멘스 14세가 예수회 해산 명령을 내렸다. 유럽 전역에서 국경을 초월하여 과도한 영향력을 행사하며 현지 가톨릭교회 및 세속 권력과 충돌했기 때문이다. 그 후 1814년 교황 비오 7세가 예수회를 재인준했다. 그래서인지 그 긴 역사 가운데서도, 2013년에서야 처음으로 예수회 출신 교황이 나왔다. 그가 아르헨티나 출신의 현 교황 프란치스코다.

탄압과 해산, 재인준의 격동 속에서 예수회는 지속적으로 교황권 강화를 지지했다. 그들은 1870년 제1차 바티칸 공의회에서 이루어진 '교황 무류설 교리' 제정에도 깊숙이 관여했다고 알려진다.[5] 엇갈린 평가에도 불구하고, 예수회가 교황의 전위 부대로서 근대 가톨릭의 세계 확장에 크게 기여했음은 결코 부정할 수 없다. 트리엔트 공의회와 예수회는 루터의 종교개혁으로 수세에 몰렸던 가톨릭이 근대 세계에서 영향력을 회복하는 데 가장 큰 역할을 한 두 기둥이었다. 가톨릭의 관점에서 보자면, 또 하나의 새로운 수도회가 출현하여 그들을 구원했다.

제3의 길, 재세례파

종교개혁에서 잊혀진 한 지류, 급진파 혹은 좌파 종교개혁으로 불리는 세력이 재세례파다. 가톨릭은 분명 아니지만, 그렇다고 개신교에서도 쉽게 인정하지 않는다. 재세례파는 유럽 국가 어디에서도 독자적인 조직을 가진 교회로 자리하지 못했다. 메노파Mennonites, 아미시파Amish, 후터파Hutterites 등이 오늘날까지 남아 있는 대표적인 재세례파 공동체다. 교회사 속에서 그들은 뮌스터 봉기 후 장악한 도시를 무정부 상태로 만들었다는 이유로 가톨릭과 개신교가 연합해서 진압했던, 폭력적이고 낯선 집단으로 묘사된다.[6] 그러니 수도회의 역사에서 재세례파를 소환하는 상황은 다소 뜬금없을 수 있다. 그렇다면 수도회의 역사에 재세례파의 자리를 어떻게 마련할 수 있을까? 세속 사회와 종교의 긴장이라는 수도회의 전통적인 명제를 놓고 본다면, 재세례파의 등장은 그에 부합하는 전형이다.

국가 권력의 역할에 대한 재세례파의 견해는 매우 급진적이어서 수용되기 쉽지 않았다. 재세례파는 16세기 츠빙글리의 스위스 종교개혁과 연결되었지만, 스위스 개혁가들이 그들의 기대만큼 개혁적이지 못한 점에 실망하고 결별했다. 논쟁의 핵심은 유아세례와 국가와 교회의 관계였다. 서로 무관한 듯 보이는 이 두 가지는 실은 연결되어 있다. 가톨릭 국가에서 유아세례는 종교적인 행사인 동시에, 태어나서부터 자신의 의지와 무관하게 국가교회의 일원이 되는 종교적 호적 신고였다. 재세례파는 교회란 스스로 신앙을 고백하는 자들로 구성된 공동체여야 한다는 신념에 따라 유아세례를 인정하지 않았다. 오직 그리스도를 자기 삶의 구원자로 주체적으로 받아들이고 그의 삶을 따르는 제자도를 실천하기로 할 때에만 세례를 받을 수 있다고 보았다.

기존의 가톨릭이나 개신교에서는 여전히 교회가 국가의 통제하에 놓여 있었다. 더욱이 종교개혁이 진행되면서 각 국가마다 국교를 확정하여 그를 통해 국가의 일체성을 다지는 과정을 밟아 가고 있었다. 재세례파는 국가가 개인의 양심의 문제인 종교에 강제력을 동원해 복종을 강요하는 것을 수용할 수 없었다. 그들은 곧 산상수훈의 가르침을 토대로 자신들의 가치를 정립해 갔다. 그리스도의 삶과 죽음을 따라 이 땅에서 평화를 만드는 것을 그리스도를 따르려는 제자가 추구할 제자도로 삼고 그 고귀한 이상을 실천하고자 했다.

1549년 암스테르담에서 집행된 재세례파에 대한 화형식

그러나 그들의 이런 가치는 국가주의 종교가 유지되는 한 쉽게 용납될 수 없었다. 재세례파는 1525년에서 1660년 사이에 유럽 여러 지역에서 박해를 받아 수천 명이 처형되었다. 지속적이고 극심한 박해 때문에 그들은 아메리카 대륙이나 유럽에서 가장 안전한 피난처인 네덜란드 지역으로 이주했다. 멀게는 정교 지역인 우크라이나와 러시아까지 이주해 뿌리를 내렸다. 그들은 한때 지나치게 급진적이었기에 폭력성을 띠고 있었다. 그러나 거친 소용돌이가 지나간 후에는 오히려 그리스도의 제자도, 산상수훈의 평화의 가치가 무엇인지 점검하며 평화를 만들어 가려는 시도를 지속했다.

국가와 교회의 분리, 모든 종류의 폭력 거부, 그리스도의 가르침에 대한 철저한 복종은 그들이 복음서에서 끄집어 올린 그리스도교 윤리의 핵심이었다. 그들은 그리스도교 초기에 제국의 가치를 거부하고 흩어진 나그네들의 삶을 살아갔다. 한때 재세례파라는 이름은 부정적인 의미로 급진파와 동일시되었다. 그러나 이제 그들이 추구하던 가치가 역사 속에서 재평가되고 복원되고 있다.[7] 따라서 수도회의 역사 속에서 그들의 자리를 찾아 주는 것도 정당하다. 재세례파는 바빌론으로 유배되는 것 같은 상황하에 각 지역으로 확장되었다.

그 영향의 범위와 실천 방식은 다르지만, 그리스도의 부르심에 급진적으로 복종하는 데 토대를 두고 있다는 점에서 재세례파는 수도회의 가치를 공유하고 있다. 재세례파의 기원과 기

존의 수도회 사이의 유사성에 대한 논의는 반복적으로 제기되어
왔다. 재세례파의 제자도와 수도사의 영성은 본질적으로 닮아 있
다. 좀 더 느슨하게는, 중세 수도사의 길을 추구했지만 제도 교회
에 수용되지 못했던 발도파나 베긴회의 운명과 유사하다고 볼
수 있다. 국가 권력과 타협하지 않고 자신들의 가치를 지키는 태
도, 그것이 곧 박해와 순교로 이어진다는 것을 인식하면서도 고
난의 길을 가려는 추구 역시 그러하다.[8]

진화한 수도회주의

개신교 교회는 수도원이 없는 교회였다. 수도회주의와 개
신교주의가 서로를 배타적으로 간주할 이유는 분명하다. 수도회
가 교황에게 인준을 받고 그에게만 충성하는 직속 기관이었으므
로 개신교 지역에 수도회가 설 자리가 없는 것은 어찌 보면 당연
하다. 루터는 한때 수도원과 수녀원을 저주받은 영혼들이 모인
지옥이라고 폄하하기도 했지만, 그것이 전부는 아니다. 루터 자
신과 여러 개혁가들이 수도사 출신이었으므로 수도회가 추구하
던 본원의 가치는 간직했을 터였다. 비록 교황에 대한 충성은 버
렸을지라도, 수도회가 추구하던 가난, 순결, 순명이라는 핵심 가
치를 모두 버릴 수는 없었다.

그럼에도 수도사 직제를 폐지한 개신교 교회는 다른 층위

에서는 불리한 입장에 설 수밖에 없었다. 개신교는 국가 종교로 제한되면서 가톨릭교회가 품고 있던 보편성과 국제성의 성격을 상실했기 때문이다. 그 비어 있는 공간을 예수회가 등장하여 선점했다. 예수회로 대표되는 가톨릭의 수도회주의는 당대에 만연하던 성직자와 수도사의 부패를 척결하고, 사제의 엄격한 독신주의를 정착시키며, 가난과 복종의 삶을 선명하게 강조했다. 그에 덧붙여 예수회는 선교와 교육이라는 날개를 달고 기존의 수도회 정신을 강화했다. 이에 유럽 개신교 지역에 가톨릭 선교라는 낯선 개념이 등장했다. 그렇지만 그 반대는 성립되지 않았다. 더 나아가 가톨릭은 중남미와 동아시아 지역으로 확장되었다. 종교개혁으로 중세를 넘어 근대를 열어 가는 전환의 시기에 예수회가 등장하여 보여 준 역할들은, 수도회가 세속과 무관한 기관이 아니라 전위에 서서 가장 명확하게 시대정신을 보여 주는 곳임을 다시 한번 웅변한다.

종교개혁자들이 개신교 교회에 물려준 정신적 유산 속에서 되새길 수도회주의의 가치와 전통도 되짚어 볼 필요가 있다. 그리스도인의 소명 재고와 가톨릭교회 부패에 맞선 루터의 비전은 수도사 생활에서 형성된 이상과 통찰력에 기대어 있다. 루터는 수도원에서 강조한 기도와 노동의 균형을, 세상 속에서 일상을 살아가는 사람들에게 확대했다. 수도 서약을 하는 수도사의 소명이 아닌 직업적 소명 안에서, 그 부름대로 금욕과 검소한 삶을 실천하는 개신교 윤리의 기초를 놓았다. 이 가치는 무시할 수

없다. 따라서 수도회주의 없이는 종교개혁이 없다는 말은 과장이 아니다.[9]

종교개혁 과정에서 근대 국민 국가가 형성되면서, 가톨릭과 개신교 지역을 통틀어 국가가 교회를 주도하는 형세가 강화되었다. 그 와중에 국가와 교회의 엄격한 분리를 추구하면서 신앙과 양심의 자유를 앞세우고 그리스도의 산상수훈의 본원적인 가르침을 지켜 나가고자 애쓴 재세례파의 자취 역시, 시대 변화 속에서 수도회의 가치가 새롭게 재고되고 있음을 시사한다. 따라서 개신교가 수도사직을 폐지한 것을 단선적으로 읽기보다는, 수도회 정신이 가톨릭의 예수회, 개신교의 만인사제주의, 재세례파 운동 등으로 다양하게 진화했다고 보는 시각이 설득력을 지닌다.

10

이성이
종교가 된 시대

근대 혁명과 수도원 파괴

수도원 해체로 가는 여정

프랑스혁명은 근대를 연 사건이다. 더불어 종교와 세속 사회를
영구히 분열한 상징적인 사건이기도 하다. 프랑스혁명 하면 누구
나 1789년 7월 14일에 일어난 바스티유 감옥 습격을 떠올린다.
프랑스는 이날을 혁명 기념일로 지정하고 국경일로 지킨다. 그런
데 그리스도교와 국가의 관계라는 측면에서 프랑스혁명을 바라
보면 또 다른 상징적인 사건이 있다. 바로 클뤼니 수도원 파괴다.
　　베네딕토회 규칙을 따르는 클뤼니 수도원은 10세기에 중
세 교회 개혁 운동의 전면에 나섰던 상징적인 곳이다. 로마의 성
베드로대성당이 완공되기 전까지 세계에서 가장 큰 교회 건물이
기도 했다. 한때 클뤼니 수도원장은 로마 교황보다 더 큰 영향력
을 끼쳤다고도 평가된다. 이 역사적인 수도원이 혁명의 와중에

파괴되었다. 장서를 자랑하던 수도원 도서관과 기록 보관소는 불타고 말았다. 수도원이 파괴된 후 대리석 건물 잔해는 도시 재건 사업에 사용되었고, 스테인드글라스 창틀의 납은 모두 녹여 나폴레옹 전쟁 때 탄환으로 만들었다. 한때 세계에서 가장 영향력 있고 부유했던 수도원이 파괴된 것은 근대 세계와 종교의 관계에 대한 극적 변화를 상징한다.

혁명기에 불탄 수도원은 클뤼니 수도원만이 아니었다. 순교자의 언덕이라는 이름을 가진 몽마르트르 언덕에 있던 몽마르트르 왕실 수녀원도 1790년에 파괴되어 그 잔해는 광산 자재로 사용되었다. 그렇게 혁명 직후 1년 동안만 해도 줄잡아 30개가 넘는 수도원과 수녀원이 파괴되었다.

종교개혁기의 수도원 재산 몰수나 수도원 해산 등은 모두 개신교로 전향한 국가들에서 이뤄진 조치였다. 그런데 근대 혁명기에 일어난 수도원 파괴는 가톨릭 국가 내에서 발생했다. 수도원 파괴 같은 문제는 더 이상 종파 간 갈등이 아니었다. 탈종교화되는 시민사회 속에서 종교성의 해체를 도모한 사건이다.

종파적 이해를 떠나, 프랑스혁명기 즈음의 교회는 우호적으로 보기는 힘든 상태였다. 수도회의 본질을 상실한 채 과도하게 축적된 부를 둘러싸고 수 세기 동안 진행된 내부 갈등, 국가와의 오랜 대립 등이 프랑스혁명 당시 수도원 파괴로 이어졌다. 하지만 수도원 파괴를 부당한 결과로만 해석할 수는 없다. 다만 성직자 특권 철폐나 수도원 폐쇄 조치의 정당성과 별개로 근대 세계가 추구한 탈종교의 가치가 과연 바람직한 것이었는지는 의문이 남는다. 이에 근대 세계에서 수도원 파괴가 상징하는 바가 무엇인지를 더듬어 보겠다.

종교개혁 이후에도 가톨릭 지역에는 수도원이 존속했다. 수도원은 유럽의 개별 국가에서 로마 교황청의 이익을 대변하였기 때문에 교황에게 중요하게 인식되었다. 유럽의 가톨릭 군주들도 교황과의 관계나 다른 가톨릭 국가와의 관계 때문에 수도원을 억압하지 않았다. 유럽에서 가톨릭과 개신교가 공존하는 새로운 질서가 확산되면서, 수도회는 가톨릭교회의 활력을 상징했다. 새로운 수도회들이 선교, 교육, 자선사업에 적극 참여했다. 이 새로운 질서 내에서 예수회는 전방위에서 가장 두드러진 활동을 했다. 유럽을 중심으로 대외적으로는 중남미 선교와 아시아 선교로 가톨릭을 확산했고, 대내적으로는 중등교육과 고등교육에서 가장 앞선 기여를 했다. 가톨릭 국가 내에서 수도원이 받은 정치적·경제적 혜택도 상당했다.

적어도 가톨릭 국가 내에서 수도원은 신성불가침의 조직이었다. 그렇다고 수도원 개혁에 대한 세속 통치자들의 요구나 시도가 없지는 않았다. 유럽에서 과도하게 영향력을 확장한 예수회에 대한 견제가 대표적이다. 포르투갈에서 비롯된 예수회 탄압을 시작으로, 이후 프랑스와 스페인 등에서 반예수회 운동이 발생했다. 국가가 수도회를 탄압하거나 제재하는 것은 종교적인 목적보다는 정치적·경제적 이유에서였다. 1766년 프랑스의 루이

15세는 수도원 수를 제한하고 수도 생활을 통제하였다. 수도회가 한 도시에 수도원 건물을 한 채 이상 소유하지 못하게 하고, 작은 수도원은 해체했다. 수도원에 재산이 과도하게 집중되는 일을 막으려는 조치였다. 1780년대 오스트리아에서는 요제프 2세가 수도원 개혁을 주도하여, 교육이나 자선사업에 관련된 수도원만 유지하고 그렇지 않은 수도원은 해산시켜 일반 교구와 학교로 재산을 이전시켰다.

이런 사례들은 18세기 국가와 수도회의 관계에서 몇 가지 시사점을 던져 준다. 첫째, 수도원 토지 문제는 경제 구조와 연결된다. 수도원이 해산하면 수도원 소유의 토지가 재분배된다. 수도원이 보유한 토지 규모가 매우 컸기에, 토지 몰수와 국유화, 매각 등이 가져올 사회·경제적 변화는 상당했다. 이러한 변화가 가능하려면 수도원의 존재 이유나 역할에 대한 사회의 인식이 변해야 하며, 더불어 국가 구성원의 합의도 전제되어야 한다.

둘째, 존립 목적에 부합하는 수도원만 유지되었다는 점에서, 세속 사회가 수도원에 기대하는 역할은 종교적인 분야만이 아니라 기초부터 고등 수준에 이르는 교육이라는 점이 분명해진다. 뒤집어 말하면, 만약 일반 학교나 교구 학교에서 그 역할을 충분히 대체한다면 수도원의 존재 의미는 더욱 축소된다.

마지막으로, 수도회의 경제적 기반을 견제하거나 존립 목적을 통제하는 등 그 양상은 달랐지만, 각 국가 내 수도회의 주도권을 교황이 더 이상 가질 수 없었다는 점이다. 국가권력이 국가의 이익과 목적에 맞게 수도원을 통제하고 해산하고 재산을 몰수할 수 있게 됨으로써 필요하다면 언제든 수도원 전면 해체도 못할 일은 아니었다. 18세기에 가톨릭 국가 내에서 수도회를 통제하고 축소한 것은 국가 정책의 결과였다.

이렇듯 종교개혁을 거치고 국가 단위로 수도원 개혁이 일어나 수도회에 영향을 미쳤지만, 그때까지도 가톨릭 국가들에서는 수도회를 해체하려는 의도를 보이지 않았다. 하지만 프랑스혁명에서 수도회에 대한 극적인 태도 변화가 일어났다.

혁명과 수도회 폐쇄

프랑스는 미국 독립전쟁 등 일련의 전쟁에 참여하면서 국가 재정의 파탄을 초래했다. 바닥난 국고를 메우기 위해 귀족이나 성직자에게 과세하려 했지만 그들의 저항 때문에 실현되지못했다. 결국 세금은 제3신분에게 과중하게 부과되었다. 이에 반발한 시민들이 혁명에 성공하여 프랑스의 봉건적 구체제가 무너지고 전면적인 개혁이 이뤄졌다.

프랑스혁명은 프랑스 교회에도 큰 전환점이 되었다. 1789년 프랑스 교회는 특권을 잃었고 교회 재산은 국가로 귀속되었다. 그로부터 1년 후 모든 수도회가 해산되었다. 많은 수사와 수녀들이 자신의 수도 서약을 지키기 위해 해외로 도피했고,

프랑스에 남아 있는 이들은 시민 선서를 해야 했다. 그 과정을 살펴보자.

수도원 해산은 프랑스 가톨릭교회의 총체적인 특권 폐지와 함께 이뤄졌다. 우선 이 변화는 경제적 관점에서 따질 수 있다. 성직자들은 교회의 십일조를 포기하고 그 돈이 국가에 귀속되는 데 동의했다. 1789년 8월 26일 국민의회는 인간과 시민의 권리 선언을 발표했다. 이로 인해 성직자와 가톨릭교회는 그동안 누리던 우월적인 지위를 상실했다. 1789년 당시 교회가 소유한 토지는 프랑스 전역의 약 6퍼센트였다. 교회는 토지를 소유했을 뿐 아니라 농업 생산량 중에서 10분의 1에 해당하는 금액을 징수할 수 있었고 수입에 대한 과세도 면제받고 있었다. 1789년 11월 2일 의회는 교회의 모든 재산을 국가에 귀속하는 법령을 통과시켰다. 이제 교회는 면세 특권과 교회 주수입원인 십일조마저 상실했다.

1790년 2월 13일에는 국가가 수도원에도 개입하기 시작했다. 프랑스 내 모든 수도원이 해산되고 법률로 인해 수도 서약이 폐지되었다.[1] 수사와 수녀들은 세속 신분으로 돌아갔다. 같은 해 4월 14일에는 교회 재산의 국유화가 반포되었다. 정부는 수도원과 그 재산을 매각하여 국가 재정의 안정을 꾀했다. 그만큼 교회가 많은 재산을 보유하고 있었다. 재정 위기를 타파하기 위해 국유화한 토지를 입찰을 통해 민간에 매각했다. 혁명정부는 교회의 수입과 재산을 장악하고, 급진적 개입을 통해 교회와 국가 사이의 경계를 재설정했다.

211

같은 해 7월 12일에는 성직자 공민헌장Civil Constitution of the Clergy이 제정되었다. 이 헌장의 목적은 성직자 신분을 프랑스 국가 관료로 전환하는 것이었다. 국가가 성직자 급여를 부담하고 전통적으로 종교가 수행해 오던 구제사업의 책임을 떠맡았다. 이때부터 출생 신고, 혼인 신고, 사망 신고 등 호적 업무가 교회에서 국가로 이관되었다. 이 헌장에 서약하기를 거부하는 성직자들은 박해를 받았고, 4만 명 이상의 신부들이 투옥되거나 유배되었다.

혁명 전에도 프랑스 교회는 정부와 사회, 특히 계몽주의 지식인들로부터 거센 비판을 받고 있었다. 지식인들은 국가 이익과 인권의 관점에서 수도원 해산을 요구했다. 수도원 회랑 내에서 기도하며 세월을 보내는 수사와 수녀의 삶은 국가의 생산성과 이익에 전혀 도움이 되지 않는 무익한 삶이며, 한 개인의 수도 서약으로 평생 제약당하는 것은 개인의 자유를 침해하는 것이라고 비판했다. 수도 서약은 아주 어린 나이에 자신의 의지와 관계없이 그 삶을 강제하는 인권 유린의 한 형태로 인식되었다. 종교 개혁 이후 가톨릭교회가 관행을 없애려고 노력했지만, 어린 자녀를 수도원에 보내 가족의 부를 편법으로 상속하는 일은 지속되었다.

1789년 10월 28일, 파리에 사는 수사 두 명과 수녀 한 명이 자신들의 의지와 무관하게 수도 서약을 강요당했다고 주장하는 제보가 제헌의회에 전해졌다. 이 제보로 프랑스 사회에서 종

교적 서약과 인권 논란의 문제가 다시 제기되었다. 다음 날 의회
는 자유의 이름으로 종교 서약의 즉시 폐지를 선언하며, 종교 서
약이 개인의 자유를 제한하므로 종신 서약을 해서는 안 된다고
주장했다. 또한 수도회의 존재가 자연권에 기반을 둔 사회와 반
대된다고 보았다. 수사나 수녀의 존재는 인권과 사회의 요구와
양립할 수 없고, 종교의 건전성에 도움이 되지 않는다고 판단했
다. 국민의회는 민중들이 수도회에 대해 가진 적대감을 활용하여
스스로 '전제적이고 무정부적인 삶을 사는' 수도회의 파괴자가
되는 길을 택했다.[2]

침묵과 기도, 신비로 대표되며 1,500년 이상 이어 온 수
도원 정신이 국가에 의해 강제로 폐지되었다. 수도원 폐지와 파
괴는 혁명의 와중에 벌어진 하나의 사건 그 이상이다. 프랑스혁
명이 내세운 자유, 평등, 박애라는 이상과 수도원의 가치가 양립
할 수 없다는 선언이기 때문이다. 수도사의 삶은 자유의지가 꺾
이고 강요된 고립의 삶으로 간주되었다. 신 앞에 더 우월한 삶이
라고 여겨지던 수도사의 삶은 인간이 모두 평등한 존재임을 부
정하는 구태에 지나지 않았다. 또한 수도회는 폐쇄 공동체 속에
살면서 사회와 국가를 위해 생산성 있는 일은 하지 않는 이기적
인 집단으로 낙인 찍혔다.

중세기 파리 대학을 신학의 중심지로 만드는 데 기여한 토
마스 아퀴나스를 배출한 도미니코회도 1793년에 마지막 수도원
의 문을 닫았다. 근대에 들어오면서 국가와 귀족 계층의 후원에

의존해 살아가던 탁발 수도회는 더 직접적인 타격을 받았다. 더구나 혁명정부는 도미니코회나 예수회처럼 국제적인 체계와 리더십을 갖춘 수도회를 국가에 위협을 주는 존재로 간주하였다.[3]

이처럼 단기간에 발생한 궤멸에 가까운 수도회 공격은 수도회가 자초한 일이기도 했다. 국민의회로 대표되는 프랑스 대중은 가톨릭과 공생한 구체제에 수십 년간 적의를 품고 있었고, 혁명이 발발하면서 모든 전통을 거칠게 파괴해 버렸다. 하급 성직자들 사이에서 이 개혁을 지지하기도 했고, 프랑스 수도원의 수도사들도 개혁에 대한 반대의 목소리를 거의 내지 않았다.[4]

이성, 혁명의 종교

혁명이 진행되면서 종교가 공화국의 가치와 양립할 수 없다는 분위기가 형성되었다. 프랑스 사회에서 종교를 배제하는 비그리스도교화 운동이 일어났다. 사제는 사제직을 포기하라는 권고를 받았고, 결혼을 권유받고 강요당했다. 거부하면 체포되거나 추방당했다. 1793년 10월에는 예배가 금지되었다. 교회의 종을 떼내 전쟁 군수품을 만들었다. 교회와 묘지에서 십자가상이 제거되었고, 종교를 주제로 한 예술품들이 압수되거나 파괴되었다. 프랑스 가톨릭이 남긴 문화유산과 예술품이 불타고, 교회는 창고, 공장, 마구간으로 개조되었다. 성인의 이름을 딴 거리와 공공

장소에 새로운 이름이 붙었고, 공식적 예배일인 일요일을 없앴다. 지역에 따라 적용되는 수준은 달랐지만 이것이 전하는 바는 명확했다. 공화국에서 가톨릭이 설 자리가 더 이상 없다는 메시지다.

프랑스혁명이 목적한 근대화를 향한 거친 걸음은 기존의 교회 전통에 돌이킬 수 없는 손실을 주었다. 혁명 지지자들은 수도원, 성당, 교구 교회, 성이나 궁전에 난입하여 수 세기 동안 보관되었던 필사본 등을 꺼내 불태웠다. 근대성이 구체제에 저항하면서 생겨나긴 했으나, 전통의 손실 위에서 이루어졌다는 점에서 치러야 할 대가는 컸다. 토지 소유와 임대권을 명시하는 소유권 계약서, 헌장 등 중세 이후 잘 정비되어 온 문서들이 불태워졌다. 족보, 책자, 호적 등 귀족임을 입증할 법적 증거물들을 없애고, 프랑스의 정치, 사회, 경제, 역사를 담은 풍부한 자료들을 파괴했다. 프랑스혁명 기간에 수도원에서 400만 권 이상의 책이 불탔는데, 그중 2만 5,000권은 중세 필사본과 같은 귀중한 자료들이었다. 역사 속에서 책을 파괴하는 것은 그다지 낯설지 않다. 중국 시황제의 분서갱유만 있었던 건 아니다. 책을 태우는 것은 과거의 기록을 파괴함으로써 과거 문화의 기억을 지우고 자신의 의지대로 재구성하고자 하는 시도다. 혁명에 참여한 대중들이 중세 자료를 파괴한 행위는, 교회와 귀족이 지배하는 봉건 질서를 무너뜨리고 새로운 세상을 만들어 가려는 상징적인 행위였다.[5]

무너진 가톨릭의 자리에 이제 새로운 종교가 들어왔다.

1792년 공화국이 수립되면서 혁명정부는 혁명의 희생자들을 성자로 기념하고 삼색기를 성스러운 상징으로 숭배하는 등 혁명의 종교화를 진행했다. 이를 위해서 다양한 의식과 축제도 생겨났다. 이제 이성이 전통적 신을 대신하여 그 자리를 차지했다. 교회는 '이성의 신전'으로 바뀌었다. 공화국 통치자 로베스피에르는 '최고 존재의 제전Cult of the Supreme Being'이라는 새로운 국교를 제안했다. 이성을 신적인 자리에 놓음으로써 프랑스인들 사이에 여전한 종교적 믿음과 초월적 존재에 대한 숭배를 이어 가고자 한 것이다.[6] 종교는 여전히 공화국의 도덕을 지탱해 줄 중요한 수단으로 자리매김했다.

하지만 로베스피에르가 실각하여 이 시도는 성공하지 못했다. 정부는 1795년 2월 21일, 공식적으로 교회와 국가의 분리를 선언했다. 교회는 다시 문을 열고, 사제들이 감옥에서 풀려났다. 그들은 공화국 법을 존중하겠다고 약속하는 조건으로 종교활동을 이어 갈 수 있었다.

가톨릭교회 박해는 나폴레옹 보나파르트가 1799년 11월 9일에 쿠데타를 일으켜 정권을 차지한 이후에야 완전히 끝났다. 나폴레옹 자신은 종교적이지 않았지만, 프랑스의 질서 회복을 위해 종교의 역할을 인정하고 이를 정치적으로 활용했다. 1801년 7월 16일 교황과 협정을 체결하여 프랑스가 가톨릭 국가로 회복됨을 선언했다. 다만 교회가 이전 같은 특권과 지위까지 회복하지는 못했다. 교회는 이제 국가의 통제하에 놓였다. 국가가 사제

피에르 앙투안 드마시가 그린 〈샹드마르스에서 열린 최고 존재의 제전〉. 프랑
스 혁명 정부의 로베스피에르는 그리스도교를 폐지하고, '최고 존재의 제전'이라
는 새로운 국교를 제안했다.

들을 고용하여 급여를 책임지고, 모든 사제는 정부에 충성을 맹세해야 했다. 나폴레옹이 직접 주교를 임명하면서 교황과의 갈등이 증폭되었다. 그는 1804년에 거행한 자신의 대관식에 교황의 참석을 종용하고 성 나폴레옹 축일을 도입하는 등 교회를 사적 통치에 활용했다. 1808년에 나폴레옹이 로마를 점령하면서 교황과의 관계는 더욱 틀어졌다. 교황이 나폴레옹을 파문하자, 나폴레옹은 교황을 체포하여 프랑스에 볼모로 잡아 두었다. 나폴레옹이 가톨릭교회를 되살리긴 했으나 정치적으로 이용하려는 목적에서였다. 교회가 철저하게 국가 통제하에 놓이면서 나폴레옹 치세에서 수도원은 다시 한번 시련을 겪었다.

프랑스혁명은 프랑스뿐 아니라 유럽 그리스도교의 분수령이 되었다.[7] 정치적 영향력과 자치를 행사하던 교회가 혁명 과정에서 세속 국가에 의해 개혁되고, 폐쇄되고, 부활하는 과정을 겪었다. 이 사건은 계몽주의와 이성의 시대에 종교가 경험하는 새로운 일상이었다. 이제 교회는 국가 통제하에 들어가고, 전통적 종교성은 이성과 합리의 시대, 인권의 시대에 부합하지 않는 가치로 평가절하되었다. 프랑스혁명은 유럽 전역에 세속화의 길을 열었고, 그리스도교가 유럽 역사에서 뒤안길로 밀려나는 후기 그리스도교 시대를 여는 신호탄이 되었다.

수도회에 가해진 도전도 거셌다. 청빈, 순결, 순명이 대표하는 수도회의 가치는 자유, 평등, 박애라는 혁명의 가치에 압도되었다. 종신 수도 서약은 시대에 뒤처진 인권 유린으로 매도되었다. 혁명이 몰아낸 것은 구체제만이 아니었다. 유럽에서 2천 년 가까이 쌓아 온 그리스도교의 가치와 전통도 혁명 앞에서 무너지고 말았다.

우선 인정하자. 가톨릭교회와 성직자들은 구체제에 부역했다. 프랑스에서 혁명은 정당했다. 일어날 수밖에 없는 일이었다. 혁명의 불길은 프랑스를 넘어서서 전 세계로 확산되었고, 구체제를 무너뜨리며 되돌릴 수 없는 변화를 만들었다. 하지만 모든 것을 무너뜨린 이 사건이 얼마만큼 전향적인 결과를 냈는지는 또 다른 질문거리다. 프랑스혁명은 근대를 만든 사건이다. 신 없이 쌓아 올린 근대가 추구한 가치, 근대성이 낳은 결과가 무엇인지 따져 본다면, 근대성에 대한 상찬만 할 수는 없다.

길을 잃은 근대, 인간을 잃은 종교

비판적 근대 읽기를 좀 더 진행해 보자. 신 없는 근대는 다른 말로 수도원의 가치, 종교의 가치를 배제한 근대라고 표현할 수 있다. 하지만 그저 그리스도교라는 가치를 거부한 것으로 제한한다면 충분한 읽기가 되지 못한다. 근대에서 성찰해야 할 지점은, 신 없는 근대 이전에 신의 얼굴을 한 인간을 인식하지 못했다는 오류다. 이 시기는 낙관의 세기였다. 인간의 이성에 대한 낙관과 진보하는 미래에 대한 낙관으로 가득했다. 1815년 나폴레옹 전쟁 직후부터 1914년 제1차 세계대전 이전까지의 100년은 '평화의 세기Century of Peace'라고 불렸다. 이 평화의 시기에 영국은 팍스 로마나에 빗대어 '팍스 브리타니카Pax Britannica'라 불리는 제국의 전성기를 구가했다. 프랑스는 조금 늦은 시기인 1870년부터 제1차 세계대전까지 '벨 에포크Belle Époque', 즉 '아름다운 시절'로 불리는 과학, 문화의 황금기를 만들었다.

자부심이 가득한 이 시기는 인간의 탐욕이 극을 향해 치닫는 때이기도 했다. 종교개혁기인 1520년대 초반에 시작된 근대의 노예무역이 여전히 활발했고, 노예무역에 더하여 유럽 열강의 아프리카와 아시아 식민지 쟁탈이 진행되었다. 유럽인이 앞다투어 진출한 식민지에 선교사들도 진출하여 활발하게 활동했다. 영국의 윌리엄 캐리는 침례교선교회(1792)를 조직하여 해외선교의 잰걸음을 시작했다.

개신교는 19세기를 위대한 선교의 세기로 만들었다는 자부심을 갖고 있다. 하지만 누군가의 '희생'으로 이루어진 확장이라는 점에서 그 선교는 지나치게 피상적이고 순진하며, 세속적 개념일 수밖에 없다. 식민지의 희생과 경제적 착취에 눈감고 제국주의에 부역한 그리스도교의 모습은 애써 감춘다. 선교사들은 당시 유럽인들이 타자를 바라보는 보편적인 수준을 넘어서지 못했다. 여전히 식민지 민족을 미개하고 열등하게 바라보는 관점을 유지한 채 그들을 문명으로 이끌 '백인의 짐white man's burden'을 지고 있다며 스스로를 정당화했다.[8]

수많은 선교사들이 그리스도교를 전파한다고 생각했지만, 실상 전해진 것은 우월한 유럽의 가치였다. 그들이 실천한 것은 보편적인 인간애가 아니라 유럽인들이 정한 인종주의였다. 사회진화론에 기반한 우생학이 등장한 후에는 과학이라는 이름으로 피부색과 혈통에 따라 인간의 우열을 가렸다. 인간의 존재는 재화로 환산할 수 있는 대상이 되었다. 과학 기술에 대한 맹신, 자본을 향한 끊임없는 욕망, 그로 인한 식민지 지배와 제국주의 확산 앞에서 모든 것은 물질로 환원되었다. 평화의 세기, 팍스 브리타니카, 벨 에포크 등 무엇이라 불리건 이 시기는 인류의 집단적 성찰이 상실된 시기였다. 다가올 문명의 암울한 미래를 예측하지 못했다.

근대가 파괴한 것은 수도원만이 아니었다. 보편적 인간애를 지향해야 하는 그리스도교는 인간을 잃고 말았다. 복음 전파라는 미명 아래 유럽의 제국주의와 식민지 확장을 정당화하는 이데올로기가 압도적이었다. 개신교가 세계로 확장되었지만 누구도 진지하게 성찰의 자리에 서지 못했다. 진실로 수도사가 필요한 시기였다.

네덜란드 중세사가 요한 하위징아Johan Huizinga는 일찍이 '놀이의 힘'을 주창한 바 있다. 그는 놀이의 자발성, 상상력, 순수성, 비일상성이 건전한 창조성을 낳는 힘이라고 했다. 놀이는 일견 그 자체로 아무런 생산성이 없어 보이지만 놀이 정신을 상실한 문명은 존재할 수 없다고 했다. 놀이 정신이 문명을 생성하는 창조력의 바탕이 된다. 그는 산업혁명 이후 문화가 놀이의 성격을 상실하고 있다고 비판한다. 노동과 생산에 과도한 가치를 부여하면서 놀이를 무가치하게 보는 관점이, 인간을 합리적 존재로 만들기보다 기계화된 세계의 부품으로 간주하게 한다. 그는 "일과 생산은 시대의 이상이 되고, 나아가 우상이 되었다"라고 했다.[9] 현대 인류가 진정한 의미의 발전을 이루려면 신성한 놀이 정신을 회복해야 한다. 판단력 쇠퇴, 비판 의욕 저하, 과학 기술의 악용, 이 모두가 문화를 혼란 속에 빠뜨리며 필연적으로는 윤리의 위기를 초래하기 때문이다.

수도회 정신과 하위징아의 놀이 문화를 직선적으로 연결하는 것은 무리가 있다. 하지만 놀이 문화가 생산성의 요구를 거부하고 주체성을 강조한다는 점에서, 비생산적인 기도와 침묵의 삶이 주는 가치와 부합하는 지점이 있다. 빗대어 보면, 근대 혁명이 파괴한 것은 수도원 건물이 아니었다. 그 속에 스며 있던 수도회의 정신이 영구히 무너졌다. 비생산적으로 보이는 기도에 헌신하고 회랑 안에 스스로를 가두어 멈추어 버린 삶을 사는 그들의 모습은 효율과 효용을 추구하는 근대의 시점으로는 무가치해 보인다. 그러나 근대의 시점을 벗어나서 성찰해야 할 필요성이 충분하며, 근대 정신은 그것을 놓쳤다.

더불어 근대가 추구하는 자유, 평등, 박애도 그 한계가 뚜렷하다. 근대가 추구한 인간 자유는 절제되지 않는 탐욕을 부추겼다. 그들이 추구한 평등은 모든 사람의 평등이 아니라 결국은 유럽 중산층 부르주아의 평등이었다. '앞선 유럽'과 '야만적인 타자'라는 불평등한 관계에서 비롯된 제국주의 침탈을 박애라는 명목으로 옹호하였다. 프랑스혁명과 수도원 파괴를 논하면서 다음 세기 제국주의 혐의까지 연결 짓는 일이 지나친 듯도 하지만, 혁명으로 열어젖힌 근대가 수도회 정신을 잃어버리면서 절제 없는 욕망 추구를 무한 긍정했다는 현실은 비껴갈 수 없다.

근대의 교회, 수도회는 그 정신을 지켜 내는 데 실패했다. 그렇기에 세계대전과 홀로코스트에서 보이는 추악한 인간성의 비극은 곧 종교적 사건이며, 이성과 과학, 진보라는 이름의 종교가 추구한 결론이다. 또한 근대 제국주의와 종교가 혼합되면 어떤 일이 벌어지는지 생생하게 보여 준 학습장이다. 승전국이라고 해서 이 칼날을 피해 갈 수는 없다. 근대사에서는 인간이 물질로 환원되는 존재로 격하되었기 때문이다. 성찰과 기도의 삶을 비생산적이라고 비판하며 수도원을 파괴한 근대가 제거해 버린 것은, 어쩌면 신이 아니라 인간의 성찰하는 힘이었다.

거침없을 것 같던 근대가 혁명과 전쟁의 피비린내를 경험하자, 인간은 다시 수도회에 길을 물을 수밖에 없었다.

11

잿더미에서 찾는
희망의 조각들

떼제와 라브리 공동체

저항하는 부조리 인간

1, 2차 세계대전은 과학과 진보의 이념이 인간의 헛된 환상이었음을 드러낸 암울한 사건이다. 인류가 공통으로 향유할 수 있는 객관적 가치와 본질이 있을 것이라고 믿었던 기존의 사유에 전쟁은 깊은 의문을 제기했다. 고대 플라톤 시대부터 현대에 이르기까지 철학은 인간과 세계의 본질을 추구했다. 그것이 신과 섭리를 중심에 두었던 사고 체계에 균열을 가져오기도 하고 그 체계가 절대정신이나 이성으로 대체되기도 했지만, 본질에 대한 천착은 포기하지 않았다. 단순화하여 표현하자면, 신의 대체재는 이성 혹은 과학이었다.

그러나 이 본질에 근원적인 의문을 제기하는 사상이 등장한다. 실존주의는 공통으로 사유하는 본질이 아닌 개별 존재에 대한 탐구라 할 수 있다. 실존주의가 등장한 것은 단순히 그리스 도교나 신에 대한 반발 수준을 넘어선다. 때로는 신의 이름으로, 때로는 이성의 이름으로 근대 세계에 굳건히 자리 잡았던 합리성과 합목적성이라는 가치에 대한 전면적 재고였다. 인간과 세계는 완전한 진보로 나아갈 수 없고 불안정하며 가변적이라는 점이 전제된다.

실존주의는 인간 존재의 본질을 추구하는 기존 틀을 넘어서 인간과 사회가 가진 우연성, 가변성, 불합리성에 주목했다. 존재의 본질을 찾으려는 시도는 끊어졌다. 실존주의에 의하면, 인간은 이 세계에 우연히 던져진 존재이므로 불안이라는 문제를 비껴갈 수 없다. 어쩌면 고대부터 근대에 이르는 철학도 이 불안과 우연의 문제를 회피하기 위해 신 존재의 정당성을 필사적으로 추구해 온 것일지도 모른다. 심지어 실존주의 철학 안에도 본질이 배제된 현실의 불안에 대처하는 방식으로 신을 소환하는 유신론적 실존주의가 존재한다.

무신론적 실존주의건 유신론적 실존주의건, 실존주의는 불합리하고 부조리한 현실 세계를 기본값으로 설정하고 그 속에서 경험한 실존적 고민에 대응하는 체계다. 고민의 배경에는 인간의 합리성에 대한 신뢰와 과학주의가 약속한 미래에 대한 낙관을 송두리째 무너뜨린 역사적 사건들이 존재한다. 프랑스혁명이 상징하는 근대 세계는 누구도 기대하지 않았던 방향으로 흘러갔다. 자유, 평등, 박애를 기치로 내세운 혁명의 피비린내와 더

227

붙어 그 가치와 배치되는 호고적 낭만주의에 기반한 제국 확장에 유럽 열강은 여념이 없었다. 제국의 윤리는 신을 배제한 윤리였고, 그들이 추구한 보편주의는 '유럽'이 정한 보편주의였다. 유럽이 사회·정치·경제·문화적 자신감으로 평화롭고 아름다운 시절이라고 한껏 치켜세운 이 낭만적이고도 합리적인 세계는, 제국주의 열강의 욕심이 야기한 제1차 세계대전, 미국의 대공황, 그 혼란한 틈을 탄 독일 나치즘을 위시한 전체주의의 등장, 제2차 세계대전과 홀로코스트로 이어졌다.

인류의 진보를 약속했던 과학주의와 합리주의가 만들어 낸 결과는 아름다운 시절이 아니라 부조리한 시대였다. 진보라는 약속이 너무 달콤했기에 부조리한 세계에 대한 한계 역시 더욱 클 수밖에 없었다. 실존주의자 알베르 카뮈는 이성과 합리로 풀어낼 수 없는 사회 그 자체를 부조리로 규정했다. 유한한 미완의 존재인 인간은 본질이라는 이데아를 추구할 수 없다. 인간의 한계와 인간이 만들어 낸 사회의 한계가 명확하다면 허무주의나 염세주의로 흐를 수 있다.

하지만 한편으로 불완전한 세계 자체는 열려 있는 공간이고, 그 안의 존재는 구속되지 않고 자기 결정권을 가진 진정한 자유인이 될 수 있다. 본질 추구와 무관하게, 부조리한 세계라는 현재 상태status quo에서 이 지점이 길을 모색하는 힘이 된다. 그 안에서 카뮈가 제창한 '부조리 인간L'homme absurde'이 탄생한다. 부조리 인간은 부조리한 세계 속에서 냉소와 허무주의에 빠지지 않고 부조리한 세계에 의식적으로 저항하며 살아가는 깨어 있는 인간을 의미한다. 부조리한 국가와 사회가 만들어 낸 현실은 부조리한 세상을 성찰하며 극복해 나가는 개인을 통해 희망을 찾을 수 있다. 그러므로 실존주의는 주체적 삶을 위한 선택이자 적극적인 저항의 한 형태다.

교회는 어디에 있었는가?

근대 세계의 종말을 가져온 부조리한 현실은 그리스도교에서도 예외는 아니었다. 과학 기술에 대한 무한 긍정과 성찰 없는 진보의 폭주 앞에서 교회는 속수무책이었다. 근대가 쌓은 과학 기술은 단기간에 600만 명을 학살하는 데 부역했고, 원자폭탄은 인간이 스스로에게 내린 징벌이었다.

세계가 그렇게 흘러가는 동안 교회는 어디에 있었는지, 종교는 어떤 역할을 했는지 비판이 제기된다. 교회는 실존하는 고통에 참여할 능동적 의지를 상실한 채 추상적인 본질에 천착했다. 가톨릭교회는 19세기 후반 들어 교황 무오류설, 마리아 무흠잉태설, 마리아 승천설 등과 같은 근원적인 교리를 제정하여 교회를 지키려는 시대착오적 움직임을 보였다. 제2차 세계대전 기간에 보인 행태도 충격적이다. 독일 루터교회는 히틀러의 나치즘에 적극 동조했고, 가톨릭교회는 홀로코스트 속에서 중립을 내세우며 철저히 침묵했다.

　가톨릭과 개신교와 같은 기성 종교는 부조리극의 어설픈 조연 역할에 매우 충실했다. 제도 교회는 현실을 읽어 내고 싸워 나갈 힘을 갖지 못한 채 천상의 신비와 추상의 본질에만 매달렸다. 실존적인 고민을 나누고 질문하며 길을 모색할 준비가 전혀 되어 있지 않았다. 교회에 남느냐, 교회를 떠나느냐의 물음으로 귀결하기에는 층위가 한껏 복잡했다. 그리스도교 역사 속에서 늘 그래왔듯, 제도 교회가 마주한 한계를 넘어설, 제도 바깥에서 형성되는 새로운 흐름이 요구되었다. 길게 돌아서 왔지만, 이것이 근대성의 종말 앞에서 생성된 근대 수도회 운동이라고 할 수 있는 '떼제 공동체'나 '라브리'를 주목해야 할 이유다.

　그리스도교 체계는 어떤 철학보다 더욱 확고한 신념으로 원형과 본질을 추구한다. 그 본질은 이 땅의 가시적인 제도 교회를 통해 구현된다는 전통적인 신뢰가 있었다. 그러나 현실에서는 기성 그리스도교가 제공한 교리나 가르침, 신앙의 실천 등이 부조리한 사회에서 유의미한 자리를 찾아가지 못하고 있었다. 본질이 존재한다 하더라도 전통적 관념 속에서 합의했던 모습과는 차이가 있었다. 아니, 차이가 없으면 안 되었다. 전체주의 세계에 저항하지 못하고 인류의 참상에 눈감은 종교를 신의 본질을 대리하는 종교라 지칭해서는 곤란하기 때문이다.

　떼제 공동체나 라브리 선교회는 완성태인 기성 교회의 가르침을 다시 포장해 제공하려는 의도는 없었다. 그들의 목적은 본질주의를 향한 천착보다는 오히려 유신론적 가치를 매개로 실존의 고민을 풀어 나가려는 시도에 가까웠다. 제도나 권위에 동원되지 않고 아래로부터 자발적이고 주체적으로 선택해 나가는 삶을 추구하고 지지했다. 근대성이 무너져 정신적 공황의 한복판에 놓인 유럽에서 부조리한 삶에 회의하고 절망하는 전후戰後 젊은이들이 저항할 안전한 피난처를 제공해 왔다. 유신론이라는 매개를 내려놓지는 않았지만, 어떤 전제도 없이 치열하게 기도하고 찬양하고 읽고 논쟁하며 신을 찾아가도록 도왔다.

화해와 떼제 공동체

프랑스 시골의 떼제Taizé라는 작은 마을은 사람들로 늘 북적인다. 세계 전역에서 모인 젊은이들이 며칠 동안 함께 살며 기도하고 찬양한다. 그리고 흩어진다. 전통적인 수도 공동체처럼 모이는 공동체가 아니라, 잠시 들렀다 흩어지는 개별 순례자들이 더 주목을 받는 공동체다.

제2차 세계대전이 시작될 무렵 프랑스 개신교인 로제Roger Schütz 수사가 이곳 떼제에 정착했다. 1940년에 공식적으로 시작한 것으로 알려진 이 공동체는, 처음 몇 해 동안은 주로 유대인 난민들의 피난처 역할을 했다. 그러다 전쟁이 끝난 후 몇몇 젊은이가 합류하여 현재와 같은 수도원 공동체가 형성되었다. 그들은 기부를 거절하고 자급자족을 실천하며 수도회 밖 사람들과 함께 기도하는 공동체를 만들어 갔다. 교파를 넘어서는 에큐메니컬 수도회를 발전시켰다. 무엇보다도 젊은이들에게 인기가 있었고 매년 수십만 명의 순례자들이 찾았다. 공동체는 방문하는 순례객을 수용하고 공동체 기도를 드리기 위해 교회를 세웠다. 1962년에 설립된 이 교회는 '화해의 교회'라고 명명되었다.

사람들은 대부분 일요일에 도착해 일주일 동안 머문다. 그들은 다른 사람들을 만나고 기도하며 신을 찾기 위해 떼제로 간다. 떼제 공동체에 거주하는 수사들은 25개가 넘는 국가에서 왔으며 가톨릭과 다양한 개신교 배경을 갖고 있다. 그들은 소그룹을 통해 방문객들을 만나며 함께 찬양하고 기도하고 질문한다. 공동 기도 외에도 신앙, 정치, 사회 등 다양한 주제를 다루는 워크숍을 진행하며 교제한다. 신과의 교감만이 아니라 동시대에 존재하는 다른 공동체와의 교감을 강조한다. 서로 질문하고 함께 답을 찾아간다. 이 과정에서 많은 참가자들이 영혼의 치유와 평화를 경험한다.

로제 수사가 공동체의 규칙을 집필하면서 강조한 핵심은, 매일의 공동체 기도를 통해, 생활에서는 예배와 침묵을 통해 삶의 균형을 잡아 가는 것이었다. 이처럼 떼제는 기도의 힘을 경험하며, 독특하고 단순한 삶을 살아가는 공동체다. 깊은 기도를 경험하기 위해 먼저 침묵을 실천했다. 이 의도적인 침묵은 궁극의 정적 속에서 신의 음성을 듣기 위한 가장 적극적인 태도이며, 떼

떼제 공동체 설립자 로제 수사. 교파를 넘어서는 에큐메니컬 수도회를 발전시
켰다.

제 공동체의 핵심이자 원천이다. 프랑스 정교회 신학자 올리비에 클레망Olivier Clément은 떼제 공동체의 핵심을 세 가지로 간추렸다. 첫째로 그리스도인 간의 화해, 둘째로 젊은 세대를 향한 복음 전도, 셋째로 그리스도교 내에서의 창조성 촉진이다.[1]

참가자 개인들은 찬양과 기도 시간을 통해 마음의 평화와 신의 임재를 추구하지만, 단지 개인의 평화에 머물지 않는다. 떼제 정신은 '화해reconciliation'라는 단어로 표현할 수 있다.[2] 화해는 상호적이어야 하며, 평화의 부재 즉 불화가 존재한다는 전제가 있다. 평화의 부재는 세계가 전쟁을 통해 경험한 부조리에서 도 드라진다. 그리스도교와 사회 사이에도 불화가 존재한다. 세속 사회와 세속 문화 속에서 그리스도의 평화를 전달하는 일도 큰 숙제다. 또한 그리스도인들 사이에서도 교리나 교단의 차이에서 비롯된 배타성이 소모적인 결과를 낳기도 한다. 그렇기에 서로 다른 그리스도교 전통 간의 화해와 일치는 공동체의 중요한 가치다. 로제 수사는 같은 공간에서 같은 말씀을 듣고 침묵하며 찬양으로 하나님의 임재를 경험하면서 서로를 존중하는 정신이 싹트고 화해가 성취될 수 있다고 보았다.

교파 간 화해, 에큐메니컬 정신이 떼제의 가치가 될 수 있는 이유는, 서로 다른 교파가 그리스도교 신앙의 신비를 특징적으로 발전시켜 왔기 때문이다. 동방 그리스도교는 그리스도의 부활을 강조함으로써 지난한 박해 시기를 인내할 수 있었고, 그들이 담아 냈던 수도회주의는 서구에 관상의 전통을 전달했다. 가톨릭교회는 그리스도를 통해 교회와 사회문화 사이 친교의 보편성을 천 년 이상 가시적으로 구현해 왔다는 장점이 있다. 개신교는 말씀을 듣고 삶에서 그 말씀을 실천하는 강력한 힘을 갖고 있다. 여러 교파 간의 교류는 그리스도교 신앙의 다양성을 경험함으로써 서로 다름을 인정하고 반목했던 일들을 이해하는 기회가 된다.

그리스도인 사이에 일어나는 화해의 실천은 그들이 속한 사회와의 화해를 향한 결심으로 이어진다. 신뢰와 화해를 촉진하기 위해 떼제 공동체는 지구 공동체를 위한 신뢰의 순례를 한다. 매년 여러 대륙에서 온 수만 명의 젊은이가 이 순례에 참여해 사람들 사이에 화해와 평화, 그리스도 복음의 전달자 역할을 수행한다.

한국인으로는 유일하게 30년 이상 떼제 공동체에서 살았던 가톨릭 수사 신한열은, 떼제 공동체가 세속과 단절된 공동체가 아니라 세계를 향한 기도를 통해 갈등과 분열의 한복판에 머문다고 얘기한다. 2차 세계대전 직후 독일군 포로들을 끌어안았던 떼제 공동체는, 난민의 신분으로 유럽에 들어온 무슬림 청년들에게도 손을 내밀고 그들을 도와주었다. 그는 수도사의 삶에서 가장 중요한 원칙은 '타인에 대한 이해와 앎'이라고 이야기한다. 세상에서 벌어지는 수많은 폭력과 배타, 혐오 같은 갈등 상황은 서로에 대한 무지에서 비롯된다. 떼제 공동체는 단순히 세계 젊은이들이 모여드는 공간을 넘어, 낯선 사람들이 서로를 알아가며 평화를 만들어 가는 장소다.[3] 그리스도인이라고 고백하면서도 교리와 해석의 차이로 갈수록 서로 반목하는 우리네 교회가 귀 담아 들어야 할 가치다. 평화는 강단에서 외치는 선포나 구호로 얻을 수 있는 게 아니다. 서로 귀를 열고 알아 갈 때 서로를 이해 하며 평화를 만들어 갈 수 있다.

대개 새로운 수도회 운동은 공동체 설립자와 동일시된다. 그런데 떼제 공동체는 이 점에서 예외적이다. 로제 수사는 공동 체를 찾아온 젊은이들에게 그리스도교 공동체와 인류를 위한 헌 신을 촉구해 정신적 영향을 끼치고 영성과 기도에 대한 저술을 통해 대중과 연결돼 있었지만, 좀처럼 미디어에 자신을 드러내지 않았다. 그는 2005년 8월 16일 저녁 기도 중, 정신질환을 앓던 한 여인이 찌른 칼에 목숨을 잃었다. 그의 사후에도 공동체는 같 은 가치를 지키며 활발하게 유지되고 있다.

프랜시스 쉐퍼와 스위스 라브리

라브리 선교회 L'Abri Fellowship는 미국 출신 신학자인 프랜 시스 쉐퍼와 아내 이디스 쉐퍼가 1955년 프랑스어권인 스위스 알프스의 위에모Huemoz에서 시작한 공동체다. 라브리는 프랑스 어로 '피난처'를 뜻한다. 떼제 공동체와 마찬가지로 라브리도 세 계에서 온 다양한 사람들과 함께 열린 질문에 대해 정직하게 답

라브리 설립자 프랜시스 쉐퍼 박사. 정직한 질문에 대한 정직한 답변을 찾는 공동체를 만들었다.

을 추구하고 예배하며 쉼과 노동을 하는 현대적 수도 공동체다. 라브리는 신앙 여부에 관계없이 모든 이를 그리스도의 사랑으로 환대하고 함께 토론하는 문화를 형성해 왔다. 실존의 물음을 풀어 가는 일에서 떼제 공동체가 주정주의적 태도를 보였다면, 라브리는 다분히 주지주의적이다. 설립자 프랜시스 쉐퍼 박사는 그리스도교 신앙을 바탕으로 문화와 사회, 역사, 정치를 인식하고 분석하고 비판하여 그리스도교의 실재를 변증하는 데 주력했다. 종교에 관한 그 어떤 질문도 이성적 토론의 대상이 된다고 믿었던 만큼, 라브리는 질문하는 데 안전한 공간을 제공했다. 쉐퍼 박사는 자신의 세계관을 토대로 한 광범위한 저술 활동으로 라브리를 알려 왔으며, 그의 강의 테이프 역시 라브리의 지향과 정체성을 알리는 데 큰 역할을 했다. 설립 이듬해부터 스위스 라브리에 많은 방문객이 찾기 시작하면서, 라브리는 개신교 수도회라 불러도 될 만한 독자적 틀을 갖추었다.

라브리는 그리스도인이든 그렇지 않든 누구에게나 열려 있다. 라브리의 지향점은 '정직한 질문에 대한 정직한 대답'이라는 공동체 문구에 잘 드러나 있다. 라브리의 존재 목적은 인생과 신앙에 대한 고민을 안고 찾아오는 모든 이가 인격적이고 무한하며 실재하는 절대자 안에서 해답을 찾도록 하는 데 있다. 여타 수도회와 마찬가지로 라브리는 기도와 노동과 학습의 체계로 구성된다. 정해진 수업 과정은 없다. 녹음된 강연 테이프를 들으며, 라브리에서 상주하는 구성원들과 정기적으로 토론하며 지낸

다. 노동하는 시간에는 요리, 청소, 시설 보수 등과 같은 일을 돕는다.[4]

쉐퍼는 그리스도교와 일상의 삶을 통합하고자 했다. 그는 변화하는 세상에서 그리스도교가 여전히 합리성과 정합성을 지니고 있다고 믿었다. 그는 현대 서구 문화의 도덕적·문화적 부패를 한탄하며 비판적인 태도로 서구 문명을 조망한다. 그가 내세운 '암흑 시대'와 '현대의 야만'이라는 수사학은 그의 강의와 책, 영화 등을 통해 서구 복음주의자들의 뇌리에 깊숙이 각인되었다. 모든 질문에 대한 그의 답변은 확고하며, 따라서 예측 가능하다. 신의 형상으로 창조된 세대가 이제 고의적으로 신을 무시하고 있으며, 그 신은 은총의 신인 동시에 심판하는 신이라는 것이다.

그는 스스로를 파멸해 가는 문명을 탄식하며 바라보는 예레미야처럼 세상을 인식했다. 일련의 저술을 통해 제시한 쉐퍼의 해답은 여전히 근대적인 성격의 그리스도교의 가치를 변증하고 옹호한다. 그리스도교 복음과 세상의 정치, 경제, 문화, 예술 영역을 통합하고자 하는 세계관 형성 시도의 궁극적 목적은 대화가 아니다.[5] 유럽 문명에 대해서는 비판했지만, 서구 문명에서 한 자리를 차지하는 자신에 대한 반성은 포함하지 않았다. 문화적 비관주의자면서도, 여전히 그리스도교 바탕 위에 서구 문명, 특히 미국 문명이 세워졌다고 굳게 믿으며 문명의 우월성을 강력하게 지지하였다. 서구 문명의 비판에도 불구하고 그의 철학적·신학적 접근은 서구적 사유의 틀을 답습한 것이고, 서구 문명 개혁에 대한 계획은 '위험할 정도로 콘스탄티누스, 테오도시우스, 제네바적'이다.[6] 다원성이 자리할 여지없는, 국교로서의 그리스도교의 정체성을 고수했다. 국가를 압박하여 자신의 종교적 가치를 강화하는 법을 만들면 사회가 더 나아진다는 방식이다. 국가 정책에 기대다 보니, 국가와의 거리 두기가 사라지고 국가주의적인 종교를 지지하게 된다. 정치적으로 우파 보수주의로 기우는 편향성은 체제 우월주의와 다르지 않다. 라브리를 통해 쉐퍼 박사가 인연을 맺은 인물들이나 스위스 라브리 이후 그의 인맥은 정치적으로 우파, 신학적으로 보수 근본주의에 머물렀다.

정직한 질문에 비해 그 답은 지나치게 단순했다. 단순함이 때로 힘이 되지만, 시간이 지나면서 그 취약함은 도드라졌고 점차 신뢰할 수 없는 답이 되었다. 세상은 그리 단순하지 않다. 사실 쉐퍼의 답변 방식은 여전히 교회가 취하는 방식이기도 하다. 이들은 그리스도교의 세계관이란 복잡한 세상을 한 관점을 가지고 일목요연한 답변을 내놓는 것이라고 생각한다. 이 한계는 근대 이후의 개신교가 마주한 한계와 놀랍도록 유사하다. 정직하게 내놓은 답이 틀렸다고 생각할 수 없으니, 질문 자체를 위험한 것이라며 외면해 버리는 상황 말이다. 창조와 진화의 문제, 서구 문명의 문제, 성 정체성의 문제 등 이제 누구도 쉐퍼에게 길을 묻지 않는다. 세계관은 고정된 무엇이라기보다, 시대에 따라 고민하면서 바꾸어 나갈 수 있는 잠정적인 성격을 띠고 있다. 종교의 세계관도 다르지 않다. 종교도 사회 속에서 상호작용하며 진화와 진보를 이룩해 왔다.

거칠게 표현하면, 라브리는 시대성이라는 한계를 넘어서지 못했다. 질문이 달라지고 고민이 중층화된 시대에서도 여전히 쉐퍼의 답변은 단순하고 도식화되어 있다. 단순함 속에 의외의 힘이 있지만, 단순할수록 자칫하면 전투적이 된다. 오늘을 암흑시대로 상정하고 맞서 싸워야 한다는 대립과 갈등의 구조는 세상과 문화에 대해 진지하게 접근하고 공부할 기회 자체를 박탈한다. 세상 문화는 야만의 문화이기 때문에 가치 없다고 판단하는 것 자체가 복음주의 그리스도교가 안고 있는 반지성주의의 핵심이다. 이렇게 되면, 그리스도교가 오랜 기간 형성해 온 지적 전통이 쉽게 훼손된다.[7] 한국 교회에 매우 익숙한 암흑 시대 레토릭은 상당 부분 프랜시스 쉐퍼식의 세계관이 반영된 것이다. 이런 관점은 신앙과 학문을 통합하려는 노력을 위협할 뿐이다.

쉐퍼의 가르침은 '기독교 세계관'이라는 이름으로 한 시대를 풍미했다. 동일한 근대적 명제를 붙들고 교회 밖에서 성장해 기성 교회에 적지 않은 영향을 끼치고 긴장을 주었던 개신교 학생 지성 운동 등이 라브리의 유산이라는 설명은 과장이 아니다. 한국 개신교를 보아도, 1950년대 말에서 1960년대 초 대부분의 복음주의 선교 단체들이 결성되어 성경공부와 소그룹 및 소책자 운동을 하며 통합된 기독교 세계관을 제시해 왔다. 그 형성과 발전기에 프랜시스 쉐퍼 박사와 라브리가 수행한 사상적 구심점 역할은 무시할 수 없다. 이는 적어도 개신교에 긴장감을 불러일으켰다. 하지만 점차 보수 우파의 틀에 갇혔다. 이 역시 부정할 수 없는 쉐퍼 유산의 일부다. 세계를 인식하는 그의 인식론이 갖는 한계는 그에게 영향받은 보수 개신교계의 한계로 자리매김했다. 라브리 운동의 역사적 중요성에도 불구하고 지금 그의 지적 유산이 유의미하게 인용되지 못하는 것은, 라브리가 프랜시스 쉐퍼라는 설립자를 넘어 지속할 독자적 가치를 생산해 내는 데 실패했기 때문이다.

그럼에도, 늘 그래왔듯이, 수도회에 지속성의 짐까지 지우는 일은 부당하다. 프랜시스 쉐퍼 박사가 남긴 라브리의 유산은 갈피를 잡지 못하는 근대 이후의 그리스도교, 특히 개신교 세계에 복음의 정합성을 여전히 그리고 통합적으로 변증해 냈다는 데 있다.

한계와 의미

떼제 공동체나 라브리 선교회의 역할과 성과, 한계를 과장하는 건 바람직하지 않다. 다만 부조리를 뛰어넘을 만한 흐름이 생성되었는지는 의문이다. 떼제 공동체의 화해와 평화의 몸짓은 상징성 너머로 구체적인 운동성을 지녔다고 보기에는 미미하게 느껴진다. 쉐퍼를 비롯한 기독교 세계관 운동은 정직한 질문에 정직한 답을 제시한다고 자처했지만, 실은 실존주의의 문제 제기를 부정하며 다시 본질주의의 가치를 붙들었다. 답이 너무 명확하게 정해져 있었다. 냉정하게 보면, 근대 이후 탄생한 두 수도 공동체의 메시지가 그리스도교 공동체를 수습하고 지지하는 것 이상의 역할을 한 것 같지는 않다. 그럼에도 이 두 공동체로 대표되는, 삶의 부조리와 실존적 질문에 대한 그리스도교적 모색은, 그리스도교 세계에 수치 환산으로는 평가할 수 없는 영향력을 끼쳐 왔다.

20세기 중반 이후 등장한 이 공동체들은 그리스도교가 중심이던 중세나 종교적 영향력이 건재하던 근대 사회의 수도회들과는 사뭇 다르다. 오히려 안타까운 몸짓이라 할 수 있는 이 운동은 부조리한 문명사회 속에서 그리스도교가 무엇이어야 하는지 돌아보게 한다. 주목해야 할 것은, 이 두 운동이 거둔 성과를 떠나 사람들이 다가가 고민을 터놓을 안전한 공간을 열었다는 점이다. 이 공동체는 공감의 공간이자 다름을 경험하고 타자를 수용하여 화해에 이르는 공간이다. 부조리한 세계에서 홀로 고뇌하지 않고 그런 개인 곧 부조리 인간들이 모여 저항하는 공간이다. 이 공동체의 등장은 세속화와 자본화에 힘없이 무너진 근대 대중의 갈망을 대변한다. 그리스도교는 힘이 아니라 갈망이어야 한다. 그리스도교의 본원적 가치를 향한 갈망 말이다.

수도회에 대한 사회사 연구는 개별 인물을 향한 관심을 넘어, 수도회가 추구하는 신학적·경제적·정치적 요인을 더듬어 보며 수도회를 현대 사회에 접목하려는 시도를 이어 갔다. 제2차 세계대전 이후 10-20년 동안 가톨릭 수도회는 전에 없는 관심을 받았다. 활동 수도회와 관상 수도회 모두에 수도사를 꿈꾸는 사람들이 몰려왔다.[8]

학문적인 면에서는 1960년대 이후 중세 연구자들이 수도원 기록 보관소를 통해 중세 수도원의 풍부한 전통을 복원했다. 동방 그리스도교 수도회주의를 향한 관심은 사막 교부들로부터 시작된 수도사 영성의 현대적 적용에 초점을 맞추었다. 대표적 인물이 미국 트라피스트 수도회의 토머스 머튼이다. 그는 수도회 간 대화를 발전시키고 수십 권의 책과 수백 편의 글을 통해 상상력이 풍부한 영적 탐구를 추구했다. 그가 지내던 켄터키의 겟세마네 수도원은 전 세계 사람들의 관심을 받았다. 머튼은 1940-1950년대 10년 동안만 약 2,000명의 수도사 청원자들이 겟세마네에 몰려왔다고 회고했다.[9]

부조리한 근대의 종말 앞에서 실존적인 고민을 나누던 떼제나 라브리의 가치가 소환된 것처럼, 신자유주의와 자본 만능 시대를 살아가는 오늘날이야말로 수도회는 그리스도교의 본질, 그리스도인의 정체성에 대한 고민이 있다면 진지하게 헤아릴 만한 주제다. 수도회주의는 그저 과거를 그리워하고 그 가치로 돌아가자는 복고적이거나 반동적인 운동이 아니다. 현대가 잃어버린 그리스도교 영성의 핵심 조각을 찾자는 것이다. 그 조각은 역사 속에서 부조리한 교회와 시대에 저항하며 탄생했다가 뒤안길로 사라진 대안 공동체로서의 전통이다. '위기 뒤에 찾아오는 수도회'는 그리스도교 역사가 현재까지 이어질 수 있는 하나의 패턴이었다. 그 전통을 이어 갈 수 있을지 여부는 오롯하게 우리 손에 달렸다.

3부

유산

12

옛것을 익혀
새것을 깨닫다

베네딕토회 규칙의 현재적 의미

왜 오늘 베네딕토회 규칙인가?

그러므로 우리는 주님을 섬기는 학원을 설립해야 하겠다. 우리는 이것을 설립하는 데 거칠고 힘든 것은 아무것도 제정하기를 결코 원하치 않는 바이다. 그러나 결점을 고치거나 애덕을 보존하기 위하여 공정한 이치에 맞게 다소 엄격한 점이 있더라도, 즉시 놀래어 좁게 시작하기 마련인 구원의 길에서 도피하지 말아라. 그러면 수도 생활과 신앙에 나아감에 따라 마음이 넓어지고 말할 수 없는 사랑의 감미甘味로써 하느님의 계명들의 길을 달리게 될 것이다.

〈베네딕토회 규칙〉 머리말[1]

베네딕토회 수도 규칙은 머리말을 제외하고 73개의 장으로 이루어져 있다. 마태복음과 비슷한 분량이니 그리 많지 않다.

이 규칙은 수도원에서 살아가는 수도사의 일상을 규정한다. 공동체 생활에 수반되는 수도원의 권위 구조, 순종과 겸손과 같은 수도회의 철학과 더불어 기도, 노동, 식사, 수면 시간 등과 같은 일상생활에 대한 세세한 지침이 담겨 있다. 가톨릭 신자들에게는 익숙하지만, 개신교인들에게는 혹여 들어 보았을지라도 자신들과 무관한 낯선 지침일 테다.

베네딕토회 규칙은 530년경 만들어진 후 1,500년 동안 가장 표준적인 수도 규칙으로 자리 잡고 많은 사람에게 영향을 주었다. 중세에는 성서에 버금가는 많은 양이 필사되고 읽혔다. 시간의 간격이 있는 만큼 현대를 살아가는 우리가 그 규칙의 일차 독자는 당연히 아니지만, 이 규칙에는 시대와 장소를 초월하여 현대에도 여전히 돌이켜 고민해 볼 성찰 지점이 많다.[2]

베네딕토회 규칙은 독창적인 문서라기보다는 당대에 널리 퍼져 있던 여러 가지 수도 규칙을 체계적으로 정리한 것이다. 베네딕토는 이 규칙을 '초보자를 위한 작은 규칙'이라고 불렀다. 규칙의 머리말에서 그는 수도회에 '주님을 섬기는 학교'라는 정체성을 부여했다. 교육과 훈련, 그를 통한 덕과 교양을 쌓는 학교라는 이미지는 수도회가 중세기 내내 간직해 왔던 중요한 가치였다. 베네딕토회 규칙이 그토록 오랫동안 사람들의 삶에 영향을 줄 수 있었던 이유는 규칙이 가지고 있는 유연성, 개방성, 탄력성에 있다. 베네딕토는 수도 규칙이 사람들에게 지나치게 가혹한 금욕이나 부담스러운 실천을 요구하기를 바라지 않았다. 규칙에는 엄격함도 존재하지만, 그 길을 꾸준히 걸어갈 때 덕이 계발되고, 관용과 더 풍성한 사랑을 실천하게 된다고 제시한다. 수도 규칙은 삶과 구원을 향한 순례자의 길에서 그 개인을 안전하게 지켜 주는 지침이 된다.

베네딕토회 규칙은 이탈리아 누르시아 출신의 성 베네딕토가 작성한 문서로 알려져 있다. 서로마가 멸망한 직후 출생한 그는 이민족의 침략으로 로마제국이 무너져 내린 현실을 눈으로 보았다. 제국의 몰락하면서 문명과 도덕, 윤리 등 제국을 지탱하던 토대도 무너지고 말았다. 로마제국은 313년에 그리스도교를 공인하고 그리스도교의 가치로 제국을 새롭게 회생하고자 시도했지만, 실패했다. 제국의 실패는 곧 그리스도교의 가치에 대한 의문으로 이어졌다.

베네딕토회는 제국의 멸망과 더불어 제국 종교인 그리스도교가 침체기에 빠진 상황에서 탄생했다. 무너져 내린 문명과 의구심이 쌓인 그리스도교. 이 앞에서 베네딕토는 그리스도교의 본질과 추구해야 할 가치가 무엇인지를 제시하여 그리스도교에 기반한 문명을 다시 일구기를 꿈꾸었다. 이후 이민족의 정착으로 시작된 유럽은, 베네딕토회 규칙을 따르는 수도원들이 유럽 전역에 확산되면서 그리스도교의 가치를 바탕으로 한 문명을 실제로 만들어 가기 시작했다.

21세기는 여전히 제국의 시대다. 무력에 의한 제국 침탈은 예전보다 잦아들었지만, 경제적인 힘과 문화 등을 기반으로

한 제국은 여전히 위세 등등하다. 자본에 대한 무한 긍정, 그칠 줄 모르는 탐욕, 물질주의와 소비주의, 기후위기, 여전히 위력을 가지고 있는 인종주의와 타자에 대한 혐오와 배제 등 지구 공동체는 수많은 숙제를 안고 있다. 이 속에서 진정 필요한 것은, 그 시대 안에서 살아가지만 시대를 넘어 통찰할 수 있는 인식과 실천이다. 베네딕토회 규칙이 제시하는 대로, 더불어 살아가는 공동체를 만들기 위해 우리는 스스로 우리의 결점을 고치고 덕성을 계발하기 위해 성찰해야 한다.

베네딕토회 규칙이 대안은 아니다. 하지만 '온고지신溫故知新', 옛것을 익혀 새것을 깨닫게 된다고 했던가. 시공을 초월해 존재하는 고전의 가치처럼, 이 규칙 역시도 꼼꼼하게 들여다보고 짚어 볼 때 현대인이 잊고 있던 회복할 가치들을 제시해 준다. 그래서 21세기 후기 그리스도교 시기, 자본주의의 모순이 켜켜이 쌓이고 기후위기와 같은 인류의 존망이 걸린 문제를 마주하는 지금, 베네딕토회 수도 규칙이 전달하려는 메시지를 더듬어 보는 작업은 의미가 있다.

공동체 만들기

수도승들의 종류는 네 가지임이 분명하다. 첫째는 '회수도자會修道者'들이니, 그들은 수도원 안에서 살며, 규칙과 아빠스 밑에서 분투하는 이들이다. 그다음, 둘째 종류는 '독수도자獨修道者' 또는 '은세수도자隱世修道者'들이다. 그들은 … 수도원 안에서 오랫동안 훈련을 받고 나서 많은 형제들의 도움으로 악마와 대항하여 싸우는 법을 배우고, 잘 훈련되어 형제들의 진지陣地로부터 나와 광야에서 단독으로 싸움을 … 싸우기에 충분한 이들이다. 수도승들의 셋째 종류는 '사라바이따'라고 하는 극히 나쁜 자들이다. … 행실로써는 아직 세속에 충성을 지키면서도 삭발削髮로써 하느님을 속이는 것으로 알려진 자들이다. 수도승들의 넷째 종류는 '기로바꾸스(떠돌이 수도승)'라고 불리우는 자들이다. 그들은 일생 동안 여러 지방을 돌아다니며 여러 암자에서 삼사 일씩 나그네로 묵고 항상 떠돌아다니며 한 번도 정주定住하지 않고, 자기의 뜻과 탐식에 빠진 자들이다.

1장 수도승들의 종류에 대하여

수도사들의 청빈, 순결, 복종 서약으로 알려진 베네딕토회 수도 규칙은 공주 수도원을 위한 지침이다. 베네딕토는 수도 규칙 제1장에서 수도사들의 종류를 네 가지로 구분하고, 베네딕토회는 그중에서 공주 수도회를 지향하고 있음을 밝힌다.

베네딕토 이전에는 사막으로 가서 혼자 사는 은둔 수도사가 더 우월하다는 편견이 있었다. 그러나 베네딕토는 허물과 결점이 명백한 인간이 다른 인간들과 살면서 변화하고 성장하는 현실 속에서 진정한 영성이 구현될 수 있다고 이해했다. 서로 다른 인격체들이 모여 공동으로 살아갈 때 필요한 중요한 요소는 균형이다. 그 균형이 개인 삶의 균형일 수도 있고, 공동체가 추구하는 가치의 균형일 수도 있다. 베네딕토회는 기도와 노동, 공부, 식사와 휴식, 수면 시간 등을 균형 있게 배치했다. 공동체에서 가혹한 상황을 지속적으로 요구한다면 그 공동체의 지속가능성을 담보하기 어렵다.

이 수도 공동체의 삶과 실천은 갓 태어난 유럽의 시민사회에서 종교를 매개로 하는 지속 가능한 사회 공동체의 모범을 보여 주는 강력한 사례였다. 베네딕토회 수도원에서 노동을 하며 새로운 농업 기술을 발전시켜 농업 사회에 기여했으며, 그들이 보존하고 필사하여 후대에 남긴 고대 문헌은 수도원을 학문의 중심지로 만들었다. 수도사들의 삶은 그리스도교를 받아들인 유럽인들로 하여금 무엇을 추구하며 살아야 할지 그 삶의 가치를 돌아보게 했다. 농민, 상인, 귀족 등 사회 계급과 상관없이 많은 사람이 수도회의 삶의 가치에 동조하여 재산을 헌납하고 수도원에 들어와 여생을 보냈다. 베네딕토회 수도원들은 예측 가능한 삶의 안내자요 모범이 되었다.

베네딕토회의 가르침에 따르면, 정신적 성숙은 혼자 살아가는 삶이 아니라 공동체 속에서 발전한다. 그 공동체가 오늘날로 말하자면 교회일 수도 있고 다른 기관일 수도 있다. 루터의 종교개혁 이래 개신교는 신앙의 개인성을 재발견했다. 재세례파 전통처럼 공동체를 강조하는 교파도 존재했지만 매우 예외적이었다. 따라서 교회를 그리스도의 몸이라고 하는 공동체성은 다시금 생각해 볼 가치다. 한국 교회는 오늘날 공동체의 위기를 겪고 있다. 코로나19 이후에도 물리적으로 모이는 공동체의 회복은 만만치 않아 보인다. 더욱이 공동체에 소속됨 없이 온라인을 통해 얼마든지 찾아 들을 수 있는 설교와 실시간 예배는 전통적인 공동체의 필요에 의문을 제기하게 했다. 갈등이 있는 공동체, 불편한 만남이 있는 공동체를 굳이 찾아가야 할 필요를 느끼지 못하고 있다.

이런 상황에서 베네딕토회 수도 규칙이 제기하는 공동체성의 필요가 과연 유의미할까? 그리스도인의 덕성은 공동체를 통해 형성되는 가치라는 점에서 여전히 공동체가 필요한 듯싶다. 또 하나, 공동체는 세대를 연결하며 지속 가능성을 추구한다. 탁월한 개인이 혼자 사유하여 신앙을 유지한다 하더라도, 공동체 속에서 이어지지 않는다면 지속 가능성을 확신할 수 없다. 그리스도교의 가르침이 개인의 윤리 도덕 차원을 넘어서는 사회적인 가치라면, 그 가치는 그리스도인들이 형성한 공동체를 통해 구현되고 또다시 세상 속에서 드러난다. 곧, 사회 속에서 보이는 교회 공동체의 모습이 당대 그리스도교의 수준을 나타내는 지표라는 말이다. 베네딕토가 제국의 몰락 속에서 새로운 공동체를 대안으로 제시했듯이, 위기 속의 교회는 사회가 인정할 만한 공동체의 회복을 꿈꾸어야 한다. 베네딕토회 규칙 속에서 몇 가지 가치를 찾아내 보자.

듣기 위한 침묵

"나는 말하기를, '내 길을 지키어 내 혀로 죄짓지 않으리라. 나는
내 입에다 파수꾼을 두었고, 벙어리가 되어 낮추어졌으며, 좋은
일에 대해서도 말하지 않았노라'"고 하신 예언자의 말씀을 우리
는 실행하자. 여기에서 예언자가 보여 주고자 하는 바는, 침묵의
덕을 (닦기) 위해 때로는 좋은 담화도 하지 말아야 했다면, 하물며
죄의 벌을 (피하기) 위해서 나쁜 말을 해서는 안 된다는 것이다. 그
러므로 비록 좋고, 거룩하고, 건설적인 담화일지라도 침묵의 중대
성 때문에 완전한 제자들에게 말할 허락을 드물게 줄 것이다.

6장 침묵에 대하여

베네딕토회 규칙에서는 침묵을 특히 강조한다. 침묵은 말
을 많이 함으로써 생겨나는 죄를 피하는 수단이며, 침묵을 배움
으로써 덕성이 높아진다. 침묵은 공동체 생활 가운데 여러 가지
현실적인 필요에서 비롯된다. 먹는 것부터 자는 것까지 한 공간
에서 해결해야 하는 수도원의 특성상 사적인 공간과 시간을 갖
기는 쉽지 않다. 모두가 제 목소리를 낸다면 일상의 평화가 무너
지고 소란스러울 수밖에 없다. 베네딕토회는 절대적인 침묵을 명
한 것이 아니라 말의 자제를 요구했다. 이러한 상대적인 침묵은
상대방을 위한 배려이자 말하기 전에 자신을 한 번 더 돌아보는
성찰이다. 그래서 말할 때는 짧고, 직접적으로, 간단하게 하도록

권한다. 또한 외설적인 대화, 비방하는 말, 헛된 농담 같은 대화는 피해야 한다고 한다.

침묵의 목적은 소음으로 가득 찬 세상에서 듣는 법을 배우는 훈련을 하는 것이다. 그 소리는 마음의 소리일 수도, 상대방의 소리일 수도 있다. 침묵할 때 상대방에게 온전히 집중할 수 있다. 그리스도교 전통이라는 측면에서 좀 더 들여다보면, 그리스도는 고난 앞에서 대개 침묵으로 반응했음을 알 수 있다. 그는 자신의 길이 무엇인지 알았기에 침묵하며 그 길을 걸어갔다. 불리한 증언을 하는 거짓 증인들 앞에서도 침묵함으로써 최소한의 방어를 포기했다(막 14:61).

그리스도의 침묵은 자신을 세 번 부인한 베드로의 침묵과 대조를 이룬다. 베드로는 살기 위해 진실을 덮고 침묵했다. 그리스도를 세 번 부인한 베드로가 비로소 자신이 무슨 일을 했는지 깨닫고 밖에 나가 비통하게 울 때, 그리스도가 몸을 돌려 베드로를 보셨다(눅 22:61-62). 서로 침묵하며 짧게 응시한 그 장면은 그 어떤 말로도 표현할 수 없는 서글픔 그 자체다. 그때 그리스도의 침묵은 배신을 눈감아 준 침묵이다.[3] 부끄러움에 통곡하는 제자의 모습을 있는 그대로 안아 준 침묵이다. 그리고 그리스도는 침묵하며 부끄러운 십자가의 형벌을 대신 감당하셨다. 이 앞에 어떤 말을 덧붙일 수 있을까? 말할 수 없어서, 말로 표현할 수 없기에 나타내는 가장 큰 경의와 감사는 침묵이다.

웅변이 은이요 침묵이 금이라지만, 우리는 더 이상 침묵이 금이 아닌 시대에 살고 있다. 종교도 그렇다. 개신교 종교개혁은 수도원의 폐쇄와 더불어 침묵의 전통도 무너뜨렸다. 개신교 예배는 침묵 대신 웅변인 설교를 전면에 내세웠다. 사제가 절제된 언어로 성찬대 앞에서 미사를 드리는 가톨릭 시대를 지나, 개신교 시대가 되고서는 성경 말씀을 설교하는 자리가 예배당의 한가운데를 차지했다. 개신교는, 아니 근대는 더 이상 명상이나 사색, 침묵과 같은 가치를 예전만큼 강조하지 않았다. 하나님을 찾고 따른다는 오늘날의 교회는 너무 시끄럽고 번잡해졌다. 뜨거움, 열광, 예배, 찬양. 그런 중에 정작 귀 기울여야 할 작은 소리가 무시되지는 않는가.

하지만 말과 침묵은 둘이 아니다. 침묵은 곧 말의 부재다. 그리스도교는 말씀이 중심이 되는 듯하지만, 실제로 말하지 않는 시간, 침묵과 여백의 가치도 강조한다. 신앙의 신비를 인간의 말과 이성으로 모두 풀어 이해하기란 애당초 불가능하기 때문이다. 그래서 우리는 '세미한 침묵의 소리sound of sheer silence'(왕상 19:12)를 들어야 한다. 말씀하시는 하나님은 곧 침묵하시는 하나님이시기도 하다. 기록된 말씀 못지않게 비언어적 텍스트, 침묵의 텍스트를 읽어 낼 수 있어야 한다. 구원은 그리스도의 침묵으로 완성되었다. 그리스도는 자기를 비우는 삶을 선택했다. 말씀의 비움, 이것이 침묵이다. 침묵은 외면이 아니요 자기 방어도 아니었다. 그리스도에게 침묵은 하나님의 뜻을 성취해 가는 수단이었다.

침묵은 그런 면에서 들리지 않는 목소리가 다시 들리도록 복원하는 수고와 연결된다. 그리스도의 복음은 목소리가 들리지 않는, 강제된 침묵으로 고통당하는 이들을 향한다. 침묵은 목소리를 잃어버린 자들의 편에 서는 행위이자, 잃어버린 목소리를 찾아 주려는 시도다. 어쩌면 침묵의 궁극적 목적은 목소리가 들리지 않는 자들을 위해 말할 수 없는 탄식으로 우리를 위하는(롬 8:26) 그리스도의 삶을 따르는 데 있다. 더 명확한 원어의 의미를 찾아 풀어 나가는 수고보다, 어쩌면 침묵을 연습하는 것이 더 깊은 신비를 경험하는 방식일 수 있다.

청빈의 의미

특히 이런 악습은 수도원에서 뿌리째 뽑아 버려야 할 것이니, 아빠스의 명령 없이는 누구라도 감히 무엇을 주거나 받지 못한다. 또 어떤 것을 개인 소유로 가져서도 안 되니, 도대체 어떤 물건이라도, 책이거나 서판書板이거나 펜이거나 아무것도 전혀 개인의 소유로 가지지 못함은, 자기 몸과 뜻도 개인의 마음대로 가져서는 안 되기 때문이다. 필요한 모든 것은 수도원의 아버지께 바랄 것이며, 또 아빠스가 주지 않은 것이나 허락하지 않은 것은 어떤 것이라도 가지지 말아야 한다. 기록된 바와 같이 "모든 것은 모든 이에게 공동 소유가 되어야 하며", 누구라도 "무엇을 자기 것이라고 말하거나" 생각지도 말 것이다.

　　베네딕토회 규칙 33장과 34장은 '재산'에 대한 내용이다. '수도사가 재산을 소유할 수 있는가'라는 단순한 질문에서부터 과연 '소유란 무엇이며 가난이란 무엇인지'에 대한 성찰로 이어진다. 중세기에 함께 출발한 탁발 수도회인 프란치스코회는 완전한 무소유를 강조했지만, 베네딕토회는 그렇지 않았다. 수도사 개인은 소유권을 포기했어도 수도회는 재산을 소유했다. 베네딕토회가 말하는 청빈이란, 이를테면 개인의 재산권 대신 공동의 소유권에 대한 다른 표현이다.

　　베네딕토회에서 제기한 청빈의 핵심은 삶의 방향성이다. 마태복음 6장에서 그리스도는 제자들에게 보물이 있는 곳에 마음이 있다고 지적했다. 이 땅의 보물에 마음이 가 있으면 보물을 지키고 늘리는 데 그 생각과 마음을 몰두하게 된다. 투자가 우리에게 한때 부와 번영을 가져다줄 수 있지만 때로 그렇지 않을 수도 있다. 계속하여 부와 번영을 소유하기 위해서는 그만큼 나의 시간과 생각을 들여야 한다. 수도사의 꾸준한 훈련은 현실적인 물질과 부에 과도하게 몰두하는 것에 대한 경계이기도 하다. 현실적인 성취와 풍요가 그리스도인이 추구할 궁극적인 목표는 아님을 명확히 지적한다. 수도원 공동체에서는 더 부요한 자가 가난한 자를 위해 기꺼이 재물을 공유하는 것으로 재물을 활용했다. 이는 일차원적으로는 돈의 분배 문제지만, 더 본질적으로는 보물을 하늘에 쌓아 두는 행위다.

가난이 자랑거리는 아니다. 그렇다고 죄의 결과도 아니다. 베네딕토회 수도 규칙이 알려 주는 재물에 대한 태도 역시, 물질적으로 풍요로울 때 그 삶이 다른 사람보다 더 나은 삶, 복의 삶이라고 오해하기 쉬운 현실을 깨우쳐 준다. 그것을 깨달을 때 가난 속에서도 최소한의 존엄을 잃지 않고, 내면 깊은 곳에 자리한 물질적 욕망을 종교적으로 정당화하지 않을 수 있다. 수도원 회랑 안의 단순한 삶은, 주어진 것에 자족할 줄 알며 늘 이웃을 마음에 두고 나눔을 연습하는 구체적인 훈련이다.

수도회에서 강조하는 청빈, 순결, 복종의 문제는 현대 사회의 돈, 섹스, 권력의 문제와 대응되는 개념이다. 끝없이 물질적인 삶을 추구하는 현대 사회에서 청빈과 단순한 삶이 과연 무엇인지 보여 준다. 순결과 복종 역시도 우리 인간이 가진 말초적인 육신의 욕망과 힘에 대한 재고다. 청빈은 팍스 로마나의 시대, 여전히 제국의 가치가 지배하는 이 시대에 우리가 진정으로 추구해야 할 삶이 과연 무엇인지, 그리스도인의 삶이 무엇인지 질문한다. 초기 그리스도교 공동체가 가난한 삶을 살았던 것은 불가피한 상황 때문이기도 하지만, 궁극적으로는 이 땅에 구현될 하늘나라는 세상 가치 기준과 물질로 돌아가는 사회가 아니라는 고백 때문이었다. 문자 그대로 돈과 권력이 신이 되는 세상에서는 그에 거스르는 삶 자체가 저항이다. 그러므로 이 저항 공동체는 상호 의존을 실천했다. 은과 금이 없고 가난했지만, 가난이 그리스도교 공동체가 확산되는 일에 방해가 되지는 않았다. 그들의 삶은 부요함이 영향력의 척도가 되는 사회에 울림을 주었다. 청빈은 돈이 주는 편리함을 포기하는 것이며, 더불어 물질의 힘을 포기하는 것이다.[4]

수도회의 청빈은 이 시대에 근원적인 질문을 던진다. 너무 근본적이어서 오히려 무관하다고 여기는 그런 질문 말이다. 물질은 힘이 있다. 그래서 그 영향력이 덫이 되기 쉽다. 개인이나 공동체가 재산이 많으면 더 많은 일을 할 수 있다. 더 많은 일, 더 큰 일을 하기 위해서 우리는 여러 선택지 가운데 교회 규모를 키우는 쪽을 선택한다. 지난 오랜 역사 속에서 교회는 이런 영향력의 덫에 걸린 적이 많았다.

16세기 개신교 종교개혁과 근대 자본주의 형성은 밀접한 연결고리를 가지고 있다. 종교개혁을 거치며 풍요가 재해석되었다. 신적 소명과 직업 윤리를 강조하는 개신교 정서에서는 그 사람의 근면, 검소한 삶의 태도, 이 땅에서의 번영이 구원받기로 예정된 사람이라는 증거였다. 직업 윤리에 충실하게 살아서 부를 축적하는 것은 신적인 축복이라는 인식으로 연결되었다. 재화가 안전과 번영의 지표가 되면서, 소유의 정도가 그 사람의 존재감의 척도로 인식되었다. 재물과 종교 사이를 가로막고 있던 담이 무너졌다.

공동체도 그랬다. 교회 규모를 키우는 것과 이 땅에 하늘나라의 식민지를 건설하는 것이 동의어가 되었다. 큰 교회가 큰 십자가라는 자의식은 거저 나온 것이 아니다. 미자립 교회의 목적은 자립이고, 자립한 교회는 더 큰 규모를 추구했다. 이런 규모의 경제 논리가 파고든 그리스도교에서 청빈, 순결, 복종이라는 단어는 현실 도피 그 이상도 이하도 아니었다.

다행인지 불행인지, 교회의 규모나 물질적인 풍요가 곧 하늘나라의 확장이라는 도식이 지금 다시 도전을 받고 있다. 그 방식이 그리스도의 평화가 아니라 로마의 평화와 다를 바 없다는 자성 때문이다. 그렇다면 우리는 무엇을 선택해야 할까? 그리스도의 교회는 그리스도의 방식이 존재함을 보여 주려고 무모하게 시도하는 장소다. 이성과 합리, 이 땅의 구조를 넘는 불가능에의 요구를 실천하는 장소다. 산상수훈에서 가난한 자에게 임하는 복은 교회가 가난한 삶을 선택하고 실천할 때에 체험하는 신비다. 가난이란 물질이 주는 영향력을 포기하는 저항이다. 자본주의의 한복판을 살아가는 현대에서 그리스도인이란 자본의 논리, 자유주의의 논리가 아니라 그리스도의 가르침을 급진적으로 고민하는 자여야 한다. 그런 문제의식이 모인 공동체는 가난하기 때문에 서로 돌보고 나누는 의외의 나눔을 실천할 수 있다. 지나치지 않는 삶, 단순한 삶을 추구할 수 있다.

복종, 부름받은 대가

겸손의 첫째 단계는 지체 없는 순명이다. 이것은 그리스도보다 아무것도 더 소중히 여기지 아니하는 사람들에게 알맞은 일이다.

5장 순명에 대하여

모든 이들은 순명의 미덕美德을 아빠스에게 드러낼 뿐 아니라 형제들끼리도 서로 순명할 것이며, 이 순명의 길을 통해서 하느님께 나아가게 되리라는 사실을 알아야 한다. 그러므로 아빠스나 또는 그에게 임명을 받은 원장들의 명령이 우선적이며, 우리는 다른 어떤 개인적 명령들을 이보다 앞세우는 것을 허락하지 않으며, 그 밖의 경우에는 모든 후배들이 자기 선배들에게 온갖 사랑과 주의를 기울여 순명할 것이다.

71장 서로 순명할 것이다

수도원은 신 앞에 단독자로 선 자들이 공동체를 이루어 사는 장소다. 예나 지금이나 절대자 앞에 자신의 인생을 오롯하게 헌신하기란 쉽지 않다. 그들은 평범함을 넘어 더 높은 정신적·영적 가치를 추구하며 살아가는 종교 엘리트들이다. 엘리트들이 이룬 공동체에서 질서는 매우 중요하다. 자긍심이나 자부심이 지나쳐 교만한 마음이 있는 사람은 그 누구의 말도 듣지 않게된다. 그러므로 수도원의 질서를 유지하는 데 더없이 필요한 가치는 스스로를 낮추고 공동체의 질서를 따르는 복종이다. 수도 규칙에는 복종에 대한 내용이 다수 언급되어 있다. 복종의 대상이 눈에 보이지 않는 절대자건 눈에 보이는 수도원의 원장이건, 복종은 그리스도에게 하듯 진실되게, 즉각적으로, 자발적인 의지로 해야 한다.

하지만 불합리한 상황에서는 어떻게 해야 할까? 명령을 받은 수도사가 명령 수행이 어렵거나 불가능하다고 반응한다면, 그 이유를 설명할 기회가 주어진다. 그런 과정을 거치고도 계속해서 그 명령을 수행할 것을 요구받는다면, 신에 대한 믿음으로 그 명령을 실천해야 한다.

수도사들은 공동체의 수장인 수도원장에게 절대적으로 복종한다. 그들이 더 특별해서라기보다 수도사들이 수도원장을 공동체에서 그리스도를 대신하는 자로 상호 인정하여 공동체를 유지하기로 합의했기 때문이다. 그래서인지 수도 공동체는 분별력 있고 신중한 사람을 수도원장으로 선출하는 것을 매우 중요하게 여겼다. 공동체의 지도자는 수도원 전체를 성숙하게 운영할 책임을 지고 있다. 그 책임은 일방적인 권위 행사에서가 아니라, 인간 개개인에 대한 깊은 이해에서 나오는 자비에서 비롯된다.

한 공동체의 책임자는 모든 구성원과 개인적이고 인격적으로 관계를 맺는 자리에 있어야 한다. 본질적으로 동등한 형제, 자매로 구성된 공동체이므로 상명하복의 위계 질서보다는 상호 복종을 바탕으로 한다. 그래서 베네딕토회 수도원에서 수도원장을 뽑는 과정은 당대의 사회적 관습과는 배치된다. 수도원장을 선택하는 기준은 수도회에서의 경력이나 나이가 아니었다. 수도회에서의 서열이나 나이에 관계없이 삶이 선하고 가르침의 지혜가 있는 자를 수도원장으로 선출한다(규칙 64장). 수도원장은 수도사들이 상호 선출한다. 당연한 얘기지만, 젊은 사람이 나이 든 사람보다 더 합리적이고 이성적이며 지혜로울 수도 있다고 판단했다. 그 시대에서는 매우 혁명적인 시도였다. 그렇게 자신들이 선출한 수장에게는 모두가 진심으로 복종한다. 수도원 공동체는 상호 책임을 지는 상호 복종의 공동체였다.

복종이나 순종은 현대인의 삶에서는 설 자리가 마땅치 않다. 그렇지만 복종은 그리스도교 신앙을 설명하는 중심 단어 중 하나다. 믿음의 조상 아브라함은 부름을 받았을 때 갈 바를 알지 못하였으나 복종하여 길을 떠났다. 아들 이삭을 제물로 바치라는 명령 앞에서도 주저하지 않았다. 그리스도가 제자들을 부르셨을 때 그들 역시 모든 것을 버려 두고 즉시 복종하여 따라나섰다. 그리스도의 십자가는 자신의 목숨을 내놓으면서까지 신의 뜻에 복종한 사건이다.

복종을 실천하면서 수도사로 빚어지고 그리스도의 제자가 되어 간다. 아무리 미사여구로 정당화한다 하더라도 복종은 결국은 자유의지를 스스로 포기하는 태도다. 그렇기에 제자 되기, 그리스도인 되기란 간단하지 않다. 심지어 위험하기까지 하다. 그 복종의 대상이 진정 초월자인지 아니면 눈에 보이는 성직

267

자 또는 종교 제도인지를 분별해야 한다. 맹목적인 신앙을 절대자에 대한 복종으로 오해하는 부작용이 적지 않기 때문이다.

그렇다고 해도 그리스도교에서 복종의 가치는 줄어들지 않는다. 독일 신학자 본회퍼는 참다운 복종을 실천하지 않는 신앙이란 값없는 은혜를 남용하는 신앙이라고 비판했다. 그러면서 그리스도를 따르려는 제자가 치러야 할 삶의 대가는 매우 값비싸다는 사실을 일깨운다. 제자 되기란 값없는 은혜를 향유하는 자리에 서기보다, 자기의 이익을 넘어 공동체의 이익과 대의를 위해 스스로를 포기하는 연습을 하는 삶이다. 자기를 비우고 복종하는 것은 큰 고통이 따르는, 그 어느 것보다 무거운 일이다.

복종은 부름받은 대로 살아가는 것이다. 우리의 부름에는 이 땅에서 평화를 가꾸고 지구 공동체를 보존하기 위한 작은 실천도 포함된다. 자본과 소비 중심의 세계에서 단순한 삶, 소박한 삶을 사는 것도 복종의 한 모습이다. 낯선 이들을 배척하기보다 우리와 동일하게 하나님의 형상을 지닌 이들로 인식하고 인정하는 것 역시도 복종이다. 그동안 복종이란 맥락을 교회나 목회자와의 관계 속에서 좁게 이해해 왔고 그에 따른 부작용도 있었기에 매우 조심스럽게 들리겠지만, 우리는 매일 복종과 불복종의 갈림길에서 길을 선택한다. 자그맣게 들리는 내면의 소리, 양심의 소리에 대한 반응이 그 표지다. 그것이 유리한지 불리한지와는 별개로 말이다. 그리스도인은 그리스도에게 복종을 연습하는 존재다. 자기를 펼치려는 욕망, 다스리려는 욕망을 포기하는 선택을 통해서 말이다.

환대, 수도회 정신의 정수

찾아오는 모든 손님들을 그리스도처럼 맞아들일 것이다. 왜냐하면 그분께서는 (장차) "내가 나그네 되었을 때 너희는 나를 맞아주었다"라고 말씀하실 것이기 때문이다. 그리고 모든 이들에게 합당한 공경을 드러낼 것이며, 특히 신앙의 가족들과 순례자들에게 그러할 것이다. …가난한 사람들과 순례자들을 맞아들임에 있어 각별한 주의를 세심히 기울일 것이니, 그들을 통해서 그리스도께서 더욱 영접되시기 때문이다. …한편 부자들은 그들의 위세 자체가 그들에게 존경을 가져다주기 때문이다.

53장 손님들을 받아들임에 대하여

"찾아오는 모든 손님들을 그리스도처럼 맞아들일 것이다." 이 문장이 베네딕토회 규칙에 들어 있다는 사실을 모른다 치더라도, 아주 익숙한 구절임에는 틀림없다. 초기 그리스도교는 환대의 공동체를 실천했다. 그 환대의 대상은 헬라인이나 야만인, 유대인이나 이방인, 남자나 여자, 자유민이나 노예나 차별이 없었다. 초기 수도 공동체의 대표적인 인물인 파코미우스는 전쟁의 와중에서 자신이 체험한 그리스도교 공동체의 환대를 기억하고 그를 실천할 공동체를 만들었다.

그런데 이른바 타락한 세속을 멀리하는 공동체와 세속에서 찾아오는 낯선 나그네를 기꺼이 맞아 주는 공동체가 하나의 동일한 공동체라는 것은 긴장을 유발한다. 베네딕토회는 나그네를 기꺼이 환대하기 위해 공동체의 금식 규정이나 침묵 규정을 예외적으로 적용할 정도로 환대를 중요한 가치로 삼았다. 환대할 대상이 귀족이나 고위 성직자, 영주 등과 같은 이들만 있지는 않았다. 가난한 사람, 여행자, 이방인, 가진 것 없는 주변인들이 더 많았을 것이다. 규칙에서는 가난한 사람들과 나그네를 더 각별한 주의를 기울여 환대하라고 한다. 그리스도께서 그들의 모습을 하고 찾아오신다고 믿기 때문이다.

환대란 그저 밝은 미소와 따뜻한 밥 한 끼로 외부인을 맞이하는 그 이상이다. 핵심은 낯선 이들을 대하는 기본 태도다. 환대를 의미하는 영어 단어 '호스피탈리티hospitality'의 어원인 '호스페스hospes'는 주인host이 손님, 낯선 사람, 방문자를 맞이한다는 의미다. 병원hospital, 호텔hotel, 호스피스hospice라는 단어는 모두 나그네, 병든 사람, 손님에 대한 대접과 연관된다.

나그네를 맞는 주인이라는 의미의 '호스트host'도 같은 어원에서 파생되었다. 호스트는 성찬에서 사용되는 빵을 칭하기도 한다. 이 호스트 역시 낯선 이들을 위한 희생의 의미를 지닌다. 그리스도는 스스로 나그네가 되셨을 뿐 아니라, 자신을 희생해서 나그네를 먹이는 성찬을 준비하셨다. 그리스도가 베푼 성찬으로 나그네와 병든 자들이 쉼과 나음을 얻었다. 성찬의 빵을 먹고 포도주를 마시는 행위는, 비참한 나그네 된 인간을 찾아와 만나고 자신을 희생해 인간들에게 구원을 주신 그리스도의 환대를 기억하는 행위다. 환대가 그리스도교의 핵심인 이유가 바로 이것이다. 이방인과 나그네를 영접해 함께 먹고 마시는 행위는 그리스도의 구원에 참여하는 것과 다름없다. 그리스도가 스스로 환대의 호스트가 되셨다면, 선호를 이유로 그 누구라도 거절할 권리가 우리에게는 없다.

환대는 교회에 오는 이들을 밝은 미소로 따뜻하게 환영하는 것이 아니다. 나그네, 가난한 자, 이주민 등 정의의 손길이 닿지 않아 편견 속에 탄식하는 이들에 대한 책임을 공유하는 태도다. 하지만 현실은 어떤가? 한국 사회의 여러 주류 종교 중에서 개신교는 타자에 대한 불관용을 교리적으로 명확하게 규정하고 차별을 강화하고 있다. 받아들일 수 있는 이웃과 도무지 수용할 수 없는 나그네로 타인을 구분하고 자신이 수용할 수 있는 이들만 성심껏 환영한다면, 결코 그리스도의 환대를 실천한다고 할 수 없다. 현대의 그리스도교에서는 나그네를 그리스도처럼 환대하라는 당연한 듯한 종교적 언설이 더 이상 당연하지 않다. 그들은 나그네를 무심히 대한다. 과거보다 진보한 사회에 산다고 하면서도 이런 현실은 너무 처참하다. 1,500년 전의 가르침이 무딘 인간성을 일깨울 수만 있다면, 그 가치는 여전히 유효할 것이다.

오늘에도 적용 가능한가

베네딕토회 규칙에서 끄집어낸 가치들이 현대에서도 의미가 있을까? 너무 근원적이어서 낯간지러운 소리로 들릴지도 모른다. 가장 흔한 말은, 현실은 다르다거나 현실성이 없다는 것이다. 최첨단 인공지능 시대에 1,500년 전의 가르침이 우리의 걸음과 생각을 멈출 수 있을까 싶다. 현대를 살아가는 사람들에게 수도원 이야기나 베네딕토회 규칙은 상관이 없어 보인다.

현대의 소비주의, 욕망의 무한 긍정, 성취 지향의 문화에서 차별성을 지니지 못하는 그리스도교의 영성을 생각하면 고개를 갸웃하게 된다. 이 현실 앞에서 그리스도의 가르침의 본원적 가치에 집중하는 것은 비현실적일 수 있다. 청빈, 순결, 복종, 환대가 한편으로 가당할까 싶지만, 오히려 현실에서 실천할 수 있는 가장 급진적인 저항이다. 저항의 너비와 깊이만큼 우리는 현실 세계에서 벗어날 수 있다. 개인이 애쓰는 수준을 넘어 그리스도의 제자 됨을 궁리하는 공동체는, 서로 북돋우며 그 낯선 길을 만들어 걸어갈 수 있다.

베네딕토회 규칙은 제국과 소비주의의 가치가 지배하는 시대를 살아가는 우리 삶의 모습을 되돌아보게 한다. 수도회 자체가 제국의 가치에 대한 근원적 저항이었다면, 현대라는 거대한 제국 속에서 그 저항을 회랑 속의 수도사들에게만 넘기는 것이 적절한지 자문해 볼 일이다. 가난과 차별이 여전하고, 타자에 대한 편견이 지속되는 세상, 기후위기와 환경 문제로 탄식하고 신음하는 지구 앞에 정의와 평화를 책임감 있게 공유하는 것이, 모든 그리스도인과 그리스도교 공동체가 짊어지고 풀어 갈 과제다.

우리의 삶은 좀 더 단순해지고 순수해져야 하며, 그리스도의 부르심 앞에 복종해야 한다. 이를 기반으로 하여 환대의 공동체를 만들어 가야 한다. 베네딕토회가 중세기 그리스도교 문명의 토대를 놓았다면, 오늘 우리는 모양은 다르더라도 여전히 같은 가치를 시도할 수 있다. 그것이 제국과 다른 성격의 하늘나라 식민지를 만들어 가는 삶, 수도사의 삶이다.

13

전위에 선
저항자들

디트리히 본회퍼와 토머스 머튼

구도자의 길

제국의 한가운데서 히틀러의 광기에 저항했던 디트리히 본회퍼와 제국의 심장부를 떠나 시골 수도원에 은둔해 살았던 토머스 머튼. 본회퍼는 독일의 목사이자 신학자, 고백교회 지도자로 활동하면서 나치에 저항했다. 새로운 수도회주의에 대한 이상을 가지고 수도회를 실천한 실천가이기도 하다. 토머스 머튼은 가장 전통적이고 엄격한 규칙을 지닌 가톨릭 트라피스트 수도회의 수도사였으며, 우리 시대에 가장 사랑받고 큰 영향을 끼친 영적 스승 중 한 사람이다.[1]

시간과 공간의 경계를 가로지르는 이 두 사람을 엮어 주는 단어는 '세계'에 대한 관심이다. '20세기 수도회'라는 핵심어로 묶을 수 있는 이 두 사람은, 그 시작은 다르지만 인생의 마지막에는 맞닿아 있는 지점이 많다. 물론 이 두 사람은 현대 수도사의 전형이 아니며 대표성을 지닌다고 할 수도 없다. 하지만 이들은 역사를 관통하며 이어져 온 수도회가 지향하는 삶은 초월적인 것이 아니라 이 세계 가운데 있음을 분명하게 보여 준다. 간디의 평화주의, 흑인 인권 문제, 유대인 문제와 같은 인종주의, 세계대전, 베트남 전쟁 등에 대한 그들의 관심, 그와 관련된 문제를 풀어 나가기 위한 그들의 삶과 헌신은 수도회가 현실과 무관하지 않음을 웅변한다. 또한 그들의 삶은 수도사의 삶에 대한 우리의 오해를 자연스럽게 교정해 주는 동시에, 제국과 소비주의의 가치가 지배하는 시대 속에서 우리가 어떻게 살아야 하는지 묵직한 질문을 던진다.

디트리히 본회퍼는 1906년 독일 상류층 가정에서 여덟 자녀 중 막내로 태어났다. 아버지 카를 본회퍼는 유명한 정신의학 교수였다. 어머니 파울러 본회퍼는 목사 가정 출신으로 그녀의 아버지는 궁중 설교가였다. 본회퍼의 가족은 20세기 초반의 전형적인 독일 부르주아 가문이었다. 특별한 어려움 없이 부유한 생활을 했고, 본회퍼는 음악과 종교에 관심이 많았다. 루터교 전통을 지키는 집이었지만 그리 종교적이지는 않았다. 순탄해 보이는 인생이었으나 전쟁으로 불안한 독일의 정세 속에서 본회퍼의 고민은 더욱 깊어져 갔다. 여덟 살 때 경험한 제1차 세계대전의 암울함이 그의 어린 시절에 깊은 상처를 남겼다. 형 둘이 전쟁터로 나갔다. 그중 한 명은 중상을 입고 돌아왔으나 둘째 형 발터는 전쟁터에서 사망했다. 전쟁 속에서 매일 절박한 상황을 경험하면서 일찍부터 반전과 평화에 큰 관심을 가졌다.

유년기의 고민 때문이었는지, 본회퍼는 가족들의 기대와 달리 신학을 선택했다. 학문에서 천재적인 자질을 보이며 21세 때 〈성도의 교제〉라는 논문을 제출하고 신학박사가 되었고, 이듬해에는 교수 자격을 취득하였다. 그러나 그리스도인으로서 그의 자의식은 1931년 미국 뉴욕의 유니언 신학교에 1년간 머물던 시기에 분명하게 형성되었다. 이곳에서 라인홀드 니버 등 당대의 학자들과 교류하며 교회와 사회를 바라보는 사유에 폭과 깊이를 더했다. 그는 할렘의 흑인 교회를 경험하면서 민중의 그리스도를 새롭게 인식하였다. 훗날 독일에서 유대인에 대한 인종적 증오가 일어날 것을 예견할 수 없던 시기에, 그는 이미 흑인 그리스도가 백인 그리스도에 쫓겨 들판으로 끌려 나가고 있다고 탄식했다. 이 시기의 경험이 그의 내면에 그리스도의 산상수훈에 뿌리를 둔 급진적 평화주의 의식을 형성하였다. 독일로 돌아온 그는 25세에 루터교회에서 목사 안수를 받고, 1936년 나치 정부에 의해 쫓겨날 때까지 베를린 대학에서 가르쳤다.

한편 토머스 머튼은 본회퍼보다 9년 늦은 1915년 프랑스 피레네산맥 인근의 한 마을에서 태어났다. 부모인 오웬과 루스 머튼은 화가였다. 머튼의 가족은 1차 세계대전 때문에 미국 롱아일랜드로 이주했다. 그의 가정은 본회퍼와는 달리 서민 계층에 속하였으며 소박했다. 머튼의 인생에 가장 큰 영향을 끼친 사건

나치 독일의 암울한 교회 상황에 절망하여 새로운 수도회 운동을 주창한 독일 신학자 디트리히 본회퍼와 트라피스트회 수도사로 현대의 영적 스승 중 한 명인 토머스 머튼

은 여섯 살 때 어머니를 암으로 잃은 것이다. 어머니의 죽음으로 머튼의 유년기는 무너져 내렸고 인생의 긴 방황이 예견되었다. 엎친 데 덮친 격으로 아버지마저 머튼이 열다섯 살 때 악성뇌종양으로 사망했다. 어릴 적, 고통스럽게 죽어 가는 부모를 바라보며, 이해할 수 없는 인생의 고통 문제가 그를 사로잡았다. 아버지의 죽음 이후 아버지 친구인 의사 톰 베네트의 도움으로 생활했다.

머튼은 방황하며 절망과 목표가 없는 시절을 보냈다. 삶에 대한 회의와 증오가 넘쳤다. 그는 열여덟 살 되던 해 베네트의 도움으로 유럽 여행을 하는 도중에 초기 교회와 성당들을 거닐면서 순례자의 열정과 욕구를 경험했다. 그러면서 성서를 읽고 기도하며 영혼의 깊은 각성을 경험했다. 이 경험은 그에게 매우 극적인 변화를 가져다주었다. 그렇지만 그 변화는 오래가지 못했다. 1933년 케임브리지 대학에 들어간 후에 성적으로 방탕하게 보내던 중에 친자 소송에 휘말렸다. 이 사건 후 영국을 떠나 뉴욕에 있는 조부모에게로 갔다. 이즈음의 그는 종교에 관심을 잃고 무신론자가 되어 있었다.[2] 미국에서 다시 컬럼비아 대학에 입학하고 가톨릭 친구들과 교류하기 시작했다. 머튼은 인생의 순례자로서의 자신을 받아들이고, 여러 가지 독서와 종교적 교제를 하며 가톨릭에 끌렸다. 1938년 11월 가톨릭 세례를 받았을 때 그의 나이 스물세 살이었다. 이것은 출발에 불과했다. 그의 종교적 관심은 훨씬 더 깊숙한 근원적인 지점을 향했다.

핑겐발데, 제국의 한복판에서

1933년 1월 히틀러가 독일 총리로 취임했다. 어둠의 시
작이었다. 히틀러는 노골적으로 인종주의 정책을 실행에 옮겼다.
특히 유대인 박해는 매우 조직적으로 진행되었다. 우수한 아리안
혈통을 지킨다는 명목으로 독일 교회에서 유대계 목회자를 쫓아
내는 법을 제정했다. 본회퍼는 1931년 미국에서 독일로 돌아오
면서, 독일에 가면 미국 흑인 교회의 현실을 고발하고 흑인 교회
를 지원하겠다고 지인들에게 약속한 터였다. 그런데 독일의 상황
은 곧 미국보다 더 노골적이고 악랄해졌다. 많은 독일 교회들이
히틀러의 이 정책을 지지하거나 최소한 침묵했다. 1933년 9월
프로이센 교회 총회에는 많은 목회자가 나치 제복을 입고 나타
나 히틀러의 반유대 정책에 동조했다.

교회는 국가 기관이 아니며 충성의 대상은 오직 그리스도
뿐이라는 선언 속에서 고백교회가 시작되었다. 고백교회와 그 교
회의 그리스도인들은 제국이 아닌 그리스도에게 충성을 고백하
고, 나치의 정책에 저항할 것을 촉구했다. 국가의 통제하에 있는
제국교회에서 저항하지 않고 남아 있는 것은 배교와 마찬가지였
다. 본회퍼는 나치 정권의 인종주의 정책에 저항한 최초의 지식
인 중 한 명이었다. 그는 "하나님의 말씀 아래 유대인과 독일인
이 함께 서 있는 이곳이 교회며, 여기서 교회가 여전히 교회인지
아닌지가 증명된다"라고 주장했다.[3]

그는 고백교회 내에서도 급진적인 자리에 서 있었다. 나치 정책에 대한 그의 반대는 정치적인 것을 넘어서는 것으로, 평화주의의 신념에 근거했다. 제국교회의 암울한 현실과 고백교회의 무력한 실천 속에서 스스로 판단하여 대안의 길을 찾아 나섰다. 그의 실험은 1935년부터 약 2년간 핑겐발데 신학교에서 이루어졌다. 이 신학교는 본회퍼가 명명한 '신수도회주의'라는 공동체의 가치와 제자도를 실천하려던 장소였다. 정치적 압박에 따라 비밀리에 지하 신학교로 시작된 이 공동체 실험은 2년 남짓에 그치고 말았다. 하지만 그의 신념과 철학은 20세기 중·후반부터 지금까지 공명하며 신수도회주의 운동으로 이어졌다.

그의 철학은 1935년 형에게 보낸 한 편지에서 분명하게 드러난다.

교회의 회복은 분명히 새로운 종류의 수도회주의에서 나올 것이며, 그것은 오래된 것과 공통점이 없으며, 산상수훈의 그리스도를 따르는 타협하지 않는 삶일 것이다. 나는 이것을 위해 사람들을 모을 때가 왔다고 믿는다.[4]

핑겐발데는 고백교회 설교자들을 양성하는 신학교였지만 가톨릭 수도회처럼 운영되었다. 본회퍼 자신이 신학생들과 공동체를 이루어 가톨릭 수도회의 전례와 일상을 실천했다. 암흑의 시대에 교회마저 어둠에 사로잡힌 현실에서, 본회퍼는 핑겐발데가 그리스도의 제자 됨을 실천하고 올바른 사회 정의를 실천할 보루이기를 바랐다.

그런데 왜 갑자기 수도회였을까? 본회퍼는 근대 유럽의 각축 속에서 국가와 제국에 종속된 교회의 모습을 보았다. 이 교회들은 제국과 거리 두기를 하고 긴장 속에 하늘나라의 식민지를 구성하고 살아가기보다는, 온전하게 국가 권력에 협력하며 영향력을 지켜 나가려는 욕망으로 뭉쳐 있었다. 제국의 관점에서는, 종교적 경건성을 바탕으로 하는 교회보다 정치적 역할을 추구하는 교회를 통치하기 오히려 쉬웠다. 그럴수록 그리스도교는 사회 속에서 존재 의미를 더욱 잃어 갔고, 그리스도의 가르침이라는 가치는 설 자리가 없었다. 교회의 회복은 요원해 보였다. 산상수훈의 그리스도를 따르는 타협하지 않는 삶, 제국과 거리 두기를 하는 수도회의 전통이 그에게는 한 줄기 희망 같았다.

그는 제국교회에 물들지 않은 예배와 성찬, 공동체를 만들기 위해 노력했다. 신학생들과 함께 전통적인 수도 공동체에서 진행하는 기도, 묵상, 공부를 해 나갔다. 공동체성의 강화를 위해 기도로 시작되는 하루 일과는 촘촘하게 구성되었다. 개신교에서 낯설게 느껴지는 죄의 고백도 이 과정에 포함되었다.[5] 공동체 구성원이 책임감 있게 살아 내도록 돕기 위해서였다. 공동체의 목표는 공동체의 삶 그 자체가 아니라, 세상의 한가운데서 자신들이 배운 대로 실천하도록 돕는 것이었다. 그것이 바로 제자도다. 도덕과 윤리가 무너진 아노미anomie의 한가운데, 제국의 한복판에서 실천한 그의 행동은 처연하며, 무슨 의미가 있을까 싶은 시도들이다. 그렇지만 수도회를 통해 산상수훈의 가르침을 타협하지 않고 지켜 내려는 결기는 도피가 아닌 가장 급진적인 현실 참여였다. 평화주의와 어울리지 않게 본회퍼가 히틀러 암살 모의에 참여한 것은 세상 속에서 평화를 만들어 가는 제자도의 가치와 무관하지 않다.

본회퍼는 신학생과 졸업생들의 연결망을 조직해 이 운동을 확산시켜 가려 했지만, 게슈타포에 의해 핑겐발데가 강제 폐교됨으로써 2년 만에 막을 내렸다. 하지만 이 미완의 운동이 남긴 자취는 길다. 핑겐발데의 강의를 바탕으로 폐교 후에 출간된 《성도의 공동생활》은 본회퍼 생전에도 널리 읽혔다. 무력과 공포로 통치하는 제국 안에서 그리스도의 제자로 산다는 것이 무엇인지 그리고 그 대가가 무엇인지를, 동시대인들과 후대에 제시해 주었기 때문이다. 값없는 은혜로 대표되곤 하는 개신교 삶의 가치에 본회퍼는 큰 질문을 던졌다. 그가 추구한 수도사의 삶은 그리스도를 따르는 데 드는 값을 상징적으로 보여 주었다. 그리고 사람들이 그 가치를 향해 마음을 모으도록 촉구했다. 이 땅을 뒤덮고 있는 제국의 가치에 저항하고 제국 내에서 하늘나라의 식민지를 건설하도록 말이다.

핑겐발데는 그리스도인들에게 제국의 경계를 넘어 세계를 위해 연대하도록 준비시키는 공간이었다. 이 삶에 참여함으로써 사람들은 하나님에 대한 의무를 실천하고, 더불어 이웃 사랑을 실천할 수 있다. 본회퍼는 교회가 사람들의 내적 변화만을 추구하고 세상에 대해서 대안적인 윤리나 구조를 갖지 못한다면, 종교적으로 미화된 보수주의로 전락할 뿐임을 냉정하게 인식하고 있었다.[6] 그에게 산상수훈의 가르침은 가난한 사람에 대하여 정의를 회복하고, 그 시대에 인종적 피해를 입은 사람들로 상징되는 아래로부터의 수많은 소리가 들리도록 하는 당위였다. 그리스도를 따르는 삶이란, 사색을 통하여 개인적인 행복을 추구하는 자리가 아니라 더 높은 차원의 인간 존엄 회복과 사회 정의 회복이 이루어지는 자리에 서는 행위다. 그리스도인은 그에 따르는 값비싼 대가를 치러야 한다.

겟세마네, 제국의 중심에서 변방으로

토머스 머튼은 1939년 문학석사 학위를 받은 후 진로를 모색하면서, 사제나 수도사의 길에 대한 내면의 갈망을 느꼈다. 그는 그리스도를 따르는 가난한 삶과 단순한 삶에 이끌려서 프란치스코회의 문을 두드렸다. 그러나 과거 친자 관련 소송 사건으로 입회를 거절당했다. 큰 수치와 비참함을 경험했고, 소명받았다는 생각을 버려야 했다.

이후 성보나벤투라 대학 영어과에서 일하면서 기도, 전례, 독서 등 철저한 자기 수신의 삶을 실천했다. 켄터키에 있는 겟세마네 수도원에서 보낸 피정에서 그에게 운명처럼 새로운 길이 열렸다. 이 수도원은 모든 수도회 중 가장 엄격한 규율을 가진 시토회의 트라피스트 수도회였다. 그곳에 머무는 기간 동안 수도사의 소명을 더욱 분명하게 느꼈고, 돌아온 후 수도원에 입회하고 싶다는 뜻을 담은 편지를 보냈다. 이 기간에 베트남전 소집 명령을 받았다. 만약 겟세마네 수도원에서 그를 받아 주지 않는다면 베트남전에 참전해야 했다.

그는 1941년 12월 9일에 켄터키행 기차를 타고 수도원으로 향했다. 자신이 할 수 있는 일은 다 했다고 여기고, 나머지는 하늘의 뜻에 맡겼다. 그는 수도원 안에서 진정한 자유로움을 느꼈다. 그는 베트남전에 반대하는 냉철한 사회 인식을 가지고 있었다. 그런 그가 가장 엄격한 봉쇄 수도원인 겟세마네 안으로 자신을 몰아넣은 행위는 세상으로부터의 도피였다. 수도원 안에 들어감과 동시에 그는 현실 세계에서 가지고 있던 자신의 재산이나 작가로서의 재능 등 모든 것을 포기했다. 포기의 대가로 그는 하나님과의 진정한 만남, 그 만남에서 얻는 깨달음으로 세상에 평화를 가져올 것을 기대했다.

트라피스트회는 세속과 철저하게 분리되어 단순함, 침묵, 고독, 노동, 기도 등에 온전하게 헌신하는 삶을 산다. 그 엄격함만큼이나 겟세마네 수도원에서는 자기 시간이나 자기 생활을 기대할 수 없었다. 머튼은 그로 인해 마음의 번민과 부대낌이 있었다. 다행히 그의 재능과 욕구를 알아차린 수도원장의 배려로 그는 홀로 글을 쓸 기회를 얻었다. 머튼은 수도회의 생활을 통해 평화, 침묵, 고독 등의 가치를 문장 속에 녹여 냈다.

수도회 입회 7년째 되던 1948년에 발간한 자서전《칠층산》은 영성가 토머스 머튼의 이름을 세상에 알리는 계기가 되었다. 첫해에만 60만 부가 팔렸고, 수십 개 언어로 출간될 정도로 엄청난 성공을 거두었다. 켄터키 지방의 봉쇄 수도원 한 곳이 그로 인해 전 세계의 주목을 받았다. 세계에서 공감의 편지가 밀려들었고, 그는 고립된 공간에서 경험한 풍부한 관상을 바탕으로 전후 세계의 사람들이 고민하는 신과 신비, 세상의 고통과 악의 문제 등을 지혜롭게 풀어냈다. 그는 수도원 회랑 내에 스스로를 영구하게 가두었지만, 그의 삶과 글로써 수도원 밖의 수많은 사람들에게 수도사의 삶의 방식을 제시했다. 자신의 경험을 바탕으로 사람들에게 신비와 영성을 찾는 구도의 길을 안내했다.

이것이 전부였다면, 그의 삶은 여느 탁월한 영성가와 다르지 않았을 것이다. 그러나 그의 영성은 진화를 거듭했다. 점차 다른 사람과 사회에 대한 책임의식을 더 깊게 담았다. 그는 마틴 루터 킹의 시민 운동이나 간디의 비폭력 무저항에 관심을 두었다. 더 심오한 관상의 삶으로 들어갈수록 세속에서 멀어지고 천상으로 이끌려 가기보다, 자신이 세상과 떨어질 수 없으며 세상과 하나가 되어 있음을 깨달았다.

토머스 머튼은 세속 세계를 떠나 겟세마네 트라피스트 봉쇄 수도원으로 옮겨 간 지 17년 만인 1958년 '루이빌' 경험이라고 부르는, 자신의 삶에서 혁명적인 인식 변화를 경험했다. 머튼은 치과 진료를 받기 위해 켄터키 루이빌의 한 교차로 모퉁이에 서 있었다. 그때 갑자기 자신이 모든 사람과 연결되어 있다는 깨달음을 얻었다. 자신이 모든 사람을 사랑하고 있다는 마음에 압도되었다. 자신이 그들의 것이고, 그들 역시 자기의 것이었다. 완전히 낯선 사람들이라도 서로에게 이방인이 아니라는, 함께 연결되어 있다는 자각이었다. 세상과 고립되어 수도원 내에서 침묵 가운데 거하는 그는 결코 세상으로부터 멀어지지 않았고, 오히려 세상 사람들과 서로 영향을 주고받고 있었다. 그에게 수도원은 더 이상 세상으로부터 벗어난 장소가 아니었다. 수도원은 세상의 모든 고통과 몸부림에 동참하는 세상의 중심이었다. 이로써 그는 수도원에서 세상과 격리되어 거룩하게 살아간다는 거짓된 자기 고립의 꿈에서 깨어났다. 그리고 자신이 더불어 살아가는 인류 공동체의 구성원이라는 사실에 한없는 기쁨을 느꼈다.[7]

이 깨달음을 얻은 후 그는 더욱 현실 세계의 문제에 직면하여 자신의 견해를 풀어 나가고자 했다. 동서 냉전, 베트남전, 미국 내 흑인 인권이나 원주민 문제 등과 같은 첨예한 대립과 불공정의 문제들을 직시하며, 그 속에서 정의를 회복할 길과 평화와 화해의 길을 모색했다. 경계와 주변으로 밀려난 사람과의 연대를 시도했다. 루이빌에서의 경험은 수도원 생활의 한 단계를 마무리하고 새로운 여정을 알리는 계기였다. 여전히 그는 수도원 내에서 생활하였지만, 자신이 서야 할 자리, 내야 할 목소리를 더

토머스 머튼이 혁명적인 인식 변화를 경험한 켄터키 루이빌 교차로에 설치된 기념 표지판

욱 확고하게 인식했다. 그는 스스로를 '양심의 가책을 느끼는 방관자'라고 표현했다. 어쩌면 전쟁과 폭력과 불의가 지배하는 세상에서 벗어나 수도원에 들어간 삶이 그에게 부채의식으로 자리 잡았는지도 모른다.

그가 몸담고 있는 가톨릭교회가 미국 정부의 냉전 정책을 일방적으로 지지하는 현실에서, 그는 자신이 해야 할 일을 모색해야 했다. 자신이 싸울 수 있는 무기인 글과 강연으로 고된 싸움을 이어 갔다. 그의 전향은 뚜렷했다. 그가《칠층산》에서 제시한 것은 교만, 음욕, 탐욕, 게으름과 같은 개인의 욕망과 죄악을 넘어서고자 하는 윤리적·종교적 결단이었지만, 현실의 세계의 고통에는 무감각했다. 이제 그는 현실로 내려왔다. 그리스도를 따르는 자의 진정한 복종과 영적 갈망은 홀로 떨어져 자신의 내면 완성에만 초점을 두는 것이 아니라, 고통받고 분열된 세계에 평화를 가져오기 위해 그 세계 안에 함께 거주하는 것이었다.

그의 글쓰기의 주제는 더욱 다양해지고 선명해졌다. 반전, 인권, 자본주의의 한계 등에 대해 글을 썼다.[8] 다만 현실 세계에 대한 그의 발언은, 사회적 변화에 대한 갈망은 튼실한 영적 생활이 뒷받침될 때 선하게 유지될 수 있다는 믿음에서 차이가 있었다. 기도와 관상으로 내면이 채워지지 않으면 공허한 행동주의에 그칠 뿐이다. 그는 이제 세상과 분리된 영성은 환상일 뿐임을 분명하게 인식했다. 그러는 동안 그와 더불어 그의 글이 겨누는 방향에 대해 그가 속한 수도회와 가톨릭교회의 경계도 깊어 갔다.[9]

변방과 중심, 다시 만나다

핑겐발데 신학교가 폐쇄되고 나치의 감시가 심해졌다. 이 상황을 우려한 미국의 친구들이 본회퍼를 초청하였다. 그는 1939년에 미국 유니언 신학교에 남을 기회를 얻었다. 하지만 한 달 만에 귀국을 결정했다. 그는 바울이 디모데에게 쓴 "너는 겨울 전에 어서 오라"(딤후 4:21)라는 성경 구절을, 자신에게 개인적으로 주어진 소명으로 받아들였다. 그 말씀처럼 독일에 상상할 수 없는 매서운 겨울이 다가오고 있었다. 이 결정은 곧 본회퍼의 운명이 어떻게 될지를 보여 준다. 그는 자신이 이 시기를 독일 국민들과 공유하지 않으면 독일의 그리스도교 재건에 참여할 권리가 없다고 여겼다.

1939년, 본회퍼는 독일에서 히틀러 암살 음모에 참여했다. 그리스도의 급진적 명령인 평화를 만들기 위해 그는 급진적 선택을 피하지 않았다. 그렇다면 그의 선택이 평화주의에 대한 신념을 저버린 행위일까? 평화를 위해 그가 택한 폭력의 방법은 모순이 아니라, 그 시대 상황 속에서 취해야 할 그리스도인의 자기희생이었다. 그의 관점에서 그리스도는 히틀러와 나치 지배 체제하에서 고통받는 사람들 속에 존재했다. 그 폭력의 근원을 끊어 내는 것이 그리스도인로서의 복종이었다. 그에게 다른 선택의 여지는 없었다. 폭력으로 폭력을 해결하는 것은 안 된다는 도덕 관념은 이미 사치스러운 겉치레였다. 그는 겨울을 피해 따뜻한

곳에 머물 수 있었지만, 혹독한 추위 속에 고통당하는 그리스도를 외면할 수 없어 그와 함께하기 위해 찾아갔다. 그 선택은 평화주의자이자 그리스도인, 목회자라는 그의 정체성에 비난이 가해지는 일이었다. 그러나 그 모든 것을 감수한 선택이었다.

1944년 7월, 그는 히틀러 암살 시도에 실패하고 체포되어 투옥되었다. 전쟁이 끝나기 불과 몇 주 전인 1945년 4월 9일, 본회퍼의 사형 집행이 이루어졌다. 국가나 민족의 가치보다 우위에 있는 그리스도의 가치와 그리스도교가 추구해야 할 보편적인 인류애를 위해 스스로를 비운 그는 진정한 수도사였다.

본회퍼의 삶과 죽음은 토머스 머튼의 남은 일생에서 공명된다. 루이빌의 경험 이후 자신에게 주어진 소명에 복종하기로한 결심의 대가로 머튼 역시 교회, 국가 권위와 갈등을 겪었다. 이미 무시할 수 없는 영향력을 가지고 있었기에 기성 권력이 그를 부담스러워할 만했다. 머튼은 본회퍼만큼이나 급진적인 목소리를 내었다. 그는 미국의 냉전 정책에 침묵으로 동조하는 가톨릭교회가 평화와 정의를 열망하지 않는다고 비판했다. 그렇지만 여전히 그의 신분은 자신의 의지를 내려놓고 절대 복종을 서약한 트라피스트회 수도사였다.[10]

그가 판단한 신에 대한 복종과 교회에 대한 복종은 본질상 충돌할 수밖에 없었다. 머튼도 본회퍼처럼 평화를 만드는 것이 그리스도인의 피할 수 없는 의무라고 믿었지만, 베트남전에 반대하는 그의 입장은 공산주의자라는 비판에 직면해야 했다.

1950년대 초중반 미국 사회를 집어삼켰던 매카시즘의 광기의
잔불이 1960년대 들어서도 여기저기 남아 있었다. 1960년대 그
가 쓴 글들은 수도회의 검열에 묶여 출판될 수 없었다. 그는 수도
원 복종 서약에 충실하게 검열과 그에 따른 침묵을 수락한 듯했
으나, 그의 글들은 비밀리에 배포되고 익명으로 출판되었다.

그가 걸어가는 궁극적인 길은 20년 전 본회퍼가 피하지
않고 걸어갔던 그 길이었다. 머튼에게 진정한 복종은 교회나 권위
에 무조건 따르는 것이 아니라, 시대의 소리를 듣고 그에 응답하
는 것이었다. 복종이 침묵이 아니라 불의를 보고 눈감는 행동이
침묵이었다. 어쩌면 그제야 그가 진정한 수도사의 삶에 들어갔는
지 모른다. 그는 영성가의 자리를 넘어 시대의 예언자의 자리에
섰다.

이제 그는 수도원 내의 금욕주의자의 자리에서 더 넓은 세
상의 평화와 정의를 위해 통찰력 있는 목소리를 전달했다. 미국의
교회는 미국 내에 만연한 인종 차별이나 명분 없는 전쟁에 대해
실상을 알리는 예언자의 자리에 서기보다, 그 거짓을 묵인하는 자
리에 섰다. 그 상황은 바로 한 세대 전 나치의 광기 앞에 숨죽였던
제국교회의 모습과 크게 다르지 않았다. 시대가 어두워질수록 그
의 목소리는 점차 본회퍼의 목소리와 가까워졌다.

1966년 머튼은 교회의 허가를 받아 당시 전쟁, 인종 차
별, 가난 등과 같은 사회 문제에 관한 자신의 생각을 담아《통회
하는 한 방관자의 생각》을 출판했다. 그는 이 책에서 변화하는

시대 속에서 개인과 공동체의 책임과 역할을 강조했다. 18년 전 《칠층산》을 쓸 때의 논조와 방향에서 크게 선회했다. 루이빌의 경험은 그에게 사회적 회심을 가져다주었다. 세상은 더 이상 회피하고 경멸해야 할 대상이 아니라 연민을 가지고 보듬어야 할 곳이었다.

1968년 12월 19일 태국 방콕에서 열린 강연에서 머튼은 수도회와 마르크스주의 사상을 연결하는 데까지 나아갔다. 그 연설 제목은 "마르크스주의와 수도원의 관점"이었다. 마르크스주의와 수도주의 모두 세상의 변화를 촉구한다고 제안했다.[11] 마르크스가 경제구조의 혁명을 주장한 반면, 수도주의는 의식의 변화를 통한 사회 개혁을 주창한다는 내용이었다. 이 발표 몇 시간 후 머튼은 호텔 방에서 고장 난 선풍기에 감전되어 죽은 채 발견되었다. 머튼의 유해는 그가 그토록 반대했던 베트남 전쟁에서 죽은 미군 시신을 실은 비행기에 같이 실려 돌아왔다. 잔인한 아이러니다.

전위에 선 저항자들

이미 언급했듯이, 본회퍼와 머튼의 삶이 수도사의 전형은 아니다. 그럼에도 그들의 삶은 역사 속에서 수도회와 수도사가 지향했던 삶이 무엇인지를 보여 주는 한 장면이다. 수도사의 출현이 제국의 가치에 대한 저항이자 제국 너머의 가치를 가르치는 그리스도에 대한 복종의 한 방편이었다는 점을 감안하면, 이 두 사람의 삶은 수도사가 걸어가야 할 길이 어떠한지를 보여 준다. 그 길은 그저 닫힌 수도원 회랑 안에서 금욕하며 세상을 등지는 것이 아니라, 세상을 위해 기도하며 세상의 변혁을 위해 스스로를 희생하는 길이었다. 본회퍼는 고통받는 대중들 속에서 함께 신음하는 그리스도를 위해 폭력의 방법을 선택했다. 머튼은 자본과 제국의 긴장 없는 동행을 비판적으로 읽어 가기 위해 마르크스가 사회와 역사, 종교를 읽는 방식을 들여다보았다.

수도사는, 또 그리스도인은 현실의 문화와 사회, 정세를 어떻게 읽어 내고 살아 내야 하는지를 찾기 위해 앞서서 헤쳐 나가는 사람, 전위에 선 사람들이다. 제도 교회는 지배적인 시대 분위기 앞에서 저항자의 자리에 서서 사회 변화를 추동하기보다는, 사람들에게 사회의 지배 문화와 가치를 전달하고 정당화하려는 유혹에 빠질 때가 많다. 그 속에서 서로 권력과 영향력을 향유한다. 문명이 지향하는 가치, 제국이 지향하는 가치에 철저하게 순응하는 노예가 될 뿐이다. 그렇기에 오늘 제국의 가치와 지배 문화에 굴복하지 않고 그리스도가 제시하는 인간과 사회의 모습을 만들어 가기 위해, 교회와 그 안의 개개인을 일깨우는 수도사들이 더욱 필요하다. 교회는 종교에 적대적이라고 알려진 사회주의나 공산주의를 경계하는 만큼이나 종교 친화적 자본주의 이데올로기의 위험성도 인지할 수 있어야 한다.

본회퍼와 머튼의 삶은 깊은 영성 추구와 급진적인 제자
됨의 실천이 결국은 맞닿아 있을 수밖에 없음을 보여 준다. 그렇
기에 수도사의 삶은 이 땅에서 하늘나라의 식민지를 만드는 삶,
더 이상 이 땅과 분리되지 않으며 역설적으로 가장 현실적이고
현세적인 삶이라 할 수 있다. 무엇보다 모든 인간의 본질적인 존
엄성에 대한 숙고는 수도회주의가 오늘 교회와 사회에 던지는
가장 중요한 질문이다. 이제 수도회가 제시한 삶을 따라가는 이
들의 신실한 걸음은 전쟁과 폭력, 불의와 차별이 지배하는 세상
에 대한 저항이 된다.

14

오늘, 수도회를
다시 묻다

신수도회주의 운동

새로운 수도회 요청

수도회의 탄생과 역사를 거쳐, 이제 수도회를 21세기 개신교와 연결해 살펴보고자 한다. 루터의 종교개혁 이후 개신교는 수도회주의를 거부했다. 그렇다면 어떻게 새로운 수도회 운동이라는 가치를 개신교에 설득력 있게 제시할 수 있을까?

주류 종교개혁 진영의 흐름과 달리 개신교의 다양한 분파는 수도회주의가 담보했던 가치를 실현하고자 했다는 점을 먼저 생각해 봐야 한다. 예를 들자면, 재세례파는 이 땅에 속해 살아가면서도 세상에서 정신적·물리적으로 벗어나 다른 형태의 공동체로 존재했다. 예수 그리스도의 가르침을 문자 그대로 살고자 하는 공동체였고, 산상수훈을 그들이 살아 내야 할 제자도의 가치로 삼았다. 전통적인 수도 공동체처럼 독신을 주장하거나 청빈과 순명 같은 가치를 앞세우거나 스스로 수도회라고 부르지도 않았지만, 그리스도의 길을 걸어가고자 했다. 그러다 보니 세속·전통적인 제도 교회와 지속해서 긴장 관계에 있었다. 그들의 시각에서는 4세기 이래 지속된 제국 종교로서의 로마 가톨릭이나 16세기 종교개혁 이래 등장한 국민국가의 국교가 된 주류 개신교파들은, 세속 권력과 종교가 손을 잡았다는 점에서 차이가 없었다.

재세례파 운동이나 그 후 종교개혁의 다양한 운동들은 제도 교회와 완전히 분리되는 정체성을 가졌기 때문에, 제도 교회와 연결된 수도 공동체와는 어떠한 형태로든 차이가 있었다. 수도회는 대항문화의 성격을 가졌지만 제도 교회를 반대하지는 않았다. 오히려 제도 교회의 개혁과 갱신을 위해 대안을 제시하고 실천하는 촉매였다. 그 제도 교회가 가톨릭이건 개신교이건 수도 공동체가 담당했던 역할은 반드시 필요했다.

근대가 시작된 이래 유럽 대부분의 개신교 국가에서 국가 교회가 강화되면서 교회는 사회의 윤리, 도덕, 문화를 형성하고 때로 변혁하는 일에 초점을 두었다. 그리스도교의 가치를 담아내는 국가를 만들고자 했지만, 다른 한편으로는 교회가 국가의 이념과 지향에 무비판적으로 동조하거나 이용당하는 것은 분명한 현실이었다. 종교가 세속 권력에 긴장을 주기보다 근대 개별 국민국가의 정체성을 만들어 가는 하나의 요소로 작용했다. 그리스도교와 세속 권력의 결합으로 탄생한 콘스탄티누스주의는 근대 제국주의의 각축 속에서 아무 견제 없이 확장되었다. 종교는 더 이상 보편적인 덕과 윤리의 보루가 아니었다. 제국의 힘 앞에서 무력했다.

양차 대전은 유럽이 덕을 잃어버린 야만의 시대로 접어들었다는 신호였다. 제1차 세계대전에서 패전하여 막대한 전쟁배상금을 떠안은 독일은 1933년 히틀러를 새로운 국가 지도자로 선출하였다. 그와 동시에 독일 그리스도교는 급격한 변화를 겪었다. 독일 개신교 지도자들 중에는 공산주의 무신론과 맞서 싸울 보루로서 교회를 인식하고, 강력한 독일을 위해 교회가 국가의 가치를 대변하는 자리에 서야 한다는 이들도 있었다. 하지만 국가와 교회의 이런 관계를 단순히 독일의 특수한 상황 때문이라고만 볼 수는 없다. 다른 나라에서도 교회는 국가주의를 수호하는 적극적인 수단이었다.

나치 제국에 맥없이 무릎 꿇은 독일 교회에 깊은 좌절을 경험한 본회퍼는 새로운 형태의 수도회 출현에서 교회 회복을 기대했다. 앞 장에서 말했듯이 그는 "교회의 회복은 분명히 새로운 종류의 수도회주의에서 나올 것이며, 그것은 오래된 것과 공통점이 없으며, 산상수훈의 그리스도를 따르는 타협하지 않는 삶일 것이다. 나는 이것을 위해 사람들을 모을 때가 왔다고 믿는다"[1]라고 했다.

이로써 근대 개신교 역사에서 신수도회주의라는 자의식이 처음으로 등장했다. 본회퍼는 2년 남짓 지속된 핑겐발데 신학교에서 자신이 구상한 수도회의 정신을 실험했다. 이들은 수도

서약을 매개로 한 독신 공동체를 염두에 두지 않았기에 옛 수도
회와 달랐다. 그럼에도 국가주의가 아닌 예수 그리스도의 가르침
을 따르며 타협하지 않는 삶을 추구한다는 점에서는 고전적인
수도회와 같은 가치를 공유한다.

그 후 수십 년간 개신교에는 신수도회주의라고 부를 수
있는 움직임들이 있었다. 본회퍼가 꿈꾼 이상의 직접적 유산인지
아닌지와는 별개로, 신수도회주의가 추구하는 가치는 초기 수도
회가 가졌던 것과 유사하다. 이들은 제국의 중심이 아닌 제국의
주변부로 향했다.[2]

파편화된 사회와 공동체의 도덕

1998년 조너선 윌슨의 책《파편화된 세상에서 신실하게
살아가기 *Living Faithfully in a Fragmented World: From 'After Virtue' to a New Monasticism*》
는 도덕철학자 알래스데어 매킨타이어의 책《덕의 상실》을 분석
하면서 신수도회주의를 정의하는 데 구체적인 디딤돌을 놓았다.
윌슨은 윤리 이론을 바탕으로 서구 문화를 광범위하게 분석해 낸
매킨타이어의 저술을 통해 현대 교회가 처한 상황을 파악했다. 문
화의 파편화와 계몽주의 프로젝트의 실패를 분석한 것이다.

매킨타이어는 현대 세계가 다원화된 사회가 아닌 파편화
된 사회라고 도발한다. 서로의 존재를 인정하고 그 차이를 용인

하며 다양성이 존중되는 사회가 다원주의라면, 파편화된 사회란 공동체를 지탱하는 공통의 윤리와 도덕성이 상실된 야만적인 상태를 의미한다. 비교적 일관된 공동체와 전통이 있던 시대가 사라지고 이제는 파편화된 시대가 되었다는 주장이다.[3] 매킨타이어는 유럽에서의 계몽주의 프로젝트는 실패했다고 단정한다. 계몽주의는 유럽에 이어져 내려온 도덕적 전통을 부정하고 인간 이성에 무한한 가치를 부여하며 새로운 인간상을 기대했다. 도덕성에 관하여 독립적이고 합리적인 정당성을 스스로에게 부여한 것이다. 계몽주의 이래 유럽인의 진보라는 환상은 제국주의 열강의 아프리카, 아메리카, 아시아 대륙 침탈로 이어졌다. 힘이 곧 정의가 되는 야만의 시대를 정당화함으로써 과거 로마제국을 무너뜨린 이민족 침입기와 같은 암흑기가 펼쳐졌다.

매킨타이어에 따르면, 살아 있는 전통이란 역사적으로 확장되고 사회적으로 구현되는 합리성을 지니고 있다. 그렇기 때문에 전통이 보수적일 수는 있지만 정적인 것은 아니다. 어떤 전통은 변화에 대응할 능력을 상실해 사라지기도 하지만, 어떤 전통은 시간이 지나면서 안팎에서 발생하는 긴장과 모순에 다양한 방식으로 대응하여 전통을 이어 가거나 새로운 전통을 수립한다. 전통과 도덕이 사라진 곳엔 야만이 자리를 잡을 수밖에 없다.

야만의 주체인 국가나 제국은 보편적인 도덕성을 유지하지 못했다. 제국주의와 인종주의, 사회 진화론이 가져온 세계대전과 홀로코스트의 참상은 유럽인들이 오랫동안 기대어 왔던 근대 계몽주의 세계관의 붕괴를 의미했다. 근대가 약속한 진보 대신 암흑이 깊게 드리웠다. 매킨타이어는 새로운 공동체 구축을 그 대안으로 삼는다. 그는 로마제국 말기 새로 등장한 공동체를 소환한다.

선한 의지를 가진 남녀들이 로마제국을 지지하는 의무를 벗어 버리고, 제국 유지와 시민성 및 도덕 공동체의 지속을 더 이상은 동일시하지 않았다. 그 대신에 그들은, 비록 그들이 한 것을 완전히 인식하지 못한다 할지라도, 새로운 형태의 공동체를 건설하였고 그 결과 도덕적 삶을 유지하여, 다가오는 야만과 암흑의 시대에도 도덕성과 시민성이 살아남을 수 있었다.[4]

매킨타이어는 제국의 가치를 보편적 가치로 환원하여 스스로를 정당화해 온 유럽 문명을 고발하며 지적했다. 도덕성과 시민성이 상실되고 폭력과 광기가 지배하는 극단의 사회에서 어떠한 대안이 제기될 수 있을까? 매킨타이어는 오래전 서구 사회에서 선의를 가진 사람들이 제국에 대한 지지를 멈추고 제국의 가치와 시민성, 도덕성이 결코 같을 수 없음을 인식한 바로 그 시점이 어둠을 벗어 버리는 출발점이라고 보았다. 그 출발은 위로부터 형성된 것이 아니라 선한 의지를 가진 아래로부터 형성된 흐름이었다. 그는 이와 더불어 출발한 새로운 공동체의 등장에 주목한다. 제국의 가치와 자신들의 가치를 동일시하지 않고, 제국의 목적을 넘어서는 보편적인 도덕을 추구하는 공동체가 만들어진 것이다. 그 결과, 제국으로 대표되는 야만과 암흑의 시대에 문명을 일구어 갈 토대를 마련할 수 있었다. 매킨타이어는 덧붙인다.

우리의 도덕적 상태에 대한 나의 설명이 맞다면, 우리도 이제 그 전환점에 도달했다고 결론지어야 한다. 이 단계에서 중요한 것은, 이미 우리에게 닥친 새로운 암흑 시대에, 시민성을 갖추고 지적이며 도덕적인 삶을 유지할 수 있는 지역 공동체를 구축하는 것이다. 마지막 암흑시대에서도 덕의 전통이 공포를 이겨 낼 수 있다면, 희망의 근거가 전혀 없는 것은 아니다. 그러나 이번에는 야만인들이 국경 너머 있지 않다. 그들은 이미 꽤 오랫동안 우리를 지배해 왔다. 이를 인식하지 못했기 때문에 우리는 이런 곤경에 처했다. 우리는 고도를 기다리는 것이 아니라 또 다른, 틀림없이 매우 다른 성 베네딕토를 기다리고 있다.[5]

매킨타이어는 서로마가 멸망한 이후 야만의 땅에서 그리스도교의 덕을 바탕으로 유럽 문명을 가꾼 베네딕토 수도회의 창시자 성 베네딕토를 기다린다. 세계대전의 야만이 쓸고 지나간 부조리한 자리에 누구인지 모를 '고도'를 기다리고 있는 현실에서, 그는 또 다른 형태로 등장할 공동체를 기대했다.

제국은 자신들의 지배적인 문화를 강제하며, 힘에 의한

지배를 추구한다. 그 가치에 저항하기란 쉽지 않다. 그 야만의 제국은 외부의 적으로 다가오지 않고 우리의 삶에 익숙하게 뿌리 내렸다. 유럽인들은 자신들 내부에 자리 잡은 야만을 인식하지 못한 채, 진보와 근대화의 이름으로 식민 침탈을 정당화했다. 오랫동안 제국이 약속하는 풍요와 제국의 목적을 실현하는 방식인 폭력을 방관했다. 그렇다면 해답은 무엇인가? 매킨타이어는 유럽 문명이 마주한 전대미문의 암흑기에 시민성을 갖추고 지적이며 도덕적인 삶, 곧 덕의 전통을 유지할 수 있는 지역 공동체를 대안으로 제시한다. 그런 지역 공동체는 제국이 지배하는 가치를 거부하고 그 너머의 보편 가치를 추구한다.

윌슨은 또 다른 베네딕토를 기다리는 일을 새로운 수도회 주의에 대한 요구로 읽었다.[6] 제국과 시민 공동체의 관계는 제국의 가치를 고스란히 담고 있는 제도 교회와 새로운 수도회의 관계로 치환할 수도 있다. 근대 국민국가의 형성과 성장에 국가교회는 정신적 지지를 이끌어 내는 역할을 했고, 종교 윤리와 도덕을 제국의 가치와 동일시했다. 교회는 종교적 덕목으로 제국 문명을 변화시키겠다는 문화 변혁을 꿈꿨지만, 국가라는 세속 공동체와 교회 공동체의 긴장은 일정 부분 타협하여 해소될 수밖에 없었다. 제국의 문화와 가치를 변혁하기 위해 제국의 중심부에 진입해야 한다는 명제는 교회의 삶이 제국의 문화와 깊이 얽히도록 만들었다.

교회와 세속 문화 사이의 긴장이 상실되어, 교회는 어느 순간 제국이 지향하는 가치를 그대로 닮아 갔다. 국가와 교회 모두가 확장을 위한 효율과 통제를 추구했다. 영웅적인 카리스마를 지닌 강력한 지도력을 기대하며 수직적 위계를 형성했다. 그러나 가장 효율적인 지배와 통제의 방식은 전체주의적일 수밖에 없다. 전체주의는 비단 나치즘이나 파시즘에서만 발견되는 양상이 아니다. 효율과 효과를 극상의 가치로 놓고 다름과 다양성을 포용하지 못한 근대성의 부정적 특성 중 하나다. 그래서 교회는 성장해야 하는 곳이 되었고, 성장을 위해 가장 효율적이고 효과적인 관리 방식을 배우고 적용하는 실천의 장이 되었다. 또한 교회는 국가주의의 가치를 공공연하게 혹은 내밀하게 지지하는 정신적 지지 세력의 역할을 충실하게 담당했다. 정치와 종교가 서로 지나치게 친밀하게 얽히면, 제국 너머의 가치를 추구할 고등 종교의 자리는 줄어든다.

정치화된 종교란 단순히 국가의 지향을 무비판적으로 지지한다는 의미는 아니다. 교회의 영향력 유지를 위해 국가와 맞서는 일 역시 제국의 가치를 담은 종교의 특징이다. 이는 세속적 헤게모니를 유지하고 확대하기 위해서지 그리스도의 가르침을 따르기 위해서가 아니다.

매킨타이어의 분석을 교회로 옮겨 온 윌슨은 도발적인 제안을 던진다.

서양 문화 속에서 교회에 대한 나의 비판이 타당하다면, 교회가 신실한 삶을 회복할 수 있는 유일한 방법은 교회의 삶을 문화와 분리하는 것이다. …그러나 우리는 교회의 삶을 문화로부터 분리하려는 이유를 매우 신중하게 설명해야 한다. 교회가 받아들이기에는 문화가 너무 악하기 때문에 교회가 문화에서 손을 떼는 것은 아니다. 복음이 지닌 구원의 능력을 증언하는 증인으로서 세상 속에 있어야 하는 게 교회의 사명이다. 그럼에도, 교회가 더 이상 신실하게 사명을 수행할 능력이 없을 정도로 교회의 삶이 굴복한 때가 있다. … 그럴 때 교회는 '나쁜' 사회를 피하기 위해서가 아니라, 신실한 삶을 회복하고 교회의 사명에 대한 이해를 새롭게 하기 위해 신수도회주의로 돌아가야 한다.[7]

조너선 윌슨은 그리스도인들이 신실한 증인으로 살아가기 위해서는 제국의 문화와 가치를 거부하는 새로운 운동이 필요하다고 주장한다. 공인과 제도화를 경험한 이래 교회는 역사 속에서 늘 세속 문화에 개입해 영향을 끼치고자 하는 욕망이 있었다. 이에 제국의 중심부, 심장을 향한 추구는 자연스러운 일이었다. 오히려 사회로부터 물러나야 한다는 주장이 패배적, 도피적, 심지어 급진적으로 보였다. 하지만 그는 후기 그리스도교 사회의 현실에서 선택해야 할 길은, 교회의 옛 영향력 회복이 아니라 제국과 교회가 긴장 속에 있던 초기 그리스도교의 자리임을 분명히 했다. 그 자의식이 신수도회주의라는 이름 속에 담겨 있다.

신수도회주의는 교회의 세속화를 자각하고 자발적으로

사막으로 들어간 수도사들의 자취를 따라, 21세기 제국 문화 속에서 같은 자각을 가진 이들이 건설해 가는 공동체의 가치를 담고 있다. 그들은 분명 대항문화적이지만, 교회와 대립하는 반교회성을 내세우지는 않는다.

제국교회의 현실에서 본회퍼가 처음 제기하고, 제국의 어둠과 야만이 지배한 근대 세계에 대한 반성으로 조너선 윌슨이 다시 불러낸 이래, 신수도회주의를 내세운 다양한 실험이 북미를 중심으로 펼쳐졌다.

새로운 수도회의 열두 가지 표지

셰인 클레어본의 '심플웨이Simple Way', 그리고 조너선과 레아 윌슨하트그로브 부부가 시작한 '룻바하우스Rutba House'는 신수도회주의의 자의식을 가지고 수도회의 삶을 실천한 대표적인 공동체다. 1998년 셰인 클레어본과 여섯 친구는 펜실베이니아의 버려진 뒷골목의 이웃들과 함께하기 위해 건물을 구입하고 입주하여 공동생활을 함으로써 가난한 사람들을 돕는 공동체를 시작했다.

2003년, 조너선과 레아 윌슨하트그로브 부부는 미국의 이라크 침공에 항의하는 이라크 평화 여행단의 멤버로 이라크를 방문했다. 여행 중에 부상당한 동료 한 명이 당시 미국의 폭탄 공

격을 받은 룻바 마을의 한 이라크 병원에서 치료를 받았다. 이라
크인 의사는 치료비를 받지 않고, 그 대신 조너선과 레아에게 룻
바에서 일어난 일을 세상에 알려 달라고만 부탁했다. 미국으로
돌아온 후 조너선과 레아는 그곳에서 경험한 환대를 실현하기
위해 인종 간 화해를 실천하는 공동체인 룻바하우스를 시작했다.

그들은 공동체를 운영하면서 초기 그리스도교 수도사들
처럼 규칙을 발전시켰다. 심플웨이와 룻바하우스 모두 산상수훈
의 가르침을 실천하기 위해 인종과 계급 분열에 직접적으로 도
전하는 공동체다. 그들은 제국 내에서 버려진 곳으로 이주했다.
스스로 중산층의 혜택을 내려놓고, 가난한 사람들과 함께 사는
것을 선택했다.

가톨릭, 주류 개신교, 복음주의 개신교, 재세례파 등을 포
함해 다양한 배경을 가진 사람들이 자신들의 교리보다는 공통된
삶의 지향을 매개로 이들 공동체에 모였다. 2004년에 그들이 추
구하는 가치를 신수도회주의의 열두 가지 표지로 정리하여 제시
했다.[8]

1. 제국의 버려진 곳으로 이동한다.
2. 공동체 구성원 및 가난한 이들과 경제 자원을 공유한다.
3. 그리스도의 몸된 교회에 겸손히 복종한다.
4. 공동체의 규칙을 공유하는 구성원들과 지리적으로 가까이
   산다.

5. 낯선 사람을 환대한다.

6. 뜻을 같이하는 공동체 구성원들과 공동생활을 발전시킨다.

7. 마태복음 18장을 따라 지역사회의 폭력과 갈등 속에서 평화를 만든다.

8. 교회와 공동체 내의 인종적 분열을 애통해하고, 정의로운 화해를 적극 추구한다.

9. 하나님이 주신 땅을 돌보고 지역 경제를 지원한다.

10. 부부와 자녀들 및 독신자들을 지원한다.

11. 오랜 수련 전통을 따라 그리스도의 삶과 공동체 규칙을 익힌다.

12. 관상 생활을 훈련하는 데 헌신한다.

이 열두 가지 표지는 특징에 따라 몇 가지 범주로 나눌 수 있다. 첫째, 중심이 아닌 주변으로 향한다. 제국의 버려진 장소로 이동하려는 것은, 새로운 수도회 운동은 제국이 대표하는 주류 문화와 그 영향력을 추구하지 않고 경제, 정치, 사회문화적으로 소외된 사람들이 살아가는 곳을 향한다는 것을 의미한다. 제국의 방식을 따르지 않아서 발생한 손해를 기꺼이 감수하겠다는 선택이다. 새로운 수도회는 예수 그리스도의 가르침을 삶 속에서 혁명적으로 실천하는 장소다. 제국의 통치가 닿지 않고 제국의 관심에서 멀어져 남겨진 사람들을 찾아가 경제적 자원을 나누고 환대를 실천한다.

조녀선과 레아가 이라크의 룻바에서 경험했던 환대는 낯선 나그네, 이방인을 향한 것이었다. 우리는 누구나 한때 이방인이었다. 그리스도교는 낯선 이방인에 대한 환대의 의무를 강조한다. 나그네와 식탁을 나누고 친절하게 맞아 주는 행위는 천사를 대접하는 행위다. 나그네를 환대하는 것은 적극적인 의미에서 공동체 내 인종적 분열에 대한 화해의 실천이다. 그리스도교 공동체는 교리를 가지고 구별하지 않고, 유대인과 이방인, 헬라인과 야만인의 경계도 넘어서는 보편적 인권을 실천하는 공동체였다. 분열된 언어로 인종과 문화를 나누는 행위는 그리스도교의 정신에 부합하지 않는다. 그리스도교는 분열이 아닌 포용과 통합을 이야기할 때 존재 의미를 가진다.

둘째, 그리스도의 몸 된 교회와 지역 공동체의 연계를 강조한다. 본회퍼는 신수도회 운동의 목적이 교회 회복이라고 했다. 교회 밖 갱신 운동은 스스로를 세상과 구별할 뿐 아니라 전통적인 교회 공동체와의 연계까지 끊기도 했다. 그러나 새로운 수도회 운동은 파라처치parachurch가 아닌 프로처치pro-church의 정체성을 내세웠다.[9] 지역 경제 지원과 함께 우리에게 주어진 세상을 돌보는 행위는, 이 세상을 긍정하고 세상과 소통하고 공감하려는 움직임이다. 지역사회 내에서 폭력과 갈등의 문제를 해결하며 평화를 만드는 일은, 그리스도의 산상수훈을 이상적인 논의가 아닌 현실에서 순종하고 추구해야 할 가치로 받아들인 결과다.

셋째, 공동체 규율과 개인의 덕성을 훈련한다. 신수도회주의가 제국의 버려진 사람들을 향하고 지역 공동체와 연대하는 지향을 가지고 있지만, 이를 가능하게 하는 가장 중요한 가치는 공동체성이다. 그 공동체성을 위해 오래된 수도회의 방식을 인용한다. 물론 수도회의 청빈과 순결, 순명의 서약도 공동체성을 이루는 근간이지만, 신수도회주의는 한 개인이 아닌 가족 구성원들이 함께 수도 서약을 하는, 좀 더 느슨한 공동체다.

공동체의 유지에 대해서는 사도행전에서 보여 주는, 큰 규모의 공동체가 살아가는 방식을 따른다. 초기 그리스도인들은 사도들의 가르침을 받아 서로의 필요를 채우기 위해 재화를 공유하기도 했다. 공동체성을 유지하기 위해 일련의 규칙도 만들었다. 공동체 구성원 사이의 지리적 근접성은 일상의 삶 속에서 예배, 기도, 교제 또는 영적 지도 등을 쉽게 구현할 수 있게 한다. 공동체는 규율로 유지되지 않는다. 관상 생활이라고 표현할 수 있는 기도와 독서, 사색 등으로 공동체 개개인이 단독자로서 세상을 바라보고 설 수 있을 때, 공동체는 사회적 저항으로 의미 있는 걸음을 내디딜 수 있다.

본회퍼가 문제를 제기한 이후 북미를 중심으로 생성된 신수도회주의의 흐름이, 전형적으로 젊은 백인 중산층 엘리트들이 주도하는 운동이라는 비판이 있다. 또한 분파로서 제도 교회와 마찰을 야기한다는 지적도 있다. 명시적으로 수도라는 '가톨릭'적인 가치가 드러나기에 개신교에서는 조심스러운 부분도 존재한다. 그러나 본질적으로 새로운 수도회 운동은 현대 개신교가 가지고 있는 취약점을 성찰하여 발생한 산물이다. 이 운동은 소비주의적이고 제국주의적인 가치에 젖어 있는 제도 교회의 현실을 오랜 과거의 거울 앞에 비춰 보게 한다. 개신교의 열광적이고 분주한 이미지 또는 교회의 폐쇄성에 대한 반성도 포함한다. 익숙하고 당연하게 여겼던 모습이 전부라고 상정하지 않고 근원적으로 다른 모습의 가능성을 열어 두기 때문에, 교회다움이 무엇인지 순수하게 추구하는 사람들 사이에서 주목을 끈다.

사회, 정치, 경제, 문화의 헤게모니를 장악한 제국에서 그리스도가 추구하는 평화를 실천하는 교회가 되기 위해 공동체에 대한 고민은 깊어져야 한다. 그 고민이 진지하다면, 새로운 수도회주의도 열린 마음으로 들여다볼 수 있을 것이다.

대안이냐는 질문에 대해

오늘 교회의 위기는 신학교의 위기인지도 모른다. 신학교에서 가르치고 배출되는 목회자들의 목소리는 근대성에 뿌리내리고 있다. 상호적인 관계가 아닌 비인격적인 공동체 구조 속에서 구성원은 효과적이고 효율적인 관리의 대상이 된다. 그 관리를 효율적으로 하기 위한 교회 직제와 그 정점에 있는 설교권은 비대칭성을 무한히 확대한다. 이제는 이 구조의 한계가 너무 명확하게 드러나고 있다. 교회는 공동체성을 잃었다. 공동체는 너와 나의 존재가 동등하게 인정되고 다름이 존중될 때 비로소 출발할 수 있다. 공동체성이 상실되면 교회도 물질적으로 환원하여 성장과 번영의 대상이 된다. 거기에 도움이 되지 않는 이들은 배제된다. 자본이 만들어 내는 소비주의를 거스를 수 없으며, 사회의 여러 문제를 국가주의 통치의 효율에 기반하여 풀어 가는 국가 폭력에 저항할 수도 없다.

신수도회 운동의 표지들 중 첫 자리를 차지하는 '제국의 버려진 곳으로 이동하기'는 교회가 그리스도의 산상수훈을 그저 관념적으로 받아들여 왔음을 일깨운다. 과연 교회가 제국의 버려진 장소, 즉 잊히거나 힘이 없고 추방되거나 가난한 사람들의 버려진 장소를 고민하는가? 매킨타이어에 따르면, 덕성의 발전은 공동체의 맥락과 분리할 수 없다. 교회 공동체 안의 개인도 공동체가 가진 주변성, 타자성에 대한 고민의 깊이만큼 그 가치를 공유하고 발전시킬 수 있다. 교회가 중심을 지향하면서 그 일에 걸리적거리는 요소들을 배제하고 차별한다면 교회는 산상수훈이 가리키는 평화의 공동체를 이룰 수 없다. 시민성과 도덕성을 상실하고 제국의 가치를 따르는 교회는, 본회퍼가 지적한 대로 교회일 수 없다. 교회의 회복은 버려진 장소, 주변성의 회복에서 시작한다. 이제 사회 변혁의 주체가 되어야 한다는 영향력의 덫에서 빠져나와야 한다. 제국이 정해 놓은 틀과 방식을 거스르며 살아가는 것이 교회가 할 수 있는 가장 급진적이고 과격한 형태의 저항이다.

교회 역사가 2천 년간 이어질 수 있었던 배경에는 항상 주변성과 경계성의 가치를 새롭게 들고 나온 수도 공동체가 있었다. 기성의 사회나 제도 교회에서 바라볼 때는 늘 급진성이라는 혐의가 가해지기는 했지만, 수도 공동체는 그리스도의 산상수훈의 가르침을 실천하고 사도행전에 나오는 초대교회의 삶을 살아 내려는 몸부림이었을 뿐이다. 구태의연해 보이지만 진지한 물음, 즉 '성경적이냐'는 질문에 '그렇다'고 답하지 않을 이유가 없다. 익숙하지 않고 낯설다고 해서 그르다 단정 짓는 성급함은 바람직하지 않다.

이와 별개로, 새로운 수도 공동체가 기성 교회의 대안이냐는 질문은 좀 다른 고민거리를 던진다. 이 질문에는 두 가지 층위로 답할 수 있다. 첫째, 제도 교회를 대체하겠다는 목적이 없다는 점에서 기성 교회의 대안이 아님을 알 수 있다. 제도 교회는 2천 년 동안 흘러온 대로 앞으로도 이어질 것이다. 새로운 수도 공동체는 병들어 있는 교회를 회복시키기 위해 건강한 긴장을 유발하는 역할을 한다. 본회퍼가 그랬듯, 윌슨하트그로브가 그랬듯, 새로운 수도회주의는 '교회의 회복'을 목표로 한 운동이라는 자의식을 지닌다. 조너선 윌슨하트그로브는 "그 안에서 아무리 악취가 나더라도, 그것(교회)은 이 세상을 살아서 헤쳐 나갈 수 있는 유일한 방법이었다. 아무리 이상해 보여도 하나님이 세상을 구원하기로 결심하신 방법이다"라고 인정한다.[10]

둘째, 그럼에도 기성 교회의 익숙한 종교성과 종교적 실천을 재고하도록 촉구한다는 점에서는 대안이다. 근대 세계의 출현과 더불어 발전한 개신교는 효율, 생산성 및 효과적 관리라는 근대성이 가장 잘 구현된 공간이다. 한국적인 상황을 좀 더 들여다보자. 교회는 성장해야 했고, 모든 개척 교회의 목표는 자립이어야 했다. 더불어 교회는 이른바 세상을 변화시키는 주체여야 했다. 성장과 자립이 하늘로부터의 복이라는 명제 앞에 한 개인의 가치는 결국 숫자로 환원된다. 세상을 변혁하기 위함이라는 명목으로 교회는 기성 사회가 설정한 구조와 그 가치를 충실하게 따랐다. 개인이 존중되는 공동체성이 퇴색하고, 제국의 가치에 저항하는 대항성은 찾을 수 없게 되었다. 정작 수도회 정신을 외면하는 곳이 제도 종교라는, 부인할 수 없는 모순의 현실이 서글프다. 자신들이 고수하는 진리와 교리를 앞세워 사회적 약자와 소수자를 차별하고 혐오하는 것을 정당화한다면, 바로 그 자리가 새로운 수도회 정신이 필요한 자리임을 웅변한다.

수도회 정신은 교회의 목표가 성장과 (목회자를 재정적으로 지원하는) 자립이 아니며, 교회가 반드시 세상 속에서 변혁의 주체여야 할 필요는 없다는 사실도 일깨운다. 한 해 수천 명씩 배출되는 목회자들이, 미자립 교회를 자립으로 전환할 대상으로 여기지 않고 성과 속의 구별 없이 같은 소명을 지닌 형제와 자매의 공동체라고 여긴다면, 제도 교회의 성직주의를 넘어서는 상호 평등한 자립적인 공동체를 만들 수 있을 것이다. 그렇게 제국의 중심에서 한 걸음 떨어져서 살아가는 대조 공동체의 실천에 무게

캐나다 브리티시 컬럼비아주 미션 소재 베네딕토회 웨스트민스터 수도원West-
minster Abbey 예배당 내부

중심을 옮긴다면 작금의 상황은 오히려 더 다양한 시도를 가능
하게 한다.

모든 그리스도인이 전통적인 수도사가 될 수도, 그럴 필
요도 없다. 그렇다고 그리스도인의 삶과 수도사의 삶이 달라야
한다는 말은 아니다. 루터의 종교개혁도 표면적으로는 수도사 제
도를 없앤 것으로 보이지만, 실제로는 모든 그리스도인들이 수도
사와 같은 삶을 추구하도록 촉구한 사건이었다.

현대 사회에 한 걸음 확대해 보면, 새로운 수도회에 대한
고민은 종교만의 몫은 아니다. 인간의 존엄에 대한 각성, 타자를
향한 배제 대신 환대, 폭력과 갈등 속에서의 평화 추구, 지구 공
동체의 환경에 대한 책임은, 물질만능과 무한경쟁의 사회 속에
개개인 모두가 성찰하며 살펴야 할 주제들이다. 잠시 머물다 가
는 땅의 순례자로서 짐을 가볍게 하고 모두와 더불어 살아가자
는 것이 어찌 종교에만 적용되는 주장이겠는가! 이 땅을 살아가
는 의식 있는 시민이라면 응당 짊어져야 할 책무다.

나가는 말

∧

밴쿠버에서 지내며 연례행사처럼 들르는 곳이 두 곳 있
다. 하나는 집에서 40분 정도 떨어진 미션에 있는 웨스트민스터
수도원Westminster Abbey으로, 베네딕토회 수도원이다. 다른 한 곳은
그보다 좀 떨어져 있지만, 넉넉하게 2시간 정도면 도착하는 스쿼
미시에 있는 평화의모후 수녀원Queen of Peace Monastery이다. 이곳은
탁발 수도회인 도미니코회 소속이다.

웨스트민스터 수도원은 학교에 입학하는 신입 원우 오리
엔테이션이 끝나면 항상 방문하는 곳이다. 그런 전통 아닌 전통
을 만든 지 6-7년 정도 되었다. 평화의모후 수녀원은 학교에 강
의 차 방문하는 교수님이나 손님들은 거의 예외 없이 모시고 가
는 곳이다. 산길을 한참 달려 산기슭에 아담하고 고즈넉하게 자

리 잡은 수녀원에 도착하여 예배당 문을 열면, 열이면 열 모두 낮은 외마디 탄성을 지른다.

이처럼 나의 수도원 기행은 반복적이다. 그저 과거 유산의 터 위에서 역사를 더듬어 보는 소소한 일정이지만, 그 시간만큼은 동일한 신앙을 고백하며 현대를 살아가는 우리에게 낯선, 그러나 여전히 고민해야 할 것을 보여 준다. 수도회가 남긴 유산은 과거에 머무는 것이 아니라 오늘도 계속 이어질 수 있다는 가능성이다.

올곧게 현실 너머의 가치를 추구하며 살았던 그들의 삶을 오늘로 소환하여, 우리 삶의 태도와 견주어 본다. 이 책에서 일관되게 주목했듯이, 수도원은 제국의 가치와 삶에 대한 저항이다. 제국의 한복판을 살아가면서 그 너머를 볼 수 있는 눈과 그 너머를 시도해 볼 용기를 갖는 것이다. 다르게 살기, 거슬러 살기는 오늘날 가장 어렵고 거대한 저항이다. 소비가 미덕이고 자본이 가장 강력한 종교가 된 시대, 옴짝달싹하지 못하는 그 구조에 저항하는 건 웬만한 작정 없이는 불가능하다.

수도사의 삶은 그렇게 자기에게서 시작해 타자를 지향한다. 수도사가 보여 주는 삶의 키워드는, 주변성을 유지하며 타자에 대한 감수성을 지키는 것이다. 제국의 중심부를 향하려는 욕망을 벗어 버리고 주변으로 가는 삶 말이다. 나와 타자를 연결하고 내가 자리 잡은 터 위에서 하늘과 땅을 이어 주는 자리가 수도사가 서야 할 자리다.

경쟁과 성취, 배제와 혐오는 복음에 어울리는 언어가 아니다. 하지만 한국의 개신교만큼 종교의 이름으로 또 복음의 이름으로 타자를 노골적으로 배제하는 곳은 없을 것이다. 초기 그리스도교와 그를 이어 간 수도회는 낯선 사람, 나그네를 그리스도처럼 환대했다. 타자에 대한 존중과 이해는 수도회가 남겨 준 자산이다. 이 삶을 실천할 때 평화를 만드는 한 걸음을 내디딜 수 있다.

수도회가 우리에게 제시하는 가치는 세상을 등진 가치가 아니다. 우리의 욕망과 본성을 거슬러 남을 향하게 하는 가장 치열한 고민의 현장에 우리를 세운다. 수도회는 현실에서 가장 먼 것 같지만 사실은 현실과 밀착하여 있으며, 시대정신이 요구하는 가치를 위해 타협하지 않고 지향점을 향해 나아간다.

또한 수도회는 세상이 그리 한가하고 단순하게 돌아가지 않는다는 이들에게 좀 더 단순하고 소박하게 자연과 더불어 살아가는 삶도 가치가 있음을 일깨운다. 세상의 복잡함에 다 맞춰 주고 이끌려 살아가기에는 우리 인생이 너무 소중하다. 그 속에 잃어가는 건 우리의 존재와 삶이다. 수도사의 삶은 우리가 추구할 성찰과 종교성이 무엇인지, 삶의 근원적 가치가 무엇인지 고민할 거리들을 던져 준다.

이 책을 통한 수도회 기행이 다소 낯선 여정이었을 듯싶다. 거창하다면 거창하고, 단순하다면 단순한 수도사의 삶이 우리와 무관하지 않다며 일관되게 이어 주려는 시도가 얼마나 설득력 있었는지 모르겠다. 그저 수도사의 길과 한 뼘 가까워졌다면 그것만으로도 더할 나위 없겠다.

제도 교회의 위기에 대한 목소리는 새삼스럽지 않다. 수적 감소나 사회적 영향력 감소도 위기로 진단할 수 있겠다. 그러나 교인 수의 회복이나 영향력을 다시 찾아오는 데 초점을 두는 건 정확한 진단이 아니다. 한국 개신교의 위기는 영향력의 덫에서 기인한다. 사회 속에서 개신교의 목소리가 반영되어야 하고 영향력을 가져야 교회다움이 유지된다고 오해하며, 그 영향력을 상실하는 현실에 발을 동동거린다. 그래서 여러 사회적 이슈에 대해 악을 쓰듯 목소리를 내려고 하는지도 모른다.

개신교는 자신이 무엇을 잃어버렸는지를 진지하게 성찰하는 데 실패하고 있다. 교회가 영향력을 행사하고 사회에서 무시받지 않는 자리를 차지하는 게 과연 바람직한 방향일까? 적어도 수도회의 역사는 그렇지 않음을 보여 준다. 종교가 잃은 것은 영향력이 아니라, 다른 이의 입장에서 자신을 바라볼 수 있는 성찰성이다. 그러니 개신교가 우린 다르다고, 모두 오해고, 지금 부당한 취급을 받고 있다고 볼멘소리를 해 봐야 진지하게 들어줄 이 없다.

지금은 억울함을 토로하고 변명할 말을 찾을 때가 아니다. 먼저 입을 닫고 침묵하며 타인의 목소리에 귀 기울여야 한다. 말하지 말고, 듣고 읽는 일에 몰두해야 한다. 그것이 수도원 전통이 가르치는 진정한 거룩한 독서다. 그런 멈춤의 반성이 없고는 아무리 경전을 열심히 읽어도 종교가 회복되지는 못한다. 세상이 길을 물어올 때 제대로 된 길 안내를 해 줄 무언가를 갖출 때까지 땅바닥에 바짝 엎드려 공부해야 한다. 이 책임은 이른바 목회나 성직에 종사하는 전문가에게만 해당되지 않는다. 모든 개인에게 맡겨진 의무다.

더불어 우리네 생태계에도 제도 교회를 견인할 수도회 같은 대안의 조직, 주변의 노력이 출현하기를 독려하고, 마음 모아 키워 주고 지원해야 한다. 제도 종교가 스스로 변화와 자정을 한 사례는 존재하지 않는다. 막혀 있는 현실은 주변에서 새로운 흐름이 생성되어 물꼬를 트기 전까지 쉬이 진보하지 못했다. 그 새로운 흐름은 기존의 관성을 거슬러 갈등을 유발하는 촉매가 되었다. 때로 오해와 무시, 더 나아가 핍박의 대상이 되기도 했다. 그러나 그 대안의 흐름을 진지하게 고민하고 수용하고 키워 내는 것만이 제도 교회가 회복되는 길이다. 그 길이 사는 길이었음을 교회의 역사는 증거한다.

주변에서 생성되어 마침내 중심을 변화시키는 동력으로 불어난 것, 그것이 수도회다. 오직 이 길만이 답이라고 얘기할 배짱은 없다. 그저 신발 끈을 동여매고 고단한 발을 들어 순례자의 길을 함께 떠나 보자고 제안할 뿐이다.

주

1. 서론 오늘 왜 수도회인가?

1 막스 베버, 에른스트 트뢸치, 아돌프 폰 하르낙 등 근대 개신교 학자들은, 중
세 가톨릭교회와 근대 개신교의 핵심적인 차이를 언급할 때 수도원 금욕주의가
개신교의 세속적·합리적 금욕주의로 변천하였다는 데 주목한다. 이 관점에서
중세 수도주의를 세상으로부터의 도피로 규정하였다. 이와 관련해서는 Lutz
Kaelber, "Weber's Lacuna: Medieval Religion and the Roots of Ratio-
nalization," *Journal of the History of Ideas*, vol. 57, no. 3(1996), pp. 465-485 참조.
2 Edward Gibbon, *The Decline and Fall of the Roman Empire*, Introduction
by Daniel J. Boorstin, A Note on Piranesi by Paul McPharlin(New York:
The Modern Library, 1995), vol. 1, chapter 22, vol. 2, chapter 38 참조.
3 최종원, 《초대교회사 다시 읽기》(홍성사, 2018), 96-105쪽.
4 Stanley Hauerwas, Willimon H. Willimon, *Resident Aliens: Life in the
Christian Colony*(Nashville, Tennessee: Abingdon Press, 1989) 참조.
5 성 히에로니무스가 사용한 표현으로 '적색 순교'에 대응되는 개념이다.

Kristine Edmondson Haney, "The 'Christ and the Beasts' Panel on the Ruthwell Cross," *Anglo-Saxon England*, vol. 14(1985), p. 222.

2. 수도회의 탄생 그리스도교 공인과 사막 교부들

1 Paul Keresztes, "From the Great Persecution to the Peace of Galerius," *Vigiliae Christianae*, vol. 37(1983), pp. 379-399 참조.

2 Francis Dvornik, *Early Christian and Byzantine Political Philosophy: Origins and Background*(Washington D.C.: Dumbarton Oaks Center for Byzantine Studies, 1966), pp. 611-658.

3 Lester K, Little, "Monasticism and Western Society: from Marginality to the Establishment and Back," *Memoirs of the American Academy in Rome*, vol. 47(2002), pp. 83-94.

4 초기 수도회 사막 교부들에 대한 국내 연구로는 정환규, 《사막 교부들의 금언집》 5권 '암마 사라'의 이야기와 《안토니우스의 생애》 '첫 싸움' 이야기의 문헌 분석", 〈가톨릭 신학〉, 제35권(2019), 71-96쪽; 이후정, "동방 교부 수도원 전통에서의 거룩한 독서", 〈신학과 세계〉, 제66권(2009), 73-107쪽; 유재경, "요한 카시아누스의 영성 지도와 방법에 대한 연구", 〈신학과 실천〉, 제63권 (2019), 157-188쪽; 김경은, "영성 지도의 역사", 〈선교와 신학〉, 제45권(2018), 11-41쪽; 유재경, 《성 안토니의 생애》에 나타난 영성 훈련에 대한 소고", 〈신학과 실천〉, 제73권(2021), 205-231쪽 등이 있다.

5 성 안토니우스는 그리스도교 수도사의 삶이 "자기 지식과 자기 정화를 위한 끊임없는 투쟁과, 이를 통해 영혼이 창조된 하나님과의 통합으로 돌아오는 것"이라고 주장하였다.

6 Rowan A. Greer, *Broken Lights and Mended Lives: Theology and Common Life in the Early Church*(Pennsylvania: Pennsylvania State University Press,

1986), pp. 143-145.

7 은성출판사에서 번역, 출간되었던 이 책은 《키아츠 기독교 영성 선집(10)》으로 2019년에 재출간되었다. 아타나시우스, 김재현·전경미 옮김, 《성 안토니우스의 생애》(키아츠프레스, 2019).

8 파코미우스를 중심으로 그리스도교 수도원 운동사를 다룬 국내 연구서로는 남성현, 《기독교 초기 수도원 운동사: 파코미우스와 바실리우스》(엠애드, 2006)가 있다.

3. 수도사의 일상 기도와 노동, 하나님의 일이 되다

1 이 다큐멘터리는 유튜브에서도 볼 수 있다. https://youtu.be/OUXTJ2fp3UY (2023년 3월 30일 최종 검색)

2 제임스 K. A. 스미스의 책 *You Are What You Love: The Spiritual Power of Habit*(Ada, MI: Brazos Press, 2016)의 한글 번역본은 책의 부제를 따서 제목을 《습관이 영성이다》로 했다.

3 Benedict, *St. Benedict's Rule for Monasteries*, Trans. by L. J. Doyle(Collegeville, MN: Liturgical Press, 1948), p. 68.

4 Jacques Le Goff, *Time, Work and Culture in the Middle Ages*(Chicago: The University of Chicago Press, 1980) 참조.

5 James Westfall Thompson, *The Medieval Library*(Chicago: The University of Chicago Press, 1939), pp. 225-226.

6 세상에 대한 그리스도인의 '경멸'이, 세상을 혐오하거나 인간의 정상적인 욕구를 억압하는 등 금욕과만 연결되지는 않는다. 세상에 대한 경멸은 지고의 선을 향한 열망과 헌신과 관련이 있다. 자신의 이익과 현실적 욕망을 추구하기보다 그리스도를 섬기는 일에 자신의 가치를 드리는 적극적인 개념이다.

7 Christopher Brooke, *The Age of the Cloister: The Story of Monastic Life in* *the Middle Ages*(Mahwah, NJ: Paulist Press, 2002) 참조.

4. 유럽을 만들다 아일랜드 수도회, 베네딕토회

1 Patrick Hart, "Eremitism in the Celtic Church," *Cistercian Studies*, vol. 3, no. 2(1968), p. 130.

2 고대 영어 단어인 mynster는 라틴어 모나스테리움 *monasterium*과 그리스어 모나스테리온 μοναστήριον에서 파생되었다. 브리타니아의 그리스도교는 수도 규칙을 따라 살아가는 다양한 형태의 공동체적 특징을 지녔다.

3 Gorazd Vorpatrny, "Celtic Christian Spirituality," *Orthodox Tradition*, vol. 18, no. 4(2001), p. 20.

4 Edward Cletus Sellner, "A Common Dwelling: Soul Friendship in Early Celtic Monasticism," *Cistercian Studies Quarterly*, vol. 29, no. 1(1994), p. 7. 이교의 신들을 그리스도교화하여 성인으로 숭배하는 것도 이교 문화를 배척하지 않고 그리스도교 문명 안에서 끌어안으려는 시도다.

5 James Lydon, *The Making of Ireland: From Ancient Times to the Present*(London: Routledge, 1998), p. 1.

6 Gorazd Vorpatrny, "Celtic Christian Spirituality," p. 13.

7 Patrick Hart, "The Heritage of Celtic Monasticism," *Cistercian Studies*, vol. 1, no. 1(1996), p. 45.

8 Marcia L. Colish, *Medieval Foundations of the Western Intellectual Tradition, 400-1400*(New Haven: Yale University Press, 1999), pp. 65-75.

9 C. H. Lawrence, *Medieval Monasticism: Forms of Religious Life in Western Europe in the Middle Ages*(London: Routledge, 2000), pp. 66-68.

10 Ian Ker, Terrence Merrigan, eds., *The Cambridge Companion to John Henry Newman*(New York: Cambridge University Press, 2009), p. 152.

5. 유럽을 깨우다 클뤼니 개혁 운동과 시토 수도회

1 Constance B. Bouchard, "Merovingian, Carolingian and Cluniac Monasticism: Reform and Renewal in Burgundy," *The Journal of Ecclesiastical History*, vol. 41, no. 3(July 1990), pp. 369-372.

2 Jonathan Stavnskær Doucette and Jørgen Møller, "The Collapse of State Power, the Cluniac Reform Movement, and the Origins of Urban Self-Government in Medieval Europe," *International Organization*, vol. 75, no. 1(January 2021), p. 211.

3 구자섭, "성직자 독신의 제도적 확립과 서임권 분쟁", 〈서양사 연구〉, 제49권(2013), 175-218쪽 참조.

4 Michael Casey, "Traditions of Spiritual Guidance," *The Cistercian Way*, *The Way*, vol. 37, no. 1(1997), p. 74.

5 Greg Peters, "Offering Sons to God in the Monastery: Child Oblation, Monastic Benevolence, and the Cistercian Order in the Middle Ages," *Cistercian Studies Quarterly*, vol. 38, no. 3(2003), pp. 285-295 참조.

6 Brian Noell, "Expectation and Unrest among Cistercian Lay Brothers in the Twelfth and Thirteenth Centuries," *Journal of Medieval History*, vol. 32, no. 3(January 2006), pp. 253-274 참조.

7 Christopher Brooke, *The Age of the Cloister: The Story of Monastic Life in the Middle Ages*(Mahwah, NJ: Paulist Press, 2002), p. 113.

6. 십자군의 혼란 속에서 성전 기사단과 구호 기사단

1 C. H. Lawrence, *Medieval Monasticism: Forms of Religious Life in Western Europe in the Middle Ages*(London: Routledge, 2000), p. 29.

2 Jonathan Riley-Smith, *The Knights Hospitaller in the Levant, c.1070-1309*(Houndmills, UK: Palgrave Macmillan, 2012), p. 5.

3 Helen J. Nicholson, *The Knights Templar, A New History*(Cheltenham, UK: The History Press, 2001), pp. 3-4.

4 다국적기업은 제국주의가 시작되는 17세기부터 공식적으로 등장했다. 영국의 동인도회사와 네덜란드 동인도회사 등이 대표적이다. 한 국가가 기사 수도회를 주도하지는 않았지만, 이미 500년 전에 여러 나라에 지부를 두고 근대의 다국적 기업과 유사한 기능을 수행했다. 특히 그들의 은행 및 금융 서비스는 근대 은행 시스템의 원형이다.

5 동성애 혐의에 대한 재판 자료 분석은, 광범위하지는 않을지라도 기사 수도회 내에 일련의 동성애 관련 행위가 있었음을 시사한다. 기사 수도회가 아니더라도 중세 수도원 내에서 동성 간의 성행위는 공공연하게 이루어졌다. 대개 13세기 말에서 14세기 초에 이르러 유럽 사회 전반에 이단, 나병 환자, 유대인에 대한 차별이 강화되면서, 동성애자들에 대한 배제도 더 엄격해졌다고 본다. Anne Gilmour-Bryson, "Sodomy and the Knights Templar," *Journal of the History of Sexuality*, vol. 7, no. 2(Oct. 1996), pp. 151-183 참조.

6 Julien Théry, "A Heresy of State: Philip the Fair, the Trial of the 'Perfidious Templars,' and the Pontificalization of the French Monarchy," *Journal of Medieval Religious Cultures*, vol. 39, no. 2(2013), pp. 117-148 참조. 이 논문에서는 이 재판이 교황신권주의를 대체하는 국왕신권주의로 접어드는 선언이라고 보았다.

7 Théry, *A Heresy of State*, pp. 123-132.

8 Riley-Smith, *The Knights Hospitaller in the Levant, c.1070-1309*, pp. 2-3.

9 Darrell Cole, "Thomas Aquinas on Virtuous Warfare," *The Journal of Religious Ethics*, vol. 27, no. 1(Spring 1999), pp. 67-68.

10 군사 수도회의 형성과 발전에 관해, 이슬람과의 대립에 따른 시대적 필연이며 신앙적인 가치에 기반하여 그리스도교의 동질성을 구축하는 데 기

여하였다는 긍정적인 평가도 있다. 이에 대해서는 주동근, "중세 에스파냐 기사 수도회의 역사적 재해석", 〈세계 역사와 문화 연구〉, 제36집(2015), 16-19쪽 참조.

7. 세속화에 급진적으로 맞서다 탁발 수도회

1 Jan Hoeberichts, "Francis' Understanding of Mission: Living the Gospel going through the World, Bringing Peace," *Zeitschrift Für Missionswissenschaft Und Religionswissenschaft*, vol. 92, no. 3-4(2008), p. 280.

2 신동룡, "13세기 중세 유럽의 소유권(*Dominium*)론에 대한 연구", 〈원광법학〉, 제33권 4호(2017), 27-51쪽 참조.

3 Laszlo Zsolnai, "Franciscan Spirituality and Economics," *Religions*, vol. 9, no. 10(2018), p. 288.

4 Thomas Nairn, "Medieval Mendicant Orders Relied on Contributions," *Health Progress*, vol. 98, no. 2(2019), p. 9.

5 Bert Roest, "Franciscan Educational Perspectives: Reworking Monastic Traditions," in George Ferzoco, Carolyn Muessig, *Medieval Monastic Education*(New York: Bloomsbury Publishing, 2001), p. 169.

6 Christopher Brooke, *The Age of the Cloister: The Story of Monastic Life in the Middle Ages*(Mahwah, NJ: Paulist Press, 2002), p. 232.

7 탁발 수도회가 대학에 자리를 잡고 안착하기까지 그 과정이 순탄했던 것은 아니다. 상위 학부인 신학 과정을 이수하기 위해 필수적으로 거쳐야 하는 하위 학부에서 3학4과의 교양 과정을 거부함으로써 기존의 교수진과 첨예하게 대립하기도 했다. 대학 당국이 탁발 수도회의 손을 들어 주어 탁발 수도회는 교양학 과정을 면제받았다. 하지만 이로 인해 스콜라학이 점차 현실과 동떨어져 사변적이고 추상적인 상아탑의 신학에 갇히고 말았다.

8 13세기 이탈리아의 사상가 파두아의 마르실리우스는, 교황과 세속 군주와의 갈등 속에서 세속 권력이 교회를 지배해야 한다는 근대적인 인민 주권론을 주장하였다. 마르실리우스의 주장은, 탁발 수도회가 제기한 사도적 청빈 논쟁이 담고 있는 교회의 세속 권력 소유 문제와 잇닿아 있다. 이에 대해서는 정병국, "파두아의 마르실리우스(Marsilius of Padua) 정치 이론의 절대주의적·국민주권적 요소: 《평화의 수호자(*Defensor Pacis*)》 내용을 중심으로", 〈강원사학〉, 제31집(2018), 111-136쪽 참조.

8. 닫힌 공간에서 피어난 영성 여성 수도회와 대안의 공동체

1 이필은, "중세 여성의 공간과 정체성", 〈서양 중세사 연구〉, 제29권(2012), 81-100쪽 참조.

2 교부 시대의 여성에 대한 관점은 교회 역사 속에서 큰 논쟁거리였다. 그리스도교 신학과 교리 형성의 기초를 다진 공로와는 별개로, 그들이 전통적인 그리스 로마의 여성 인식이나 유대교의 여성 인식 등을 공유하여, 여성을 남성보다 열등한 존재로 보는 시각은 부정할 수 없다. 교부들에 대한 무조건적인 긍정이나 그들에게 덧씌워진 여성 혐오의 혐의를 벗겨 주는 방식은 바람직한 접근이 아니다. 그리스도교 안에서 있었던 성차별과 여성 혐오의 전통에 대해서는 Rosemary Radford Ruether, "Sexism and Misogyny in the Christian Tradition: Liberating Alternatives," *Buddhist-Christian Studies*, vol. 34, no. 1(2015), pp. 83-94 참조.

3 Jerome, "The Virgin's Profession," *Letters of Saint Jerome*(Cambridge: Harvard University Press, 1954), p. 109.

4 M. C. McCarthy, *The Rule for Nuns of St. Caesarius of Arles*(Washington D.C.: Catholic University Press, 1960), p. 49.

5 Christopher Brooke, *The Age of the Cloister: The Story of Monastic Life in* *the Middle Ages*(Mahwah, NJ: Paulist Press, 2002), pp. 17-18. 독일 한 지역의 통계만 보더라도 12-13세기 수녀원 수의 증가를 확인할 수 있다. 900년에 약 70개였다가 1100년는 150개, 1250년에는 약 500개까지 늘었고, 이때 수녀들의 숫자는 25,000-30,000명 정도로 추정된다.

6 교부 히에로니무스는 처녀성을 지키며 금욕하는 여성은 남성과 같은 수준에 이르는 '명예남성'이 될 수 있다고 주장했다. Dyan Elliot, *The Bride of Christ Goes to Hell: Metaphor and Embodiment in the Lives of Pious Women, 200-1500*(Philadelphia: University of Pennsylvania Press, 2012), p. 28.

7 Caroline Walker Bynum, *Holy Feast and Holy Fast: The Religious Significance of Food to Medieval Women*(Berkeley: University of California Press, 1987), p. 15.

8 Elizabeth Makowski, "Cloister Contested: Periculoso As Authority in Late Medieval Consilia," *Jurist*, vol. 71, no. 2(2011), p. 334.

9 베긴회는 처음에는 부유한 귀족이나 도시민이 참여하였지만, 14세기 경제적 위기를 겪으면서 농민과 하층민의 자녀들도 대거 참여하면서 큰 규모로 성장했다.

10 Dyan Elliot, "Seeing Double John Gerson, the Discernment of Spirits, and Joan of Arc," *American Historical Review*, vol. 107, no. 1(2002), p. 27.

11 최종원, 《공의회, 역사를 걷다》(비아토르, 2020), 170-171쪽.

12 Nancy McLoughlin, "Medieval Misogyny or Gendered Politics: Rethinking John Gerson (1363-1429)," *History Compass*, vol. 14, no. 1(2016), pp. 22-24.

13 히에로니무스는 '이브를 통한 죽음, 마리아를 통한 생명*mors per Evam, vita per Mariam*'이라는 유명한 이분법적 경구를 통해 처녀성을 간직하는 마리아의 삶을 촉구했다. Vladimir Tumanov, "Mary Versus Eve: Paternal Uncertainty and the Christian View of Women," *Neophilologus*, vol. 95(2011), pp. 507-521 참조.

14 최예정, "중세 영문학에 나타난 젠더, 기독교, 그리고 읽기: 성녀전과 마 저리 켐프를 중심으로", 〈중세 르네상스 영문학〉, 제14권 2호(2006), 305쪽.

15 이상봉, "중세의 '사변적 신비주의'와 '여성 신비주의'", 〈철학논총〉, 제90 집, 제4호(2017), 291-312쪽 참조.

16 정용석, "'휘어진 갈빗대': 중세 기독교 사회와 여성에 대한 역사적 고찰", 〈대학과 선교〉, 제25집(2013), 7-34쪽 참조. 이 논문에서는 힐데가르트와 클 라라, 노리치의 줄리안 이외에도 나사렛의 베아트리스, 시에나의 카타리나, 피사의 크리스틴, 제노바의 카타리나 등 영향력 있던 여성 신비주의자들을 소개하고 있다.

9. 종교개혁, 수도원을 없애다 수도원 폐쇄와 새로운 물결들

1 Ryan Sayre Patrico, "The Spiritual Significance of Property and Place in Monastic Resistance to the Reformation," *German History*, vol. 35, no. 2(2017), pp. 187-205.

2 Heinz Bluhm, "Martin Luther and the Idea of Monasticism," *Concordia Theological Monthly*, vol. 34, no. 10(1963), p. 597.

3 Dorothea Wendebourg, "Luther on Monasticism," *Lutheran Quarterly*, vol. 19, no. 2(2005), p. 136.

4 박흥식, "헨리 8세의 개혁과 수도원 해산", 〈역사학보〉, 제214권(2012), 271쪽.

5 A. B. Hasler, *How the Pope Became Infallible: Pius IX and the Politics of Persuasion*(Garden City, New York: Doubleday, 1981), p. 58.

6 뮌스터 봉기는 1534년 2월부터 1535년 6월까지 재세례파가 자신들이 가진 종교적 비전에 따라 독일 뮌스터를 장악하고 '새 예루살렘'으로 만들려던 시도 였다. 하지만 무정부주의자들이 도시를 지배하고 공포정치를 펼치는 상태가 지속되자 가톨릭교회와 개신교 국가들이 협력해 도시를 침공하여 재세례파를

학살했다. 재세례파 지도자들은 대부분 공개 처형을 당했다.

7 David Y. Neufeld, "New Approaches to the Radical Reformation: Report from the Sixteenth Century Society & Conference 2018," *Anabaptist Historians: Bringing the Anabaptist Past Into A Digital Century*, published November 24, 2018, https://anabaptisthistorians.org/2018/11/24/new-approaches-to-the-radical-reformation-report-from-the-sixteenth-century-society-conference-2018/ (2023년 3월 30일 최종 검색)

8 Dennis D. Martin, "Monks, Mendicants and Anabaptists: Michael Sattler and the Benedictines Reconsidered," *The Mennonite Quarterly Review*, vol. 60, no. 2(1986) p. 157.

9 Dorothea Wendebourg, "Luther on Monasticism," p. 125.

10. 이성이 종교가 된 시대 근대 혁명과 수도원 파괴

1 Derek Beales, *Prosperity and Plunder: European Catholic Monasteries in the Age of Revolution*(Cambridge: Cambridge University Press, 2003), p. 252.

2 Gemma Betros, "Liberty, Citizenship and the Suppression of Female Religious Communities in France, 1789-90," *Women's History Review*, vol. 18(2009), p. 312.

3 Richard Finn, *Saint Dominic and the Order of Preachers: 800 Years of Service: 1216-2016*(London: Catholic Truth Society, 2016), p. 50.

4 Beales, *Prosperity and Plunder*, p. 249.

5 Eltjo Buringh, *Medieval Manuscript Production in the Latin West: Explorations with a Global Database*(Leiden: Brill, 2011), pp. 208-209.

6 Alister McGrath, *The Twilight of Atheism: The Rise and Fall of Disbelief in the Modern World*(New York: Random House, 2008), p. 45.

7 Nicholas Atkin & Frank Tallett, *Priests, Prelates and People: A History of European Catholicism since 1750* (London, New York: I. B. Tauris, 2003), p. 3.

8 영국 작가 러디어드 키플링이 1899년 영국 빅토리아 여왕 즉위 60주년을 기념하여 발표한 시로, 미개인 인종을 교화하는 것이 백인이 져야 할 의무임을 역설했다. 이 시에는 유럽인의 인종적 편견과 우월감이 노골적으로 드러나 있고, 당시 유럽에 유행하던 사회진화론의 사상의 영향도 오롯이 담겨 있다.

9 Johan H. Huizinga, *Homo Ludens: Study of the Play Element in Culture*(London: Routledge, 1980), p. 192.

11. 잿더미에서 찾는 희망의 조각들 떼제와 라브리 공동체

1 Brian Kirby, "Beauty from Silence: The Community of Taizé," *ARTS Spring*, no. 28. 2., p. 42.

2 Taizé, A Call for the Reconciliation of Christians — Taizé. (n. d.), Retrieved December 10, 2022, from https://www.taize.fr/en_article5541. html (2023년 3월 30일 최종 검색)

3 https://m.khan.co.kr/culture/religion/article/201708141454001 (2023년 3월 30일 최종 검색)

4 Eduardo J. Echeverria, "The Christian Faith as a Way of Life: in Appreciation of Francis Schaeffer"(on the fiftieth anniversary of L'Abri Fellowship), pp. 242-244에서 저자는 쉐퍼가 지녔던 다섯 가지 원칙을 제시한다. 첫째, 진리는 현존한다. 쉐퍼는 그리스도인은 객관적인 진리의 존재와 신앙의 적용 가능성을 수용해야 한다고 믿었다. 둘째, 그리스도교 신앙은 합리적이다. 쉐퍼는 그리스도교 신앙의 진리를 긍정할 '정당하고 적절하며 충분한 이유'가 있고, 이성을 통해 그것을 알 수 있다고 주장한다. 셋째, 그리스도인은 합리주의자가 아니다. 인간은 논리와 이성을 통하더라도 스스로는 궁

극적인 답을 찾아낼 수 없고, 오직 하나님과의 인격적인 관계에서만 구원과 의미를 찾아낼 수 있다. 넷째, 세계관의 사고방식이 중요하다. 쉐퍼는 그리스도인들이 그리스도교 신앙을 세계관이라는 큰 틀을 가지고 인생을 조망해야 한다고 주장한다. 다섯째, 예수 그리스도의 주권이다. 예수 그리스도가 인생의 모든 영역의 주인이라는 것을 고백하고, 주 되심을 인정하고 살아야 한다고 주장한다.

5 프랜시스 쉐퍼의 세계관에 대한 비판적 고찰은 James A. Patterson, "Cultural Pessimism in Modern Evangelical Thought: Francis Schaeffer, Carl Henry, and Charles Colson," *Journal of the Evangelical Theological Society*, vol. 49, no. 4(2006), pp. 807-820과 Barry Hankins, "'I'm Just Making A Point': Francis Schaeffer and the Irony of Faithful Christian Scholarship," *Fides et Historia*, vol. 39, no. 1(Winter/Spring 2007), pp. 15-34 참조.

6 David W. Gill, "Jacques Ellul and Francis Schaeffer: Two Views of Western Civilization," *Fides et Historia*, vol. 13, no. 2(1981), p. 32.

7 Patterson, "Cultural Pessimism in Modern Evangelical Thought," pp. 819-820.

8 Christopher Brooke, *The Age of the Cloister: The Story of Monastic Life in the Middle Ages*(Mahwah, NJ: Paulist Press, 2002), pp. 289-290.

9 Thomas Merton, "Problems and Prospects," *Contemplation in a World of Action*(London: George Allen & Unwin Ltd., 1971), p. 10.

12. 옛것을 익혀 새것을 깨닫다 베네딕토회 규칙의 현재적 의미

1 베네딕토회 수도 규칙은 '툿찡 포교 베네딕도 수녀회 서울 수녀원' 홈페이지에 올라와 있는 성 베네딕토 규칙서 번역본을 인용했다. https://www.benedictseoul.org/ruleofstbenedict (2023년 3월 30일 최종 검색)

2 현대인은 베네딕토회가 제시하는 그리스도인의 길에 대해 지속적으로 관심을 가져왔다. 미국의 작가 로드 드레허는 《베네딕트 옵션: 탈기독교 시대를 사는 그리스도인의 선택》(IVP, 2019)에서 서구 세속화 시대의 대안으로 누르시아의 베네딕토의 길을 제시했다. 그는 감리교에서 출발하여 가톨릭으로, 현재는 그리스정교로 개종한 보수 그리스도인이다. 이 책의 해설을 쓴 배덕만은, 그가 서구 역사 이해를 지나치게 단순화하고 미국 교회를 위한 만병통치약처럼 제시했다는 한계를 지적하면서도, 그가 제시하는 강력한 충고와 채찍이 필요하다며 추천한다. http://ivp.co.kr/board/bbs/board.php?bo_table=2_magazine_1&wr_id=16 (2023년 3월 30일 최종 검색)

3 영국 옥스퍼드 대학의 교회사가 디아메이드 맥클로흐는 이 구절을 인류 역사에서 가장 웅변적인 침묵이라고 표현했다. Diarmaid MacCulloch, *Silence: A Christian History*(New York: Penguin Books, 2013), p. 35.

4 Derek W. Taylor, "Bonhoeffer and the Benedict Option: The Mission of Monasticism in a Post-Christian World," *Ecclesiology*, vol. 14(2018), pp. 11-31. 이 논문에서 저자는 자본주의 세계 속에서 그리스도교의 길을 모색할 때 본회퍼와 드레허의 신수도회주의 담론을 분석하면서, 교회는 그 해법으로 신자본주의 세계가 담고 있는 핵심인 '권력 추구 포기'를 제시한다.

13. 전위에 선 저항자들 디트리히 본회퍼와 토머스 머튼

1 2015년 프란치스코 교황은 미국 의회 연설에서 미국을 대표하는 4인 중 한 명으로 토머스 머튼을 꼽았다. 나머지 세 명은 노예 해방을 이끈 에이브러햄 링컨, 흑인 인권운동가 마틴 루터 킹, '가톨릭일꾼 운동'을 이끈 사회운동가 도로시 데이다.

2 Thomas Merton, *The Seven Storey Mountain*(New York: Harcourt, 1948), p. 109.

3 Eberhard Bethge, *Dietrich Bonhoeffer: A Biography*, Revised and edited by Victoria Barnett(Minneapolis: Fortress Press, 2000), p. 207.

4 Bethge, *Dietrich Bonhoeffer*, p. 462.

5 Bethge, *Dietrich Bonhoeffer*, p. 113.

6 Bethge, *Dietrich Bonhoeffer*, p. 470.

7 Thomas Merton, *Conjectures of a Guilty Bystander*(New York: Doubleday, 1968), p. 157.

8 Paul Wilkes ed., *Merton: By Those Who Knew Him Best*(San Francisco: Harper, 1984), p. 47.

9 Wilkes, *Merton*, p. 59.

10 Michael Casey, "Thomas Merton and Monastic Renewal," *Cistercian Studies Quarterly*, vol. 53. Issue 2(2018), pp. 161-167.

11 머튼의 마르크스 이해에 대해서는, Ross Labrie, "Thomas Merton on Marx and Marxism" 참조. http://merton.org/ITMS/Seasonal/35/35-4Labrie.pdf (2023년 3월 30일 최종 검색)

14. 오늘, 수도회를 다시 묻다 신수도회주의 운동

1 Eberhard Bethge, *Dietrich Bonhoeffer: A Biography*, Revised and edited by Victoria Barnett(Minneapolis: Fortress Press, 2000), p. 462.

2 최근 한국에도 신수도회 운동에 대한 연구가 몇 편 소개되었다. 강안일, "새로운 수도원 운동 — 본회퍼의 사상을 중심으로", 〈기독교사회윤리〉, 제37집(2017), 7-43쪽; 이강학, "새로운 수도원 운동: 조너선 윌슨하트그로브를 중심으로", 〈신학과 실천〉, 제82집(2022), 221-249쪽 참조.

3 Jonathan R. Wilson, *Living Faithfully in a Fragmented World*(Eugene, Oregon: Cascade Books, 2010), pp. 24-39.

4 Alasdair MacIntyre, *After Virtue: A Study in Moral Theory*, 2nd edition(Notre Dame, Indiana: University of Notre Dame Press, 1984), p. 263.

5 MacIntyre, *After Virtue*, p. 263.

6 Wilson, *Living Faithfully*, pp. 69-70.

7 Wilson, *Living Faithfully*, pp. 70-71.

8 Wilson-Hartgrove, *New Monasticism: What It Has to Say to Today's Church*(Ada, MI: Brazos Press, 2008), p. 34.

9 Wilson-Hartgrove, *New Monasticism*, pp. 199-120.

10 Wilson-Hartgrove, *New Monasticism*, p. 120.

찾아보기

수도회, 길을 묻다

최종원 지음

2023년 5월 29일 초판 발행

펴낸이 김도완
등록번호 제2021-000048호
(2017년 2월 1일)
전화 02-929-1732
전자우편 viator@homoviator.co.kr

펴낸곳 비아토르
주소 서울시 종로구 삼일대로 428, 500-26호
(우편번호 03140)
팩스 02-928-4229

편집 이화정, 이현주
제작 제이오

디자인 즐거운생활
인쇄 (주)민언프린텍

제본 다온바인텍

ISBN 979-11-91851-75-5 03230 **저작권자** © 최종원, 2023